MACRO ECONOMICS

거시경제학

남상섭 지음

현우사

머리말 PREFACE

거시경제학은 국가경제 전체의 상태를 결정짓는 여러 복잡한 경제현상들이 서로 어떻게 연관되어 있는지를 이해할 수 있는 사고의 틀을 제공해 준다. 그런데 거시경제학은 시대별 경제상황에 따라 변모되고 재구성되면서 다양한 이론으로 발전되어 왔다. 또한 세계경제는 글로벌화로 인해 단일경제로 통합되어 경제의 높은 변동성, 동조화, 양극화 등 과거와 다른 모습을 보이고 있다. 이러한 거시경제 환경의 변화를 고려하여 그간 거시경제학을 강의해 오면서 축적한 강의노트와 경험을 바탕으로 한 학기 강의용으로 쓰기에 적당한 분량의 거시경제학 입문서를 집필하였다.

수많은 거시경제의 주제와 이론들을 단순히 열거하는 책이 아니라, 이들을 체계적으로 제시함으로써 간결하지만 꼭 필요한 내용이 모두 포함된 교재를 만들고자 하였다. 이 책에서는 학부 수준의 난이도를 벗어나지 않고, 거시경제학적 사고의 틀을 형성하는데 필요한 본질적인 거시경제이론들을 간결하게 정리하는 형식으로 집필하였다. 특히 학부생 수준에 맞는 교재로 만들기 위해 수학적 접근방법은 최소화하고 그 대신 기본적인 개념과 이론을 주로 서술적 방법과 그림이나 표를 사용하여 설명함으로써 학생들이 직관적으로 명확하게 이해할 수 있도록 집필하였다.

이 책에서는 거시경제이론과 정책분석에 관한 고전학파의 장기적 접근법과 케인즈학파의 단기적 접근법을 모두 5편 15장으로 나누어 정리하였다. 제1편에서는 거시경제학과 거시경제를 이해하는데 필요한 국가경제의 순환모형과 주요 거시경제변수들을 소개한다. 제2편 거시경제의 장기분석에서는 고전학파의 접근법과 모형을 이용하여 거시경제가 장기적으로 어떻게 운용되는지에 대해 살펴본다. 제3장에서는 물가와 임금 등 가격변수가 신축적인 경우에 적용되는 고전학파의 국민소득 결정모형을 다룬다. 제4장에서는 화폐가 경제에 미치는 영향을 고전학파의 화폐수량이론을 통해 살펴본다. 제5장에서는 노동시장에서 왜 실업이 존재하고, 무엇이 실업률을 결정하는지에 대한 다양한 관점을 살펴본다. 제3편 경제성장이론에서는 국가간 소득 차이와 경제성장 속도의 차이를 설명하기 위해서는 경제성장의 요인과 동태적 성장과정을 설명한다. 제6장에서는 고전학파 모형에 기초하고 있는 솔로우 성장모형을 이용하여 자본축적과 경제성장의 관계를 다루고, 제7장에서는 인구증가와 기술의 변화 등이 경제성장에 미치는 영향을 살펴볼 것이다. 제4편 거시경제 단기분석은 제8장부터 제13장까지 총6장으로 구성되며, 단기적으로 가격의 비신축적인 변화로 인해 발생하는 경기변동의 주요 특성과 경기변동을 설명하는 케인즈학파 거시경제모형과 경제안정화정책에 대해 살펴볼 것이다. 제5편 개방경제 거시경제분석은 제14장과 제15장으로 구성되며, 소국 개방경제의 거시경제모형을 이용하여 순수출과 환율의 개념과 그 결정원리를 알아본다. 그리고 먼델-플레밍 모형을 이용하여 환율제도와 국내외 경제정책의 효과에 대해 살펴본다. 그리고 이 책에서는 각 장의 개요부분에서 주요 학습내용을 간략하게 소개하고, 각 장의 마지막 부분에서는 주요 개념과 복습문제를 제시함으로써 본문의 내용을 학습하는데 도움을 주고자 하였다.

거시경제학의 핵심 내용을 보다 간결하면서도 쉽게 이해할 수 있도록 하는 교재를 만들고자 했던 원래의 의도와는 다르게 부족한 점이 곳곳에 많이 있을 것으로 생각된다. 여기 저기 남겨진 부족한 부분이나 잘못된 점은 앞으로 다듬어 나가도록 하겠다.

이 책을 집필하는 과정에서 많은 사람들의 도움을 받았다. 원고를 읽고 유익한 조언과 자료를 제공해준 김성환 교수에게 고마움을 표한다. 그리고 이 책을 출판하도록 수락해주신 현우사 배영환 사장님께 감사의 마음을 전하며, 편집과 교정과정에서 많은 도움을 주신 현우사 직원들에게도 감사드린다.

2018년 10월 저자 남상섭 씀

목 차 CONTENTS

PART 1

거시경제학과 국가경제

제1편에서는 거시경제학과 거시경제를 이해하는데 필요한 국가경제의 순환모형과 주요 거시경제변수들을 소개한다. 제1장에서 거시경제학의 주요과제는 무엇이고, 어떻게 거시경제학이 이론적으로 발전해 왔는지를 다룬다. 그리고 제2장에서 국가경제의 순환모형과 국가경제의 활동수준을 나타내는 주요 거시경제변수들의 개념과 측정방법을 다룬다.

CHAPTER

01

거시경제학 입문

제1절 거시경제학의 특징

1. 거시경제학과 미시경제학
2. 거시경제학의 주요과제

제2절 거시경제학의 접근방법

1. 거시경제모형을 이용한 분석
2. 고전학파 접근법과 케인즈학파 접근법

제3절 거시경제학의 발전과정

1. 고전학파와 케인즈학파
2. 통화주의와 새고전학파, 새케인즈학파

제1장에서는 거시경제학이 다루고자 하는 주요과제가 국가경제의 장기적 경제성장과 단기적 경기변동 문제임을 소개하고, 거시경제학자들은 어떻게 복잡한 거시경제현상의 본질을 분석하는지 살펴본다. 그리고 거시경제이론에 대한 전체적인 흐름을 이해하기 위해 거시경제학의 발전과정에 나타난 여러 학파의 견해들을 시대별 배경과 함께 살펴본다.

제 1 절 거시경제학의 특징

1 거시경제학과 미시경제학

1) 연구대상에 의한 분류

경제학은 크게 미시경제학과 거시경제학으로 분류된다. 경제학의 기본원리는 두 분야에서 모두 중요한 역할을 한다. 그러나 거시경제학적 접근법은 미시경제학적 접근법과는 다르다.

거시경제학은 미시경제학과 어떻게 다른가? 미시경제학(microeconomics)은 연구대상의 규모가 아무리 크더라도 개별 경제단위(경제주체)의 의사결정에 초점을 두는 반면에 **거시경제학**(macroeconomics)은 규모가 아무리 작더라도 한 국가경제의 전체적인 움직임을 연구대상으로 한다.

미시경제학(microeconomics)은 가계, 기업, 그리고 정부로 이루어진 한 국가 경제시스템 안에서 개별 경제주체들의 행동원리를 분석하고 개별 상품이 거래되는 시장에서 일어나는 경제문제를 다룬다. 미시경제학은 개별 경제주체들의 의사결정과정(즉 주어진 여건에서 자신의 이익을 극대화하기 위해 어떤 결정을 하는가의 문제)과 그 의사결정자들이 시장에서 어떻게 상호작용하는지를 연구하는 분야이다. 따라서 미시경제학은 가계 및 기업이 주어진 제한(제약) 내에서 목표를 위해 최선을 다하는 **최적화**(optimization)행위를 분석한다. 즉 미시경제 모형에서 가계는 경제학자들이 효용이라 부르는 만족 수준을 극대화하기 위해 소비활동을 하며, 기업은 **이윤**을 극대화하기 위해 생산량을 결정한다.

반면에 거시경제학에서는 한 국가경제 전체가 어떻게 작동하는지 이해하고자 한다. **거시경제학**(macroeconomics)은 한 국가 경제시스템 전체를 총합적 수준에서 다룬다. 거시경제학은 국가 단위의 경제 전체를 연구대상으로 **경제성장**(economic growth)과 **경기변동**(economic fluctuation), 그리고 **경제정책**(economic policy)을 주로 다룬다. 구체적으로 거시경제학은 한 국가경제 전체에 관한 **집계변수**(aggregates)인 거시경제변수들(즉 국내총생산, 물가, 이자율, 실업률, 인플레이션, 국제수지, 환율 등)이 어떠한 원리로 결정되고 서로 어떠한 관계로 영향을 주고받는지, 그리고 각종 경제정책(즉 재정정책, 통화정책, 무역정책 등)이 거시경제변수들에 어떤 영향을 주는가를 연구대상으로 한다.

2) 거시경제학과 미시경제학의 관계

현실적 측면에서 거시경제는 기본적으로 미시경제의 총합이다. 그래서 실제 경제문제에는 미시경제적 측면과 거시경제적 측면이 항상 서로 밀접히 관련되어 있다. 왜냐하면 현실적으로 하나의 경제만이 존재하기 때문이다. 따라서 거시경제 문제와 미시경제 문제는 결코 분리해 생각할 수 없다.

한편 **이론적 측면**에서도 거시경제학과 미시경제학은 밀접하게 관련되어 있다. 거시경제에 관한 전반적인 문제는 가계와 기업들의 상호작용에서 발생하므로 국가경제를 전체적으로 연구할 때도 개별 경제주체들의 결정을 고려해야 한다. 예를 들어 무엇이 한 경제의 소비지출을 결정하는가를 알아보기 위해서는 가계의 소비행태와 저축행태를 연구해야 한다. 또 무엇이 투자를 결정하는가를 이해하기 위해서는 기업의 행태를 연구해야 한다.

거시경제학에서 사용하는 거시경제변수들은 총합(sum)을 의미하는 **집계변수**이다. 집계변수는 많은 개별 경제주체들의 의사결정과 선택들을 나타내는 변수들을 합계한 것이다. 그러므로 거시경제이론은 불가피하게 미시경제적 기초에 의존할 수밖에 없다. 이처럼 미시경제적 결정이 거시경제모형의 기초를 이루지만 각 가계 및 기업의 최적화 행위는 많은 경우 명시적이기보다는 묵시적으로 거시경제모형에 포함된다. 최근 들어 거시경제학은 각종 거시경제현상을 미시경제학적 기초에 근거하여 분석하려는 경향이 강해지고 있고, 이로 인해 두 분야는 상호 밀접한 관계를 가지고 발전하고 있다.

2 거시경제학의 주요과제

거시경제학은 무엇을 설명하려고 하는가? 거시경제학은 크게 국가경제의 기본문제인 **장기적 경제성장**과 **단기적 경기변동**의 문제를 다룬다.

거시경제학의 주요과제는 국가경제 전체의 생산, 고용 등이 장기적으로 증가하는 경제성장의 문제와 단기적으로 이들 변수가 장기추세선을 중심으로 상승과 하락을 반복하는 경기변동의 문제를 분석하고, 더불어 이러한 경제문제들을 해결하기 위한 **정책적 시사점**(policy implication)을 이끌어 내는 것이다. 1인당 국민소득(GDP)으로 측정된 평균생활수준의 지속적 성장과 불규칙적으로 발생하는 경기변동은 안정적인 인간생활과 삶의 질 향상을 위해 중요하다. 특히 경제성장과 경기변동 과정에서 나타나는 **실업**과 **인플레이션**도 국가경제의 후생수준에 직접적인 영향을 미치는 문제이다.

거시경제가 잘 작동하기 위해서 어떠한 정책을 사용해야 하는지에 대해서는 경제학자들 사이에 의견이 일치하지 않는다. 그렇지만 거시경제의 세 가지 운용목표인 **경제성장**, **완전고용**, **물가안정**에 대해서는 의견이 일치한다. 거시경제학의 주요 과제들에 대해 자세히 살펴보도록 하자.

1) 경제성장과 경기변동

경제생활에 있어서 평균적인 후생(well-being)수준을 높이는 것은 무엇일까? 이것은 경제성장에 의해 가능하다. 한 국가경제의 경제활동수준과 그 변화를 종합적으로 나타내는 거시경제의 대표적인 집계변수는 **실질 국내총생산**(**실질 GDP**)이다. **경제성장**은 실질 GDP가 증가하는 것이고, 실질 GDP가 인구증가보다 빠르게 성장할 때 1인당 실질 GDP가 증가하고, 평균적인 후생도 향상된다고 볼 수 있다.

〈그림 1-1〉은 2000년부터 2017년까지 우리나라의 실질 GDP의 변화 추이를 보여준다. 실질 GDP의 변화 추이를 보면 실질 GDP가 지속적으로 증가하는 추세를 보이고 있다는 사실을 알 수 있다. 실질 GDP가 증가하는 경제성장(economic growth)은 거시경제학이 규명해야할

그림 1-1 우리나라의 실질 GDP

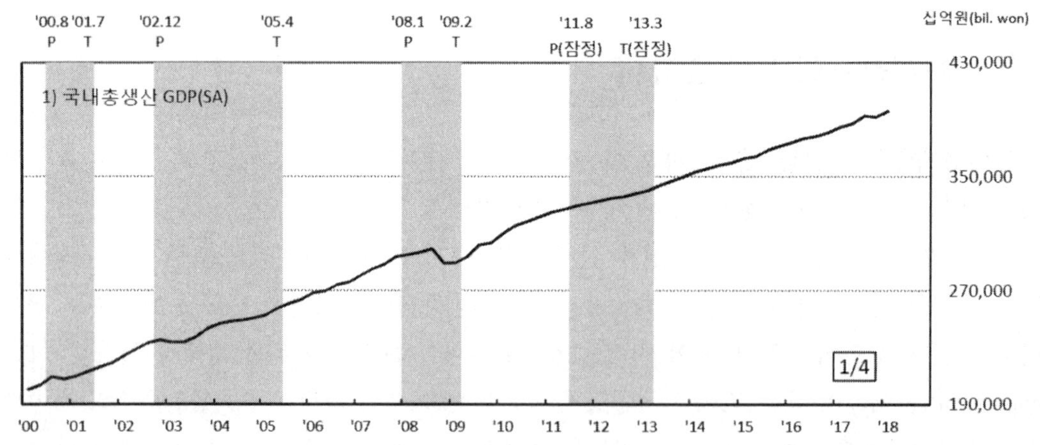

자료 : 통계청, 경기종합지수(2018.7)

그림 1-2 경제성장률 추이

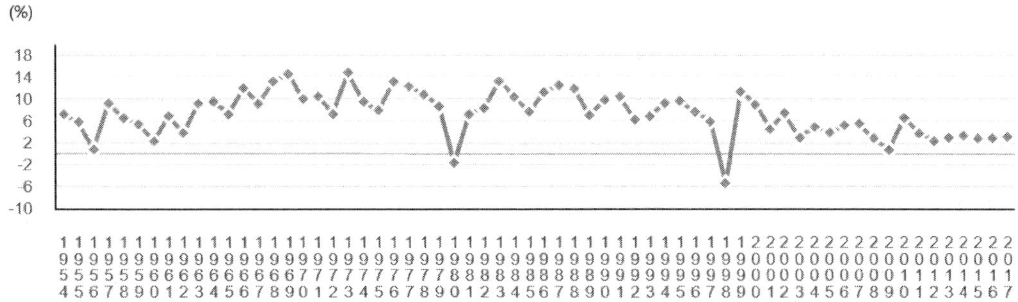

주 : 실질 GDP 2010년 기준, 자료 : 한국은행, 국민계정(2018)

주요 과제이다. 구체적으로 경제성장과 관련하여 규명하고자 하는 과제는 다음과 같다.

첫째, 무엇이 실질 GDP를 증가시키고, 경제성장률을 결정하는가?

둘째, 왜 국가별로 경제성장률이 다른가?

한편 〈그림 1-2〉의 경제성장률 추이를 살펴보면 경제성장률이 단기적으로 상승과 하락을 반복하는 패턴을 보인다. 이것은 실질 GDP의 증가율인 경제성장률이 상승하는 시기도 있지만, 경제성장률이 하락하는 시기도 있음을 보여준다. 이처럼 한 국가의 경제성장률이 기간별로 다르게 나타나는 현상을 **경기변동**이라 한다. 이러한 경기변동은 거시경제학이 규명해야할 주요 과제 중 하나이다. 구체적으로 거시경제학이 경기변동과 관련하여 규명하고자 하는 과제는 다음과 같다.

첫째, 경기변동은 왜 발생하는가?

둘째, 정부가 경제정책을 통해 경기변동의 폭을 조절할 수 있는가?

2) 실업과 완전고용

경제성장이 거시경제의 중요한 목표 중 하나이지만, 유일한 것은 아니다. 경기변동 과정에서 나타나는 실업과 인플레이션 문제도 거시경제학에서 규명해야하는 주요과제이다. 경제성장에 의해 실질 GDP가 아무리 높게 증가하더라도 많은 노동인구가 직장을 얻지 못하고 실업 상태에 있다고 한다면 경제가 잘 작동되고 있다고 할 수 없다. 실업자가 많다는 것은 그만큼

그림 1-3 우리나라 분기별 실업률

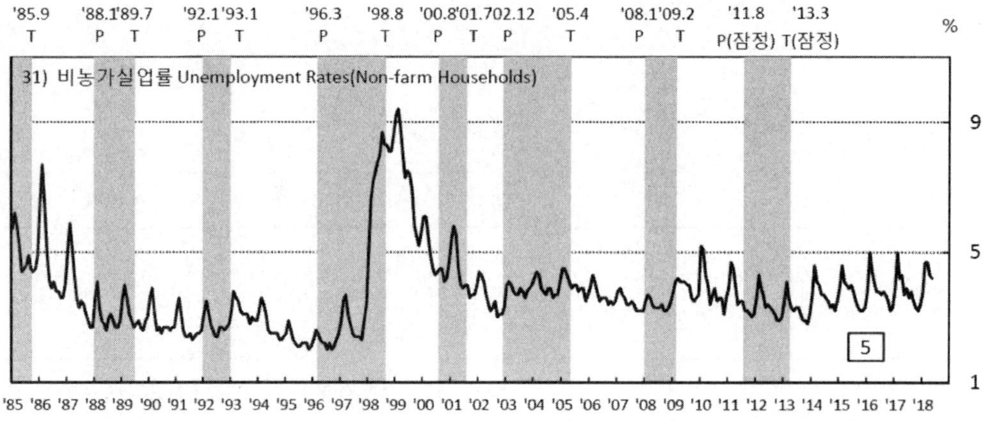

자료 : 통계청, 경기종합지수(2018.7)

국가경제에 존재하는 노동이라는 자원이 충분하게 활용되지 못하고 있다는 것을 의미한다.

다른 한편으로 실업은 국민들의 경제적 후생(well-being)의 배분에 영향을 준다. 실업자들은 소득의 손실을 겪는다. 실업자들이 정부로부터 실업수당을 받더라도 일반적으로 고용된 사람들보다는 더 낮은 삶의 질을 경험하게 된다. 따라서 실업상태에 있는 실업자의 고통을 덜어 줄뿐만 아니라 국가경제 차원에서도 자원을 효율적으로 활용해야한다. 그렇기 때문에 **완전고용**(full employment)을 달성하고자 하는 것이 거시경제정책의 주요한 운용목표 중 하나가 된다. 그래서 정부에서는 고용상태, 즉 실업상태를 알아내기 위해 한 국가경제의 **실업률**을 측정한다.

구체적으로 거시경제학이 실업문제와 관련하여 규명하고자 하는 과제는 다음과 같다.

첫째, 실업이 발생하는 이유는 무엇인가?

둘째, 실업률을 변동시키는 주요요인은 무엇인가?

셋째, 정부는 경제정책을 이용하여 한 국가경제의 실업률이 0%인 완전고용을 달성할 수 있을까?

그림 1-4 소비자물가상승률(인플레이션율)

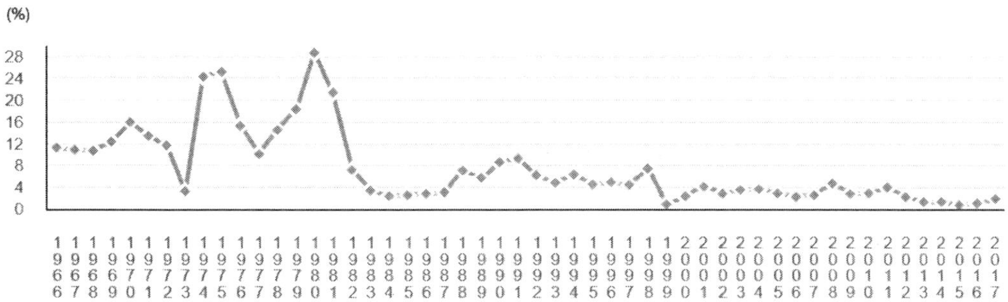

자료 : 한국은행, 국민계정(2018)

3) 인플레이션과 물가안정

인플레이션(inflation)이란 모든 상품의 평균적인 가격수준을 의미하는 물가(price level)가 지속적으로 상승하는 현상을 말한다. 일반적으로 인플레이션은 화폐의 구매력을 하락시키고 자산과 소득의 재분배효과를 통해 실질적인 생활수준을 하락시킨다. 뿐만 아니라 사회적으로도 자원배분을 왜곡시켜 경제성장을 저해하고 국제수지를 악화시키는 효과를 갖는다.

이러한 국가경제적 효과를 미치는 인플레이션이 주요 경제문제가 된 것은 1960년대 후반부터이지만, 1980년대에 들어서는 전 세계가 인플레이션으로 인해 고통을 받았다. 그러나 1990년대부터는 물가가 반대로 하락하는 현상인 **디플레이션**(deflation)으로 고통 받는 국가들이 나타나기도 하였다. 그렇기 때문에 물가안정을 달성하는 것이 거시경제정책의 주요한 운용목표 중 하나가 되고 있다. 구체적으로 거시경제학이 인플레이션이나 디플레이션과 관련하여 규명하고자 하는 과제는 다음과 같다.

첫째, 인플레이션과 디플레이션을 초래하는 원인은 무엇인가?

둘째, 인플레이션과 디플레이션은 국가경제에 어떤 영향을 미치는가?

셋째, 정부는 물가를 안정시키기 위해 어떠한 경제정책을 사용할 수 있는가?

거시경제학은 국가경제의 총체적인 경제활동상태를 결정짓는 경제성장과 경기변동, 물가(인플레이션), 실업 등을 분석하고, 이러한 거시경제현상과 관련된 문제들을 해결하는데 필요한 거시경제정책을 연구하는 분야이다.

제 2 절 거시경제학의 접근방법

1 거시경제모형을 이용한 분석

1) 경제모형의 설정 : 가정, 수식과 도표

거시경제학의 연구대상은 한 국가의 경제 전체의 움직임과 관련된 경제현상들이다. 국가경제는 장기적으로 성장해오면서 단기적으로는 경기변동을 반복해왔다. 경제성장이나 경기변동은 여러 가지 경제현상들이 복잡하게 얽혀 있기 때문에 이해하기 쉽지 않다. 그래서 경제학자들은 실제 경제현상들을 쉽게 이해하기 위하여 복잡한 경제현상을 단순화시켜 **경제모형**(economic model)을 설정하고, 경제모형을 사용하여 거시경제현상의 본질에 접근하고자 한다.

경제학자들은 경제모형을 **수식**(equation)이나 **도표**(graph)의 형태로 표현한다. 이때 복잡한 현실을 단순화시키기 위해 많은 **가정**(assumption)들을 사용한다. 경제학자들은 경제변수들 사이에 연관성이 적은 세부사항은 가정에 의해 제외하고, 경제변수들 사이의 중요한 관계만을 단순하게 나타내기 위해서 수식이나 도표를 사용한다.

2) 경제모형의 변수 : 내생변수와 외생변수

경제모형은 두 가지 종류의 변수로 구성된다. 즉 하나는 내생변수이고, 다른 하나는 외생변수이다. **내생변수**(endogenous variable)는 경제모형이 설명하려는 변수로서 경제모형의 안에서 그 값이 결정되는 변수이다. **외생변수**(exogenous variable)는 경제모형의 밖에서 결정되는 변수를 말한다. 따라서 경제모형에서 외생변수들은 모형을 설정할 때 '**이미 정해져 주어진 것**'으로 가정하고, 내생변수들이 어떻게 결정되는지를 분석한다.

3) 경제모형의 역할

경제모형을 사용하면 외생변수의 변화가 내생변수의 변화에 어떤 영향을 미치는지를 분석할 수 있다. 다시 말해 경제모형의 외부에서 이미 주어진 값으로 결정되어 있는 외생변수가 경제모형의 내부로 투입될 때 이로 인해 내생변수가 어떻게 변화하는지를 설명해준다.

예를 들어 정부가 정부지출을 증가시켰을 때 국민소득에 어떠한 변화가 발생하는지 분석하려면 정부지출을 외생변수, 국민소득을 내생변수로 포함하는 모형을 사용하면 된다. 이처럼 거시경제모형들은 정부의 각종 경제정책이나 기술의 변화, 해외요인과 같은 외생변수들이 국민소득, 고용량, 물가와 같은 주요 내생변수에 미치는 영향을 분석하는데 이용된다.

4) 경제모형의 요건

그러면 어떠한 방법으로 경제모형을 만들어야 하는가? 경제모형을 만들기 위해서는 가정(assumption)이 필요하다. 가정은 경제학자가 무엇을 설명하고자 하는가에 따라서 달라지는데, 각 경제모형의 유효성은 바로 가정의 유효성에 의존한다, 따라서 어떤 모형에서는 유효한 가정이 다른 모형에서는 적합하지 않는 경우도 있을 수 있다. 그렇다면 어떠한 모형이 좋은 경제모형이라고 할 수 있는가? 첫째, 좋은 경제모형은 경제현상을 잘 설명하는 **현실 적합성**(suitability)을 갖추어야 한다. 하지만 단순히 경제현상을 잘 설명한다는 것이 좋은 모형의 충분조건이 될 수는 없다. 예를 들어 경제현상을 있는 그대로 가장 잘 설명하는 경제모형은 경제현실 그 자체이다. 하지만, 경제현실에 완전히 부합되는 경제모형을 만들 경우 너무 복잡해진다.

둘째, 좋은 경제모형이 갖추어야할 또 다른 특성은 **단순성**(simplicity)이다. 그래서 경제모형에서는 복잡한 현실을 단순화시키기 위해 많은 가정을 사용한다. 즉 설명하고자 하는 경제현상과 연관성이 거의 없거나 적은 기타 부수적인 요인들은 많은 가정에 의해 대담하게 생략하고 주요경제변수들만으로 경제모형을 구성한다. 가정에 의한 단순화는 유용한 경제모형을 만드는데 필요하다. 그러나 경제모형이 해당 경제문제에 주요한 경제적 특징을 무시하는 경우에는 잘못된 결론에 도달할 수 있다. 따라서 경제현상을 모형화할 때는 세심한 주의가 필요하다.

5) 경제모형의 다양성

결국 거시경제모형은 거시경제현상을 많은 가정(assumption)으로 단순화시켜 나타낸 모형이다. 그래서 경제모형을 설정할 때 어떠한 가정을 사용하느냐에 따라 많은 다양한 모형들이 존재하게 된다. 거시경제학에서는 다루는 경제현상이 매우 다양하고 복잡하므로 단 하나의 모형만을 이용하여 모든 경제현상들을 설명하기는 어렵다. 모든 거시경제현상을 묘사하고 모든 거시경제문제들에 해답을 제시해 주는 거시경제모형은 있을 수 없다. 실제 경제학자들은 서로 다른 경제현상을 각각 설명하기 위해 **서로 다른 경제모형**을 사용한다. 따라서 단 하나의 완전한 경제모형은 존재하지 않으며 각각의 거시경제문제에 대해 해답을 제시할 수 있는 다양한 경제모형들이 존재한다.

이 책에서는 여러 가지 거시경제학의 주요과제와 의문점에 대해 해답을 주기 위해 서로 다른 가정을 하는 많은 경제모형을 제시할 것이다. 그러나 **각 모형에 따라 가정이 다를 수 있다**는 점을 유의하여야 한다. 의문점에 해답을 찾기 위해 모형을 사용할 경우, **기본가정**을 명심하고 이런 가정들이 해결하고자 하는 문제에 적합한지 여부를 판단하여야 한다.

2 고전학파 접근법과 케인즈학파 접근법

1) 가격변수의 신축성과 경직성 가정

거시경제학은 거시경제현상의 분석과 더불어 정책처방을 모색하지만, 거시경제학자들 사이에는 정책처방이 동일하지는 않다. 오히려 경제학자들 사이에 거시경제를 보는 시각과 정책처방에 있어서 상당한 차이가 있다. 경제학자들은 거시경제를 보는 시각에 따라 크게 고전학파(classical school)와 케인즈학파(Keynesian school)로 나누어진다.

고전학파와 케인즈학파는 많은 점에서 견해의 차이를 보이고 있지만, 가장 중요한 차이는 가격의 신축성 여부에 대한 견해이다. 구체적으로 경제상황의 변화에 대응하여 임금이나 물가 등 가격(price)변수들이 조절되는 속도에 대한 관점에 따라 고전학파와 케인즈학파로 분류된다.

고전학파(classical school) 경제학자들은 **가격의 신축성**(price flexibility)을 가정한다. 재화와 서비스에 대한 수요와 공급이 시장(market)에서 균형을 이룰 수 있도록 재화와 서비스의 가격이 **신축적으로 조절**된다고 가정한다. 다시 말해 고전학파 경제학자들은 가격변수들이 신축적(flexible)으로 변하기 때문에 시장은 일반적으로 **균형**(equilibrium)상태에 있다고 본다. 임금이나 물가 등 가격변수들이 신속하게 조정되어 재화와 서비스에 대한 수요와 공급을 일치시켜 주기 때문에 **모든 시장은 항상 청산된다고 가정**한다.

한편 **케인즈학파**(Keynesian school) 경제학자들은 **가격의 경직성**(price rigidity)을 가정한다. 단기적으로는 임금이나 물가 등 가격변수들이 고전학파가 생각하듯이 신축적으로 조절되는 것이 아니라 비신축적(inflexible)이어서 경직적이라고 가정한다.

케인즈학파 경제학자들도 장기적으로는 물가수준이 신축적이고 시장이 청산된다는 점을 받아들인다. 하지만 현실 경제에서 단기적으로는 가격이 교란요인이 있을 때마다 즉각적으로 조절되지는 않는다고 본다. 시장이 지속적으로 청산되기 위해서는 가격변수가 수요와 공급의 변화에 대해 즉각적으로 조절되어야 한다. 그러나 현실 경제에 있어서 임금이나 물가 등 가격변수는 일정기간 고정되어 있거나 변화하더라도 천천히 조절된다. 그래서 케인즈학파 경제학자들은 단기적으로는 임금이나 물가가 경직적(가격 비신축성 가정)이기 때문에 시장은 균형상태로 청산되지 않고, 시장은 일반적으로 **불균형**(disequilibrium)상태에 있다고 본다.

2) 장기모형과 단기모형

경제학자들은 왜 거시경제모형을 단기모형과 장기모형으로 구별할까? **고전학파** 거시경제 이론의 핵심적인 가정은 **가격의 신축성**이다. 생산물(재화와 서비스)의 생산량과 수요량이 일치하도록 가격이 신속히 조절된다고 가정한다. 가격이 신축적이어서 시장청산이 이루어지는 경우, 한 국가경제의 생산량은 재화와 서비스의 **공급능력**(supply capacity)에 의존하며, 한 국가 경제의 공급능력은 **생산요소**(자본과 노동)의 공급량과 이용 가능한 **생산기술**에 달려있다고 주장한다.

고전학파의 시장청산모형은 경제의 **장기분석**에 적합하다고 볼 수 있다. 왜냐하면 가격이 단기적으로 비신축적이라 하더라도 영원히 고정되어 있는 것이 아니고, 장기적으로는 가격이 신축적으로 변하여 항상 공급과 수요를 일치시키고 시장균형을 달성하기 때문이다. 그래서 대부분의 거시경제학자들은 고전학파의 **가격 신축성 가정과 시장청산모형**은 장기적인 경제성장과 같은 경제문제를 분석하는데 적합한 모형이라고 생각한다.

고전학파 경제학자들은 이와 같은 가격 신축성 가정과 시장청산모형을 바탕으로 정부가 경제문제에 개입하여 적극적인 정책을 사용하는 것에 반대한다.

한편 가격의 변화가 **단기적으로 비신축적**이라면 경제운용에 관한 접근법은 고전학파적 접근법과는 달라져야 한다. 고전학파의 가격 신축성 가정은 연도별 실질 GDP와 실업률의 변동과 같은 단기적인 경기변동문제를 분석하는 데는 적합하지 않다. 케인즈학파 경제학자들은 단기적으로는 경제의 많은 가격변수들이 일정 수준으로 고정되어 있으므로 **가격의 경직성 가정이** 단기적인 경제문제를 연구하는데 더 적합하다고 생각한다.

케인즈학파에서는 단기적으로 가격이 비신축적이어서 시장이 청산되지 않는 경우, 한 국가경제의 생산량은 재화와 서비스에 대한 **총수요**(aggregate demand)에 의존한다고 주장한다. 총수요의 변동에 의해 단기적인 경기변동의 문제가 발생하므로 정부가 경제문제에 적극적으로 개입하여 재정정책과 같은 **경제안정화정책**을 사용해야한다고 주장한다.

제3절 거시경제학의 발전과정

거시경제학에서 미시경제학적 기초가 중요하지만, 거시경제학은 미시경제학과 구분되어 독자적인 분야로 발전해 왔다. 거시경제이론은 시대별 경제상황을 설명하기 위해 제 각기 다른 모형으로 제안되어 발전해왔다. 이에 따라 거시경제학에는 고전학파, 케인즈학파, 통화주의, 새고전학파, 새케인즈학파 등 여러 학파가 등장한다. 거시경제학은 이들 학파 사이의 논쟁을 통해서 발전되었다고 볼 수 있다. 여기서는 앞으로 배우게 될 거시경제이론에 대한 전체적인 흐름을 이해하기 위해 거시경제학의 발전과정에 나타난 여러 학파의 견해들을 시대별 배경과 함께 살펴본다.

1 고전학파와 케인즈학파

1) 고전학파

자본주의 경제는 생성(18세기 후반) 이후 장기적인 성장추세 하에 단기적으로 호경기와 불경기를 여러 차례 반복하면서 발전하여 왔으며, 그 과정에서 실업과 인플레이션이라는 문제를 경험하게 되었다. 실업은 임금노동이 광범위하게 보급된 산업혁명 이후 줄곧 관심의 대상이 되어 왔으며, 인플레이션의 역사는 화폐경제의 역사와 그 궤를 같이한다. 그렇지만 20세기 초까지만 하더라도 대량실업이나 빠른 속도의 인플레이션은 발생하지 않았다. 18세기 후반부터 1920년대 초까지는 저물가, 저실업의 시대였다.

이 시기에는 경제이론도 실업과 인플레이션의 문제를 비교적 가볍게 생각하였다. 이 시기에 스미스(A. Smith), 흄(D. Hume), 리카도(D. Ricardo), 밀(J. S. Mill), 마샬(A. Marshall)과 피구(A. C. Pigou) 등으로 대표되는 **고전학파**(classical school) 경제학자들이 등장하게 된다. 이들은 경제 전체에 걸친 장기적인 실업은 존재할 수 없으며, 비록 일시적인 실업이 발생하더라도 노동시장의 가격, 즉 임금이 신축적으로 조정되기 때문에 실업이 쉽게 해소될 수 있다는 입장을 취하고 있었다.

또한 고전학파 경제학자들은 **화폐수량이론**에 입각하여 인플레이션의 원인은 화폐의 과다공급에 있기 때문에 화폐공급량만 적당한 수준으로 유지하면 인플레이션 현상은 나타나지 않을 것이라고 믿고 있었다.

2) 케인즈와 케인즈학파

(1) 케인즈의 「일반이론」

고전학파의 견해와는 달리 1929년 10월부터 약 10년간 걸쳐 지속된 **대공황**(the Great Depression)으로 인해 대량실업을 경험하게 되었다. 대공황이 시작되기 전인 1929년에 3.2%였던 미국의 실업률은 1930년에는 24.9%였으며, 1931년부터 1949년까지 10년간 평균 18.8%였다. 미국 뿐만 아니라 다른 국가들도 장기불황을 겪었는데, 영국의 경우 1930년부터 1938년까지의 평균실업률이 15.4%였고, 프랑스와 독일의 실업률은 각각 10.2%와 21.2%였다. 고전학파 이론으로는 이와 같은 높은 실업률의 장기화현상을 설명할 수 없었다. 실업이란 노동시장에서의 초과공급을 의미하는데, 고전학파의 견해대로 임금이 신축적이라면 임금이 하락하여 실업이 해소될 것이므로 이처럼 높은 실업률이 장기화되지 않기 때문이다. 따라서 장기간 높은 실업률이 지속되었다는 사실은 가격의 신축성을 전제로 하는 고전학파의 거시경제이론에 문제가 있음을 보여준다.

이러한 시대적 상황을 배경으로 **케인즈**(J. M. Keynes)는 「고용, 이자 및 화폐의 일반이론」(The General Theory of Employment, Interest and Money)을 1936년에 출간하였다. 케인즈는 대량실업의 원인을 **총수요의 부족**에 있다고 보았다. 실업의 원인은 사람들이 경제 내에서 생산된 생산물을 충분히 구매하지 않아서 결국 생산활동이 부진해지기 때문이라고 주장하였다. 케인즈는 가격, 특히 임금은 신축적으로 조정되지 않고 **경직적**이기 때문에 실업이 쉽게 해소되지 않을 뿐만 아니라 장기적인 경기침체가 가능하다고 보았다.

이러한 분석은 자유방임 하의 자본주의는 장기적으로 침체할 수밖에 없다는 케인즈의 비전에서 나왔다. 그래서 케인즈는 정부가 자유방임을 포기하고 적극적으로 경제에 개입하여 경제주체들로 하여금 보다 더 많은 재화와 서비스를 구매하도록 유도하면 생산이 늘어나고 이에 따라 실업이 해소될 수 있을 것이라고 생각하였다. 그리고 이를 위해서는 재정정책과 통화정책을 써야 하며, 그중에서도 특히 재정정책이 유효하다고 보았다.

(2) 케인즈학파

케인즈가 『일반이론』을 발표한 이후 1930~1940년대에 걸쳐 그의 입장을 지지하는 힉스(J. Hicks), 새뮤엘슨(P. Samuelson), 토빈(J. Tobin), 모디글리아니(F. Modigliani) 등 케인즈학파(Keynesian school) 경제학자들이 등장하게 된다. 이들은 고전학파 경제학자들과의 논쟁을 통해 케인즈의 이론은 현실경제의 정책적 측면에서 고전학파의 이론보다 더 유용하다는 것을 증명하게 된다.

그래서 케인즈의 「일반이론」은 거시경제학이 경제학의 한 분야로서 확고한 위치를 차지할 수 있는 기반을 마련해 주었다. 이에 따라 실업은 일시적이고 부분적인 현상으로 그치지 않고 장기적이고 보편적인 현상이 될 수도 있으며, 인플레이션 역시 실물부문과 독립적인 단순한 **화폐적 현상**만은 아니라는 사실이 광범위하게 인식되기 시작했다. 또한 실업과 인플레이션 문제는 노동시장이나 화폐공급의 분석만으로는 이해할 수가 없으며, 경제 내의 여러 가지 집계변수(즉 총수요 · 총공급 등)와 실업 · 인플레이션 간의 관계를 종합적으로 분석해야 그에 대한 처방을 얻을 수 있다는 생각이 경제학자들 사이에 널리 받아들여지게 되었다.

거시경제현상에 대한 이해가 깊어짐에 따라 학자들은 언젠가는 경기안정화정책에 의해 경기변동을 거의 완전하게 제거할 수 있을 것으로 보았다. 실제로 1960년대 말과 1970년대 초까지 현대 거시경제학의 주류를 형성하게 된 케인즈 경제학의 처방에 입각하여 각국 경제는 상당히 오랫동안 실업과 인플레이션 문제로부터 벗어날 수 있었다.

2 통화주의와 새고전학파, 새케인즈학파

1) 통화주의

1970년대 세계경제는 이전에 경험해보지 못한 새로운 경제상황에 직면하게 되고, 이전의 거시경제이론들은 도전을 받게 된다. 1970년대 중반에 세계 대부분의 국가들이 경험한 새로운 경제상황은 경기침체(stagnation)와 인플레이션(inflation)이 동시에 나타나는 **스태그플레이션**(stagflation) 현상이었다. 이때까지의 케인즈학파 거시경제이론은 경기활동과 물가의 변화가 같은 방향으로 변하는 것으로 보았기 때문에 경기침체와 인플레이션이 함께 나타나는 스태그플레이션 현상에 적절한 대응책을 제시할 수 없었다.

이런 시대적 상황을 배경으로 프리드만(M. Friedman), 브루너(K. Brunner), 멜처(A. Meltzer), 케이건(P. Cagan) 등으로 대표되는 **통화주의**(monetarism)가 등장하게 되었다. **통화주의자**(monetarist)들은 스태그플레이션 현상의 근본적 원인은 적절치 못한 정부의 개입(케인즈학파의 총수요관리정책)에 있다고 주장하였다.

고전학파의 거시경제학과 크게 다를 바 없는 통화주의는 프리드만(M. Friedman)의 신화폐수량설에 입각하여 인플레이션의 원인을 방만한 화폐발행으로 보았다. 그들은 통화정책이 무력하다고 보았던 케인즈학파를 비판하고, 경제에서 통화량의 중요성을 강조하고 재인식시키고자 하였다.

또한 통화주의자들은 장기적으로 **자연실업률**(natural rate of unemployment)이 존재하기 때문에 케인즈학파의 확장적 총수요관리정책은 실업문제에 도움을 주지 못한다고 주장하였다. 즉 케인즈학파의 확장적 총수요관리정책이 단기적으로는 실업문제에 도움을 줄지 모르지만 장기적으로는 인플레이션의 가속화를 가져와 경제에 교란을 줄 뿐이라는 기본 입장을 취하고 있다. 그리고 자연실업률 하에서는 비자발적 실업이 존재하지 않으므로 정부가 간섭해야 할 아무런 이유가 없다고 주장하였다. 이것은 비자발적 실업이 존재하며 정부의 개입이 필요하다고 주장하는 케인즈학파의 견해와는 대조를 이룬다. 케인즈학파가 정부의 역할을 중요시한 데 비해 통화주의자들은 정부의 활동을 시장의 경쟁 메커니즘을 유지하거나 시장이 제공하기 어려운 서비스를 제공하는 데에만 국한시켜야 한다고 주장하였다.

또한 화폐공급은 실질국민소득의 성장률을 기준으로 일정 비율만큼 증가시키기만 하면 된다는 **통화준칙**을 주장하였다.

2) 새고전학파

1970년대에 통화주의자들의 주장은 많은 사람들의 호응을 얻게 되었고, 각국의 경제정책 수립과정에서 커다란 역할을 하게 되었지만, 인플레이션을 진정시키기 위한 노력들은 실패로 돌아갔다. 이에 따라 급진적 통화주의자라 할 수 있는 **새고전학파**(new classical school)가 나타나게 되었다. 루카스(R. Lucas), 사전트(T. Sargent), 배로(R. Barro) 등으로 대표되는 새고전학파 학자들은 **합리적 기대가설**(rational expectation hypothesis)이라는 거시경제학의 새로운 이론적 전제를 제시하였다.

새고전학파 학자들은 정부가 경제안정화정책을 사용하더라도 사람들이 정부 정책에 대한 정보를 바탕으로 그 결과를 합리적으로 예상하여 행동하고 시장이 즉각적으로 청산된다면, 장기적으로는 물론 단기적으로도 실물변수에는 아무런 정책효과도 나타나지 않는다는 **정책무력성 명제**(policy ineffectiveness proposition)를 도출한다. 따라서 이들은 사람들에 의해 미리 예상된 거시경제정책은 효과가 전혀 없고, 사람들이 예상하지 못한 거시경제정책만이 일시적인 효과를 갖게 된다고 주장하였다. 이 경우에도 그 효과는 가격변수의 신축적 조정과 예상의 조정을 통해 곧 사라진다고 주장한다.

새고전학파가 이러한 정책무력성의 명제를 주장하는 배후에는 모든 시장이 항상 청산된다는 가정과 사람들이 미래를 예측할 때 합리적 기대를 하여 체계적 오류를 범하지 않는다는 두 가지의 기본가정이 깔려 있다. 정교한 수학적 이론에 의해 뒷받침된 이들의 주장은 스태그플레이션 이후 퇴색하고 있던 케인학파 이론을 대신하여 많은 호응을 얻게 되었다.

3) 새케인즈학파

새고전학파가 주장하는 기대의 합리성과 정책무력성 사이의 관계에 대해 케인즈학파는 인정하지 않았다. 특히 스탠리 피셔(S. Fischer)는 비록 개별 경제주체가 합리적으로 기대를 형성한다고 하더라도 명목임금이 하방 경직적이면 정책무력성의 명제는 성립하지 않는다고 주장하였다.

1970년대 말부터 케인즈적 사고체계를 가진 학자들은 가격경직성의 원인을 분석하는 것에 주력하였는데, 이러한 연구를 진행시킨 맨큐(N. G. Mankiw), 볼(L. Ball) 등 일련의 학자들을 **새케인즈학파**(new Keynesian school)라 부른다.

이들의 연구는 1980년대 초반 미국의 경험과 맞물려 한층 더 가속화되었다. 1980년대 초반 미국의 연방준비은행(Federal Reserve Bank; FRB)은 긴축적 통화정책의 시행을 공표한 후 실제로 긴축통화정책을 집행하였다. 만약 새고전학파의 주장이 맞는다면, 이 경우에 사람들은 명목임금을 낮추고 가격을 하향조정하므로 산출량이나 고용의 감소 없이 인플레이션만 해소할 수 있어야 했다. 그러나 현실은 10%에 달하는 실업률의 증가로 나타났다. 이는 경제 내에 가격조정이 신축적으로 이루어지지 못했기 때문이라는 새케인즈학파의 주장이 경험적으로 입증된 것이다.

이러한 일련의 상황에 자극되어 새케인즈학파의 가격경직성에 대한 연구는 재화시장과 노동시장에 걸쳐 광범위하게 전개되었다. 새케인즈학파는 새고전학파와 같이 합리적 기대를 도입하면서도 시장청산 가정을 부정하고 거시경제정책의 유효성을 인정한다는 측면에서 케인즈적 사고를 계승하였다.

이상에서 개략적으로 살펴본 시대별 거시경제현상과 거시경제학의 발전과정을 보면 거시경제학에는 크게 고전학파적인 사고와 케인즈적인 사고의 두 흐름이 있음을 확인할 수 있다. 왜냐하면 통화주의나 새고전학파는 고전학파적 사고에 그 뿌리를 두고 있고, 새케인즈학파는 케인즈적인 사고에 뿌리를 두고 있기 때문이다. 그리고 거시경제이론은 시대적 환경에 크게 영향을 받았다는 사실도 알 수 있다. 실업률이 낮았던 시대에는 고전학파적인 사고가 지배하였으며, 실업문제가 심각했던 시대에는 정부의 적극적인 역할을 강조하는 케인즈적 사고가 지배하였고, 인플레이션이 크게 문제되었던 시대에는 통화주의가 지배했음을 알 수 있다.

1장 주요 개념

거시경제학, 집계변수, 경제모형, 내생변수, 외생변수, 경제성장, 가격의 신축성, 시장청산, 가격의 경직성

1장 복습 문제

01 거시경제학은 무엇을 설명하려고 하는가?

02 거시경제학과 미시경제학은 어떻게 다른가?

03 경제학자들은 왜 모형을 설정하는가?

04 거시경제모형의 주요 특징은 무엇인가?

05 왜 거시경제모형을 단기모형과 장기모형으로 구분할까?

06 고전학파 접근법과 케인즈학파 접근법의 주요 차이는 무엇인가?

07 거시경제학은 어떠한 발전과정을 거쳐 현재에 이르고 있는가?

CHAPTER

02

국가경제의 순환과 측정

제2장에서는 국가경제의 전체적인 활동을 이해하는데 필수적인 국가경제의 순환모형을 설명하고, 국가경제의 활동수준에 대한 척도로서 이용되는 국민소득과 경제성장률, 물가와 인플레이션율, 실업률 등의 개념과 측정방법을 다룬다.

제1절 국가경제의 순환

1 생산물과 생산요소의 순환

거시경제학은 국가경제 전체의 관점에서 각 부문 사이의 연관관계를 밝혀내고 전체 경제활동을 순환적 흐름(circular flow)으로 파악하는 것이다. 여기서는 거시경제를 파악하는데 있어 필수적인 국가경제의 순환을 설명하고 이러한 국가경제의 순환과정에서 나타나는 주요한 특징을 알아본다.

1) 경제활동 : 생산 · 소득 · 지출의 순환

한 국가경제 내에서는 생산, 분배, 소비활동과 관련된 **경제활동**이 계속적으로 이루어지고 있다. 국가경제 전체적으로 볼 때 경제활동이 지속되려면 우선적으로 사람들이 필요로 하는 재화와 서비스가 생산되어야 한다. 왜냐하면 생산활동이 있어야 생산과정에 참여하는 사람들이 소득을 얻게 되고, 소득이 있어야 생산물을 구입하는 지출을 할 수 있고, 지출이 있어야만 생산이 계속 이루질 수 있기 때문이다. 따라서 〈그림 2-1〉에서와 같이 한 국가의 경제활동은 전체적으로 보면 생산→소득→지출→생산의 순환관계로 구성된다.

여기서 생산이 기업에 의해 계획된 생산이면 **공급**(supply)이라 부른다. 지출이 경제주체들에 의해 계획된 지출이면 **수요**(demand)라 부른다. 이 공급과 수요가 일치하는 수준에서 생산

그림 2-1 생산 · 소득 · 지출의 순환

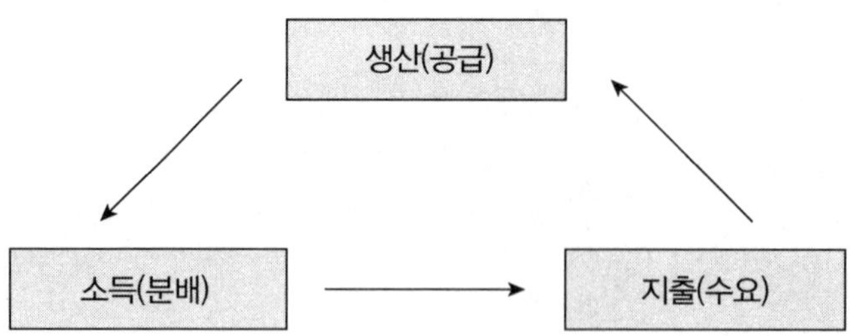

물시장이 균형을 이룬다.

고전학파에 의하면 〈그림 2-1〉과 같은 국가경제의 순환에서 중요한 것은 **공급**(즉 계획된 생산)이다. 한 국가가 얼마나 풍족한 물질생활을 누리는가는 공급이 얼마나 큰가에 달려있다. 일단 공급되는 생산량은 모두 수요된다. 그래서 '공급은 수요를 창조한다'는 **세이의 법칙**(Say's law)이 성립한다. 세이의 법칙이 성립하기 때문에 수요측면을 걱정할 필요가 없다. 정부가 시장에 개입하지 않고 시장기능에 맡겨두면 국가경제의 순환이 원활하게 이루어진다. 일반적으로 물가와 임금 등의 가격변수들이 신축적으로 움직이면 세이의 법칙이 성립한다. 따라서 고전학파는 시장에서 수요와 공급이 일치하지 않아 불균형이 생기더라도 가격변수들의 신축적 조정에 의해 불균형이 즉각 청산된다고 보는 것이다.

한편 **케인즈학파**에 의하면 국가경제의 순환에서 중요한 것은 공급이 아니라 **수요**(즉 계획된 지출)이다. 공급된 생산량이 모두 수요되지 않고 계획하지 않은 재고 증가로 나타남으로써 생산이 위축되고 실업이 증가할 수 있다. 재고가 증가하거나 실업이 증가할 때 물가와 임금과 같은 가격변수들이 하락하면 재고와 실업이 감소할 것이다. 그러나 현실적으로 가격변수들이 단기에 경직적인 경우가 대부분이다. 따라서 시장의 자율적인 조정기능이 작동하지 않고 세이의 법칙도 성립하지 않는다. 결국 세이의 법칙이 성립하지 않아 시장의 불균형이 즉각 해소되지 않는다면 중요한 것은 수요측면이다. 그런데 일반적으로 수요가 공급보다 작기 때문에 경기침체가 발생한다. 또한 수요는 시시각각 변하면서 경기변동을 일으킨다. 따라서 케인즈학파는 정부가 경제에 적극적으로 개입하여 경기변동을 완화시키는 총수요관리정책을 시행해야한다고 본다. 고전학파가 **시장**(market)을 신뢰하는데 반해 케인즈학파는 **정부**(government)를 신뢰한다.

2) 생산물과 생산요소의 순환

〈그림 2-2〉를 통해 국가경제의 **실물**에 해당하는 생산요소와 생산물의 순환적 흐름에 대해 살펴보자. **생산**(production)은 한 국가경제가 가지고 있는 인적 생산요소와 물적 생산요소들이 기업에 의해 결합되어 이루어진다. 〈그림 2-2〉는 노동, 자본, 자연자원 등의 **생산요소**(inputs)가 기업의 생산과정에서 결합되어 **생산물**(outputs)이 생산되고, 이러한 생산물이 다시 소비되거나 투자되어 생산요소를 재생산하는 과정을 보여준다.

기업이 생산요소시장에서 구입한 생산요소를 결합하여 생산한 생산물은 생산물시장을 통해 소비자에 의해 **소비재**(consumption goods)로 최종적으로 소비된다. 그러나 생산물 가운데

그림 2-2 생산물과 생산요소의 순환

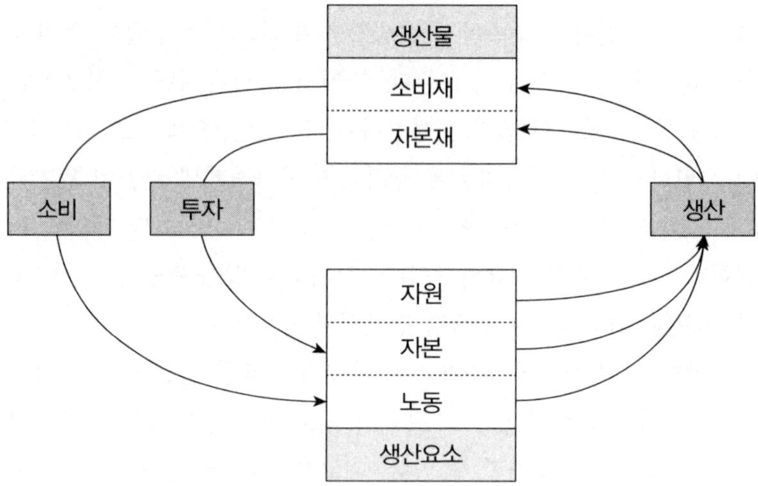

소비재로 소비되지 않고 또 다른 생산물(재화나 서비스)을 생산하는 생산요소로 사용되는 것들이 있다. 이처럼 기업의 생산물 가운데 소비재로 소비되지 않고, 다른 재화나 서비스를 생산하는데 사용되는 재화를 **자본재**(capital goods)라고 부른다. 결국 생산물은 소비재로 소비되거나 또는 생산자에 의해 자본재로 투자되어 노동과 자본 등의 생산요소를 재생산하는 순환과정에 투입된다.

〈그림 2-2〉로 표현된 국가경제의 생산물과 생산요소의 순환에서 두 가지 사실을 알 수 있다. 첫째, 국가경제는 생산물을 소비할 것인가 아니면 투자할 것인가를 선택해야하는 근본적인 문제에 직면한다.

둘째, 국가경제의 순환적 흐름은 재생산과정과 확장과정을 반복한다. 국가경제는 생산물과 생산요소의 순환적 흐름을 통해 스스로 다시 새로워지고 스스로 확장해가는 과정을 반복한다는 것을 알 수 있다. 가계(노동인구)는 소비를 통해서 스스로를 유지 또는 발전시키는데 필요한 요건들을 충족시키고, 소비를 통해 생산과정에 필요한 에너지를 재충전하여 계속 생산과정에 참여한다. 또한 **기업**은 **대체투자**(replacement investment)를 통해 소모된 자본을 대체하거나 **신규투자**(net investment)를 통해 새로운 자본을 축적하여 국가경제를 유지하거나 성장시킨다는 것을 알 수 있다.

그림 2-3 국민소득 순환모형 : 누출과 주입

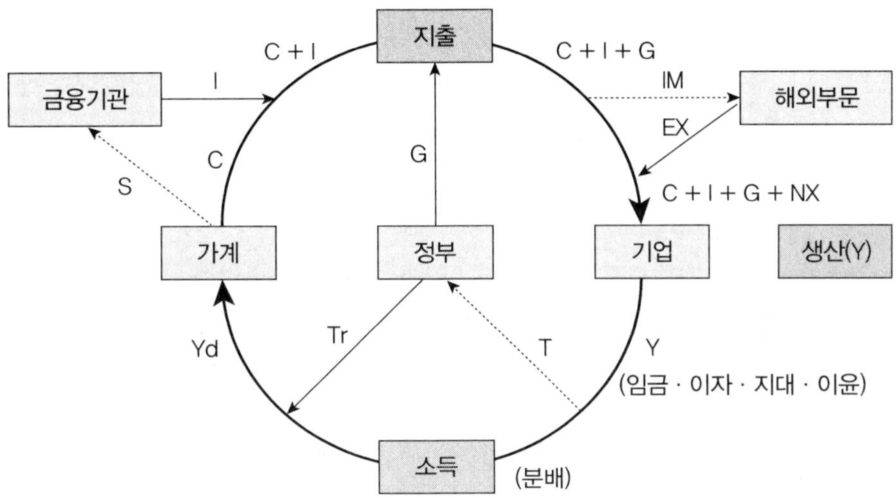

2 국민소득의 순환 : 누출과 주입

1) 순환과정에서의 누출과 주입

〈그림 2-2〉에 제시된 국가경제 **실물(생산물과 생산요소)의 순환방향**과 반대방향으로는 항상 **화폐의 순환적 흐름**이 진행된다. 생산물이 처분되는 이면에는 그 생산물을 구입하기 위해 지출되는 화폐의 흐름이 있고, 생산요소가 생산과정에 참여할 때에도 그 생산요소가 생산에 참여한 대가로 지불되는 화폐의 흐름이 있게 된다. 생산물에 대한 화폐의 지출은 기업의 **판매수입**이 되고, 생산요소에 대한 화폐의 지출은 **가계의 소득**이 된다. 이처럼 국가경제에서 일어나는 화폐소득과 지출의 순환과정을 **국민소득의 순환**(circulation of national income)이라고 부른다.

〈그림 2-3〉은 가계와 기업, 정부와 해외부문까지 포함한 국가경제의 국민소득 순환모형이다. 〈그림 2-3〉을 이용하여 국가경제에서 각 경제주체가 담당하는 역할에 대해 알아보고, 국민소득의 순환과정에서 발생하는 누출과 주입에 대해서도 살펴보기로 한다. 국민소득의 순환으로부터 외부로 빠져나가는 화폐적 흐름을 **누출**(leakage)이라고 하고, 반면에 외부에서

국민소득의 순환으로 들어오는 화폐적 흐름을 **주입**(injection)이라고 한다.

(1) 가계부문

국가경제에서 **가계부문**(household)은 모든 생산요소를 보유하고 그 생산요소를 생산요소시장에서 기업에 판매해서 얻은 **소득**(Y)으로 기업이 생산한 생산물을 생산물시장에서 구입한다. 이때 **가계**는 보통 소득의 전부를 **소비**(consumption; C)하지는 않는다. 소득의 일부는 **조세**(tax; T)로 정부에 납부하고 나머지 소득 가운데 소비되지 않은 부분을 **저축**(saving; S)한다. 따라서 저축은 단순히 가처분소득(Yd)에서 소비를 공제한 액수이다. 이러한 저축은 소득 가운데 소비하지 않고 국민소득의 순환흐름에서 빠져나가는 부분이다, 그래서 저축은 국민소득의 순환흐름을 감소시킨다는 의미에서 **누출**(leakage)에 해당한다. 저축은 생산물에 대한 구매의 형태로 지출되지 않는 부분이기 때문에 그 액수만큼 기업의 판매수입이 감소하고, 결국 다음 단계의 생산요소 구매도 줄어든다.

(2) 기업부문

기업(firm)은 가계부문으로부터 구입한 생산요소로 재화와 서비스(이하 생산물)를 생산하여 판매한다. 그리고 기업은 생산물의 판매수입으로 가계부문에서 생산요소를 구입하면서 **임금**, **지대**, **이자**, **이윤**을 지불한다. 이처럼 기업은 생산물의 판매수입으로 요소소득을 지불하고, 가계는 기업으로부터 받은 소득을 이용하여 생산물을 구입하는 순환적 관계에 있다.

한편 **기업**은 새로운 자본(생산설비, 건물 등)을 마련하기 위해 지출하는데, 이를 **투자**(investment ; I)라고 한다. 투자는 국민소득의 순환흐름으로 들어와서 소득순환을 증가시킨다는 의미에서 **주입**(injection)에 해당한다. 대부분의 투자자금은 저축으로부터 공급되지만, 저축과 투자가 직접적으로 연결되는 경우는 많지 않고, 은행과 같은 금융기관의 중개를 통해 연결된다. 즉 누출인 저축과 주입인 투자는 대부분 금융기관을 통해 연결되어 이루어진다.

(3) 정부부문

정부(government)는 국민의 안녕과 질서를 유지하고 국가경제가 원활하게 작동하도록 여러 가지 정부지출을 한다. 이러한 정부지출에 필요한 자금은 원칙적으로 조세(T)로 충당한다. 따라서 정부부문은 정부지출과 조세를 통해 국민소득의 순환흐름에 영향을 미친다.

조세(tax; T)는 생산요소에 지불되는 요소소득에 의해 결정된다. 정부가 요소소득에 대하여 과세하면 가계부문은 소득에서 세금을 내게 된다. 이 경우 가계부문의 가처분소득(즉 소득 - 세금)은 감소하게 되는데, 조세액만큼 저축을 감소시키지 않는 한 소비지출은 감소하게 된다. 그러므로 조세는 국민소득의 순환흐름을 감소시키기 때문에 누출에 해당한다.

한편 **정부지출**(government expenditure)은 정부구입과 이전지출로 나누어진다. **정부구입**(government purchase; G)은 정부가 재화와 서비스를 직접 구입하는 것을 말한다. 정부구입이 가계부문의 생산요소를 구입하는데 사용되면 가계소득을 창출하고, 기업부문의 생산물을 구입하는데 사용되면 기업의 소득을 창출한다. 따라서 정부구입(G)은 국민소득의 순환흐름을 증가시키기 때문에 **주입**에 해당한다.

이전지출(transfer expenditure; Tr)은 정부가 기초생활비와 같은 사회보장을 위한 지출, 각종 보조금, 재해보상금 등과 같이 아무런 대가를 받지 않고 일방적으로 지불하는 지출을 말한다. 따라서 이전지출은 수령자들의 소득을 증가시킬 것이므로 국민소득의 순환흐름을 증가시키는 요인이 된다. 그런 의미에서 이전지출은 주입에 해당한다.

(4) 해외부문

해외부문(foreign sector)이 소득순환에 미치는 영향을 살펴보자. 한 국가경제와 해외부문 간의 거래는 대부분 상품의 교역, 즉 수출과 수입을 통해 이루어진다. **수입**(import; IM)은 국내의 소득으로 국내상품 대신 외국에서 생산된 상품을 구매하는 것이므로, 수입이 증가하면 그만큼 국내생산 상품에 대한 지출이 감소하게 된다. 따라서 수입은 국민소득의 순환흐름으로부터의 누출이다. 반면에 **수출**(export; EX)은 해외부문(외국)이 국내생산 상품을 구매하는 것이므로, 수출이 증가하면 그만큼 국내생산 상품에 대한 지출이 증가하게 된다. 그러므로 수출은 국민소득의 순환흐름으로의 주입이다.

2) 국민소득 순환의 균형조건

국민소득의 순환모형에서 화폐적 흐름이 균형을 이루려면 어떻게 되어야 할까? 순환모형에서의 균형상태는 화폐적 흐름이 더 많아지지도 적어지지도 않고 일정한 양의 흐름이 지속되는 상태이다. 따라서 국민소득의 순환적 흐름이 일정하게 유지되기 위해서는 순환과정으로부터의 누출과 순환과정으로의 주입이 같아야 된다.

앞서 가계, 기업, 정부 그리고 해외부문으로 구성된 개방경제의 국민소득 순환모형에서 누출은 저축(S), 조세(T), 수입(IM)으로 이루어지고, 반면에 주입은 투자(I), 정부구입(G), 이전지출(Tr), 수출(EX)로 이루어진다. 따라서 개방경제의 경우, **국민소득 순환모형의 균형조건**은 다음과 같이 나타낼 수 있다.

$$(\text{저축} + \text{조세} + \text{수입}) = (\text{투자} + \text{정부구입} + \text{이전지출} + \text{수출})$$
$$(S + T + IM) = (I + G + Tr + EX)$$

결국 가계와 기업, 그리고 정부부문과 해외부문까지 포함된 국가경제의 소득순환모형인 〈그림 2-3〉에 의하면 한 국가경제가 생산한 생산물(재화와 서비스)은 가계의 소비(C), 기업의 투자(I), 정부구입(G), 그리고 해외부문의 지출(즉 순수출 NX=EX−IM)을 통해 모두 구입된다.

제 2 절 경제활동의 성과 측정 : 국내총생산과 경제성장률

1 국민소득의 측정

국가경제의 총체적 활동수준과 성과를 측정하기 위해서는 국민소득의 순환적 흐름을 측정하면 된다. 모든 국가에서는 '**국민소득계정**'(national income account)을 이용하여 국민소득을 측정한다. **국민소득**은 국가경제의 생산, 소득, 지출수준을 나타내는 지표이다. 국민소득계정은 〈그림 2-3〉의 국민소득 순환모형에서 국민소득의 흐름을 생산, 소득, 지출측면에서 측정하여 국민소득 통계로 작성한 것이다. 따라서 국가경제의 순환과정 중 어디에서 국민소득을 측정하는가, 그리고 어디까지 국민소득으로 포함시키는가에 따라 국민소득의 개념은 다양하다. 여기서는 국민소득의 지표로 가장 널리 사용되는 국내총생산에 대해 알아본다.

1) 국내총생산(GDP)

한 국가의 경제적 성과를 측정하는 지표 중에 가장 많이 사용되는 것은 **국내총생산**(gross domestic product; GDP)이다. 국내총생산(GDP)은 한 국가경제의 순환과정에서 생산측면의 국민소득을 측정하는 척도이다. 국내총생산(GDP)은 한 국가에서 일정기간 동안 이루어진 경제활동의 성과를 화폐적 가치로 나타내기 위해 측정된다.

국내총생산(GDP)은 일정기간 동안에 한 나라 안에서 생산된 최종생산물(즉 재화와 서비스)의 화폐가치를 합계한 것이다. GDP 정의가 의미하는 몇 가지 특징을 구체적으로 살펴보자.

첫째, 재화와 서비스의 화폐가치를 합한 것이다. GDP에는 수많은 재화(goods)와 서비스(service)가 포함된다. 그러면 이 모든 것들을 어떻게 하나의 측정단위(가치척도 단위)로 결합할 수 있을까? 한 가지 방법은 모든 재화와 서비스를 화폐단위로 변환하고, 그리고 이 화폐단위들을 모두 합하는 것이다. 이때 각 재화와 서비스의 화폐가치를 나타내는 지표로서 시장가격(market price)이 사용된다.

둘째, 특정 연도의 GDP에는 그 해(연도)에 생산된 최종 재화와 서비스만 포함된다. 최종생산물이라 하더라도 재판매되는 **중고품**이나 이전 연도에 생산된 **재고품**은 제외된다.

셋째, GDP에는 최종 재화와 서비스(final goods and services)만 계산된다. GDP에는 중간재(intermediate goods)나 중간 서비스의 거래는 포함되지 않는다. GDP 계산에 중간재를 포함시키면 동일한 산출물을 여러 번 계산하는 것이 되기 때문이다.

넷째, GDP에는 한 나라 국경 안에서 생산된 것만을 포함된다. 우리나라의 많은 사람들이 해외에서 일하고 있고, 많은 기업들이 해외에 투자하여 공장을 가지고 생산하고 있다. 하지만, 우리나라 국민이나 기업이 해외에서 생산한 재화와 서비스는 우리나라 GDP에 포함되지 않는다. 반면에 외국인과 외국기업들이 우리나라에서 생산한 재화와 서비스는 우리나라의 GDP에 포함된다.

다섯째, GDP에는 대부분 공식적인 시장에서 거래되는 재화와 서비스만 포함된다. 따라서 지하경제의 활동이나 가사활동, 봉사활동과 같은 경제활동은 GDP 계산에 포함되지 않는다. 그 이유는 이러한 활동의 가치를 측정하기 어렵기 때문이다. 이러한 활동들은 분명히 현재의 재화나 서비스를 생산하는 경제활동들이지만 시장가격이 없기 때문에 포함되지 않는다.

하지만, 시장에서 거래되지 않는 것 중에 **귀속가치**(imputed value)를 계산하여 포함하는 것도 있다. 정부는 다양한 공공서비스(국방, 치안, 행정서비스 등)를 제공하지만, 공공서비스는 시장에서 거래되지 않는다. 따라서 정부가 제공하는 서비스의 가치를 추정하여 계산하기 위해서 시장가격 대신에 이들 서비스를 생산하는데 들어간 요소비용(예 공무원 급여나 임대료 등)을 이용한다.

또 귀속가치를 추정하고 계산하는 것 중에는 자기소유주택 서비스의 가치도 포함된다. 주

GDP가 후생지표가 아닌 이유

GDP는 다음과 같은 이유로 한 국가의 경제적 후생지표로서는 한계가 있다. 첫째, GDP에는 시장을 통해 이루어지는 경제활동만 포함된다. 그래서 시장을 통하지 않는 가사활동과 같은 활동들은 한 국가의 경제적 후생에는 기여하지만 가치를 측정하기가 어려워 GDP에 포함하지 않는다. 따라서 조직화된 시장을 통한 경제활동의 비중이 크게 다른 두 국가의 GDP를 비교하면 매우 잘못된 결과가 나타난다. 미국 등과 같은 선진국에서는 대부분의 경제활동이 시장을 통해 이루어지지만, 아프리카에 있는 저개발국에서는 상대적으로 시장을 통한 경제활동의 비중이 매우 낮다. 따라서 여러 나라의 GDP를 비교한다는 것은 동일한 경제활동을 비교하는 것이 아니다. 가난한 나라에서는 많은 경제활동들이 시장을 통해 이루어지지 않기 때문이다.

둘째, GDP에는 여가시간(leisure)의 가치를 포함하지 않는다. 보통 한 국가가 부유해짐에 따라 그 나라 국민들은 보다 많은 여가시간을 갖는다. 이것이 사실이라면 여가가치를 포함하는 국가후생지표는 GDP보다 빠르게 증가할 것이다. 이것은 GDP 증가가 국민후생수준의 증가를 **과소추정**하고 있다는 의미이다.

셋째, GDP에는 재화(goods)뿐만 아니라 비재화(bads)도 포함된다. 전쟁이나 천재지변으로 인해 많은 건물이 파괴된 경우, 이것을 복구하거나 재건축하고, 손상된 비품을 대체하기 위해 지출을 늘릴 수밖에 없다. 이러한 활동에 포함된 모든 지출이 GDP에 추가적으로 포함되지만, 후생수준이 파괴되기 이전과 비교해서 달라지지는 않는다. 이러한 경우는 GDP가 국민후생수준을 **과대추정**하고 있다는 의미이다.

넷째, GDP에는 환경오염이나 자연훼손으로 인해 발생하는 생태학적 비용은 반영되지 않는다. GDP를 증가시키는 생산활동 중에는 환경에 부작용을 초래하는 것들이 많이 존재한다. 자동차는 편리한 교통수단이지만 대기를 오염시키고, 제조 기업은 공장을 건설하는 과정에서 자연을 훼손하고, 제품을 생산하는 과정에서 강이나 대기를 오염시키는 경우도 있다. GDP의 증가로 국민후생수준의 증가를 측정하려면 이러한 생태학적 비용을 고려해야 한다, 하지만 실제 GDP 계산에서는 이러한 비용들이 제외되지 않는다.

택은 거주자에게 주거서비스를 제공하므로 이것을 GDP에 포함하는 것은 당연하다. 임대주택에 거주하는 경우에는 임대료를 지급하므로 임대료만큼 주거서비스의 생산으로 간주되어 GDP에 포함된다. 자기소유주택에 거주하는 경우에도 주거서비스를 제공받고 있기 때문에 임대가격을 기준으로 서비스의 가치를 추산하여 GDP에 포함한다. 이외에도 농가에서 자신이 소비하기 위해 생산하는 자가소비용 농산물도 시장에서 거래되지는 않지만 GDP에 포함된다.

2) 국민소득의 측정 : 국민소득 3면 등가의 법칙

앞서 국가경제의 순환모형을 통해 생산, 지출, 소득의 세 가지 측면에서 국민소득을 측정할 수 있다고 설명한 바 있다. 이제 국민소득 개념과 측정방법에 대해 보다 구체적으로 알아보자.

(1) 생산국민소득 : 총생산

앞에서 국내총생산(GDP)은 한 국가가 일정기간 동안 생산한 최종생산물의 화폐가치를 합계한 생산물의 총가치라고 정의한 바 있다. 이것은 국가경제의 생산측면에서 국민소득을 측정한 것으로 **생산국민소득**(생산 GDP, Y)이라고 부른다. 생산국민소득은 최종생산물의 화폐가치로도 측정할 수 있지만 일반적으로 일정기간 동안 모든 산업에서 창출된 **부가가치**(value added)를 합산하여 측정한다.

(2) 분배국민소득 : 총소득

한편 기업이 최종생산물을 만들어내는 각 생산단계에서 창출한 부가가치는 결국 각종 소득의 형태로 나누어 주어야 한다. 이렇게 생산과정에 생산요소를 공급한 사람들에게 분배되는 요소소득들을 모두 합계한 것을 **분배국민소득(분배 GDP=총소득)**이라고 한다. 구체적으로 기업이 만들어낸 부가가치 중 일부는 생산과정에 노동을 제공한 사람에게는 임금을, 자본을 제공한 사람에게는 이자를, 토지에 대해서는 지대를, 경영활동에 대해서는 이윤을 지급한다. 한편 분배국민소득인 총소득은 소비(C), 저축(S), 조세(T)로 사용된다.

$$\begin{aligned} \text{분배국민소득} &= \text{임금} + \text{이자} + \text{지대} + \text{이윤} \\ &= \text{소비}(C) + \text{저축}(S) + \text{조세}(T) \end{aligned}$$

부가가치가 각 경제주체의 소득 형태로 분배된다는 것은 전 국민이 분배받은 소득의 합계인 총소득과 같게 된다는 것을 의미한다. 그렇기 때문에 분배국민소득(총소득)도 언제나 각 생산단계에서 **부가가치의 합계**로 계산된 생산국민소득(총생산)과 같게 된다.

생산국민소득(Y) ≡ 분배국민소득(총소득)

$$Y \equiv C + S + T$$

(3) 지출국민소득 : 총지출

한 국가가 일정기간 동안 생산한 최종생산물은 그 국가의 가계나 기업, 정부가 구입하거나 다른 나라에서 구입한다. 이와 같이 각 경제주체(즉, 가계, 기업, 정부, 해외부문)들이 최종생산물을 사기 위해 지출한 금액을 합계한 것을 **지출국민소득(지출 GDP=총지출)**이라고 부른다. 이것은 국가경제의 순환과정 중 지출측면에서 측정한 것이다.

생산된 최종생산물 중에서 가계가 구입한 소비재의 시장가치를 **소비지출**(C)이라 하고, 기업이 구입한 자본재의 시장가치를 **투자지출**(investment; I)이라 한다. 정부는 소비도 하고 투자도 하는데, 정부의 소비지출과 투자지출을 합쳐 **정부지출**(government expenditure; G)이라고 부른다.

해외부문이 없는 **폐쇄경제인 경우**, 지출국민소득(총지출)은 다음과 같이 구성된다.

(폐쇄경제) 지출국민소득 = 소비(C) + 투자(I) + 정부지출(G)

한편 해외부문을 모형에 도입하여 **개방경제를 가정하는 경우**, 수출과 수입과 관련된 지출부분을 조정해주어야 한다. 첫째, 해외에서 국내 생산물을 구입해가는 부분, 즉 수출(export; EX)은 추가적으로 국내에서 생산된 생산물에 대한 지출에 포함되어야 한다. 왜냐하면 수출은 해외부문이 국내에서 생산된 생산물(재화와 서비스)에 대해 지출하는 것이기 때문이다. 둘째, 각 경제주체(가계, 기업, 정부)가 외국에서 생산된 재화와 서비스를 구입하는 부분, 즉 수입(import; IM)은 국내에서 생산된 생산물에 대한 지출에서 제외해야 한다. 왜냐하면 수입은 국내 각 경제주체의 지출 중에서 외국에서 생산된 재화와 서비스에 대해 지출하는 것이기 때문이다. 결국 수출에서 수입을 뺀 차이(EX−IM)인 **순수출**(net export; NX)은 지출에 포함되어야 한다. **개방경제**인 경우, 지출국민소득(총지출)은 다음과 같이 구성된다.

지출국민소득 = 소비(C) + 투자(I) + 정부지출(G) + 순수출(NX)

앞에서 설명한 것처럼 최종생산물의 화폐가치인 국내총생산(GDP)이 생산국민소득을 의미한다고 하면, 최종생산물에 대한 총지출인 지출국민소득은 생산국민소득과 그 크기가 같게 된다. 따라서 생산국민소득(총생산)과 지출국민소득(총지출)은 다음과 같은 항등식으로 나타낼 수 있다.

생산국민소득(총생산) ≡ 지출국민소득(총지출)

$$Y \equiv C + I + G + NX$$

국내총생산(GDP)은 가계, 기업, 정부 그리고 해외부문이 국내에서 생산된 최종생산물에 대해 지출한 금액의 합(총지출)과 같다는 뜻이다.

이상에서 국민소득은 생산, 지출과 소득의 관점으로 측정할 수 있다. 국가경제의 순환과정에서 어느 측면으로 측정하더라도 모두 똑같은 크기의 값을 얻게 된다. 다시 말해 국가경제의 순환과정에서 측정한 생산국민소득(총생산), 지출국민소득(총지출), 분배국민소득(총소득)이 언제나 서로 같은 값을 갖는다.

생산국민소득(총생산) ≡ 지출국민소득(총지출) ≡ 분배국민소득(총소득)

위 식은 국가경제에서 항상 성립하므로 **국민소득계정 항등식**이라고 한다. 그리고 세 가지 국민소득의 항등관계를 가리켜 **'국민소득 삼면등가의 법칙'**이라고 부른다.

2 실질 GDP와 잠재 GDP, 경제성장률

1) 명목 GDP와 실질 GDP

한 국가 경제활동의 성과를 정확하게 측정하기 위해서는 경제에서 생산되는 재화와 서비스의 총량인 총생산(aggregate output)에 대한 척도가 필요하다. **실질** GDP(real GDP)는 GDP를 화폐가치가 아닌 총생산량으로 측정하여 실질가치로 나타낸 것이다.

그럼 왜 GDP는 실질가치로 파악해야 할까? GDP는 최종재의 생산량에 시장가격을 곱하여 계산한 시장가치이기 때문에 생산량이 변하지 않고 가격만 변하더라도 GDP의 크기는 달라진다. 생산량이 전년도에 비해 하나도 늘어나지 않았는데도 불구하고 생산물의 가격만 올라가더라도 GDP는 증가한 것으로 나타나는 문제점을 갖는다. 그래서 이러한 가격의 변화가 GDP에 미치는 영향을 배제하기 위해 GDP를 명목 GDP와 실질 GDP로 구분하여 측정한다. 즉 명목 GDP는 당해 연도의 가격으로 계산한 것이고, 반면에 실질 GDP는 기준 연도의 불변 가격으로 계산한 것이다.

명목 GDP(nominal GDP)는 '당해 연도 시장가격으로 측정한 최종생산물의 시장가치'를 말한다. 즉 2018년도의 명목 GDP는 2018년에 생산한 생산물의 수량에 2018년의 가격을 곱하여 계산한 것이다. 따라서 명목 GDP는 당해 연도의 경제실적을 나타내는데 유용하게 쓰인다. 하지만 명목 GDP의 변동에는 생산물 수량의 변동과 가격의 변동이 혼합되어 나타나는 한계점이 있다.

실질 GDP(real GDP)는 '기준 연도 시장가격으로 측정한 최종생산물의 시장가치'를 말하며, 불변가격 GDP라고도 한다. 실질 GDP는 어떤 특정 연도를 기준 연도로 정한 다음 이 기준 연도의 가격을 사용하여 각 연도의 생산량에 곱하여 계산한 것이다. 매년의 생산물에 특정 기준시점의 가격(기준 연도 가격)을 매년 똑같이 곱하여 산출한다. 따라서 실질 GDP는 물가 변동의 영향을 받지 않으며 실질 GDP의 변동은 생산물 수량의 변동만을 나타내 준다. 결국 수량이 늘어나지 않더라도 물가가 오르면 명목 GDP는 그만큼 커지지만 실질 GDP는 물가상승분이 반영되지 않기 때문에 커지지 않는다. 따라서 실질 GDP는 기준 연도와 당해 연도의 생산수준을 비교할 때 유용하게 쓰인다.

이와 같이 GDP를 명목 GDP와 실질 GDP로 구분하여 추계하는 것은 두 가지의 GDP가 각각 그 용도가 다르기 때문이다. 한 나라의 경제구조나 국민소득을 구성하는 각 요소들의 중요도가 시간의 흐름에 따라 어떻게 변하고 있는가를 분석하고자 할 때에는 명목 GDP를 사용한다. 반면 경제성장이나 경기변동 등 국민경제의 규모가 장기적으로 어떻게 변화하고 있는가를 알아보기 위해서는 실질 GDP를 사용한다.

2) 잠재 GDP와 GDP 갭

한 국가의 경제가 실제로 생산한 모든 최종생산물을 시장가치로 평가한 것은 **실제 GDP**(actual GDP)라고 한다. 한편 **잠재** GDP(potential GDP)란 한 국가경제가 가지고 있는 모든 생산요소를 정상적으로 고용할 경우 생산가능한 최종생산물의 시장가치를 말한다. 즉 한 나라가 단기적 호황이나 불황에 관계없이 완전고용 수준(자연실업률 상태)의 노동력과 정상 가동상태의 자본이 투입되어 생산되는 GDP를 말한다. 잠재 GDP는 실제 GDP와 달리 장기적

개념으로서 **완전고용 산출량**(full-employment output) 또는 **자연율 산출량**(natural rate of output)에 해당하는 GDP이다.

한편 실제 GDP와 잠재 GDP의 차이를 GDP **갭**(gap)이라고 한다.

GDP 갭 = 실제 GDP − 잠재 GDP

GDP 갭은 생산요소가 완전고용되지 못함으로써 발생한다. 그러므로 실제 GDP가 잠재 GDP보다 적어 GDP 갭이 마이너스(−)이면 노동, 자본 등 생산요소가 정상적으로 사용되지 못하고 있는 유휴자원이 존재하므로 경기가 침체인 상태이다. 반대로 실제 GDP가 잠재 GDP를 초과하여 GDP 갭이 플러스(+)이면 생산요소가 정상수준을 넘어 과잉 사용되고 있음을 의미하므로 경기가 호황인 상태이다. 따라서 GDP 갭은 수요측면에서 인플레이션 압력을 가늠하게 하는 매우 중요한 거시경제지표이다.

3) 경제성장률

모든 국가는 물질적으로 보다 풍요해지기를 원한다. 한 국가가 이전보다 물질적으로 더 풍요해지기 위해서는 경제가 성장해야 한다. 그럼 경제성장이란 구체적으로 무엇을 말하는가? **경제성장**(economic growth)이란 한 국가의 경제규모를 나타내는 실질 GDP의 규모가 커지는 현상을 말한다. 그리고 한 국가의 경제규모를 나타내는 실질 GDP가 증가하는 정도를 경제성장률로 나타낸다. **경제성장률**은 실질 국내총생산(실질 GDP)이 전년에 비해 얼마나 변동하였는지를 백분율로 나타낸 것이다. 즉 경제성장률은 물가변동요인을 제거한 실질 GDP의 성장률을 의미하는데 아래와 같이 계산한다.

$$\text{경제성장률(\%)} = \left[\frac{\text{금년도 실질GDP} - \text{전년도 실질GDP}}{\text{전년도 실질GDP}} \right] \times 100$$

한편 경제성장률은 일정기간 동안 한 국가경제가 이룩한 성과를 측정하는 척도로서 물가, 실업률, 국제수지 등과 함께 경제정책의 수립이나 평가과정에서 중요한 개념으로 사용되고 있다. 이는 국가경제가 성장하면 새로운 일자리가 창출되고 소득이 증대되는 등 국민의 후생이 증진될 수 있기 때문이다.

제3절 구매력의 변화 측정 : 물가와 인플레이션율

1 물가와 물가지수

1) 물가와 물가지수

물가수준이 전반적으로 상승하는 현상을 인플레이션이라 한다. 거시경제학자와 정책입안자들은 인플레이션 현상에 많은 관심을 갖는다. 왜냐하면 인플레이션은 생활비와 구매력을 변화시키기 때문이다. 물가지수와 인플레이션을 어떻게 측정하는가를 알아보자.

우리 생활에 필요한 상품은 수없이 많고, 그 상품의 가격도 끊임없이 변하고 있다. 그리고 각 상품은 경제생활에서 차지하는 중요도가 서로 다를 뿐만 아니라 가격이 오르고 내리는 정도에서도 제각기 다르다. 그런데 한 나라의 경제상황을 파악하여 필요한 경제정책을 수립하기 위해서는 개별 상품의 가격변동보다는 여러 상품들의 전반적인 가격수준을 알아야 한다. 이를 위해 여러 가지 개별 상품의 가격수준을 통합하여 종합적인 가격동향을 파악하고자 하는 개념이 물가와 물가지수이다.

물가(prices)는 시장에서 거래되는 개별 재화와 서비스의 가격을 우리 생활에서 차지하는 중요도(비중)를 고려하여 가중 평균한 종합적인 가격수준(aggregate price level)을 말하며, 이러한 물가의 변화 움직임을 측정하기 위하여 작성하는 것이 **물가지수**(price index)이다. 물가지수는 수많은 개별 상품가격의 변동을 특수한 방식으로 평균하여 하나의 숫자로 나타낸 지수이다. 물가지수는 어떤 기준시점의 물가를 100으로 놓고 비교시점의 물가를 나타내는 지수이다.

2) 물가지수의 작성방법

일반적으로 물가지수를 계산할 때 **바스켓**(basket)이라는 개념을 이용한다. 바스켓이란 측정하고자 하는 물가를 대표하는 상품 품목들이 골고루 들어있는 바구니를 말한다. 물가지수는 이 바스켓을 구입하는데 얼마의 비용이 들어가는지를 계산하여 이를 기준시점의 구입비용과 비교하여 구한다.

물가지수를 계산할 때는 바스켓에 들어가는 상품의 수량은 고정시켜 놓고 상품가격의 변동만을 계산한다. 그런데 물가지수는 상품 수량을 기준시점의 수량으로 고정시키느냐, 아니면 비교시점의 수량으로 고정시키느냐에 따라 **라스파이레스 지수**(Laspeyres index)와 **파셰 지수**(Paasche index)로 구분한다. 라스파이레스 지수는 상품의 수량과 비중을 기준년도의 수량과 비중으로 고정시켜 놓고 가격의 변동만 계산하는 방식이다. 파셰 지수는 비교년도의 상품 수량과 비중을 기준으로 작성한다.

우리나라의 물가지수는 라스파이레스 지수로 측정한다. 기준년도를 b, 비교년도를 t, 기준년도 대상상품(i)의 가격과 수량을 각각 P_i^b, Q_i^b라 하고, 비교년도 대상상품(i)의 가격과 수량을 각각 P_i^t, Q_i^t라 하자. 그리고 n은 각 개별 대상품목수이다.

라스파이레스 물가지수는 다음과 같은 식으로 계산된다.

$$\text{라스파이레스식 물가지수} = \left[\sum_{i=1}^{n} Q_i^b P_i^t \div \sum_{i=1}^{n} Q_i^b P_i^b \right] \times 100$$

예를 들어 2018년 말 현재의 물가지수가 120.5라고 하면, 이것은 기준년도(2010년도)와 동일한 품질의 재화와 서비스를 동일한 양만큼 소비한다고 가정할 때 예상되는 총비용이 기준년도에 비해 20.5% 증가했다는 것을 의미한다.

3) 물가지수의 용도

물가지수는 어디에 사용될까? 물가지수는 한 나라의 경제동향 분석이나 경제정책 수립 등에 필요한 기초자료가 된다. 구체적으로는 **화폐의 구매력**(purchasing power)을 측정하는 수단으로 활용되고 있다. 만일 시장에서 물가가 상승하면 일정한 금액으로 구입할 수 있는 상품의 양이 감소하게 된다. 그렇기 때문에 물가의 상승은 곧 돈의 가치하락, 즉 화폐의 구매력이 떨어지는 것을 의미한다. 예컨대 물가가 10% 상승한다는 것은 화폐의 구매력이 똑같이 10% 떨어지는 것을 의미한다. 반대로 물가가 하락하면 화폐의 구매력은 증대하게 된다. 따라서 우리는 물가지수를 이용하여 물가의 변동에 따른 화폐의 실질적인 구매력 변화를 측정할 수 있다.

2 소비자물가지수와 인플레이션율

1) 소비자물가지수

물가지수는 작성목적에 따라 여러 가지가 존재한다. 물가지수는 한국은행에서 작성하는 생산자물가지수 및 수출입물가지수, 통계청에서 작성하는 소비자물가지수 등이 있다. 여러 가지 물가지수의 작성원리는 같으며, 다만 물가지수별로 계산에 포함되는 조사대상 품목의 구성이 다를 뿐이다.

물가지수를 측정하기 위해 가장 자주 사용되는 지수는 소비자물가지수이다. **소비자물가지수**(consumer price index; CPI)는 최종소비 구입단계에서의 물가변동을 파악하여 일반 도시가구의 평균적인 **생계비**(cost of living)와 소비자 **구매력**(purchasing power)을 측정하기 위해 작성한다. 그래서 소비자물가지수는 일반 도시가구가 소비생활을 영위하기 위하여 구입하는 재화의 가격과 서비스요금의 변동을 종합적으로 측정하여 계산한다. 그리고 소비자물가지수는 소비지출과 관련된 항목만을 대상으로 조사한다. 그 때문에 소비자들이 많이 지출하는

그림 2-4 소비자물가지수의 변화율

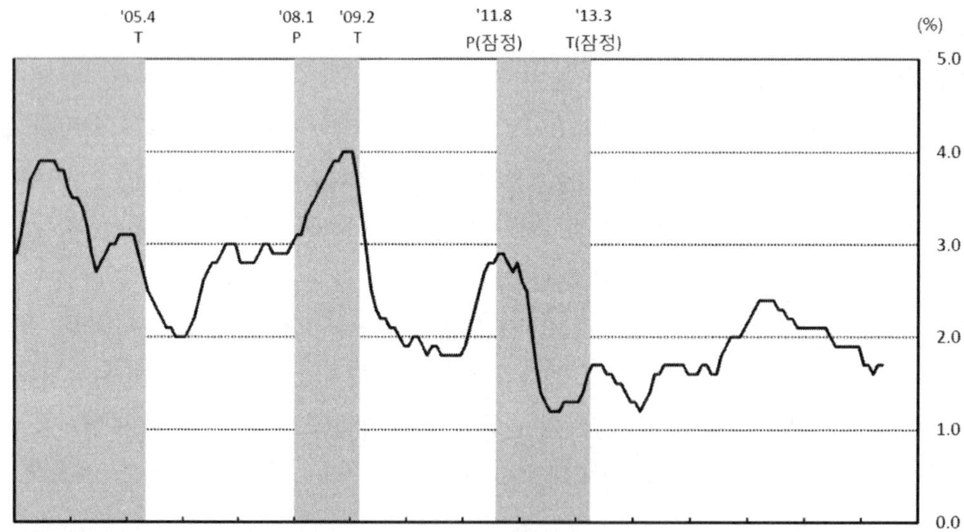

자료 : 통계청, 경기종합지수(2018.7)

식료품비, 의류비, 주거비, 연료비, 보건의료비, 교통비, 통신비, 교육비, 교양오락비 등과 같은 항목에 들어가는 비용이 어떻게 달라지는가를 보여준다.

소비자물가지수의 가격조사 대상품목은 가계소비 지출액의 비중을 기준으로 선정한다. 조사품목별 월평균 소비지출액이 총소비지출액의 1만분의 1이상이 되는 품목을 조사대상으로 선정한다. 2015년 기준 소비자물가지수의 조사대상 품목수는 460개이다.

소비자물가지수를 계산할 때는 모든 조사대상 품목의 가격변동을 동등하게 반영하는 것이 아니다. 조사대상 각 품목의 지출액이 가계의 총소비지출액에서 차지하는 비중에 따라 서로 다른 가중치를 주어 계산하게 된다. 품목별 가중치는 조사대상 품목이 전체 소비지출액에서 차지하는 구성비로서 천분비로 나타낸다. 따라서 일반적으로 가계 소비에서 지출액이 많은 품목일수록 더 큰 가중치가 적용된다. 가중치를 부여하는 방법은 가중치 기준액을 1000.0으로 하고 개별 품목이 차지하는 구성비(천분비)를 그 품목의 가중치로 한다.

2) 인플레이션율

인플레이션(inflation)이란 일반적으로 물가수준이 지속적으로 올라가는 현상을 말한다. 반대로 물가수준이 지속적으로 내려가는 현상을 **디플레이션**(deflation)이라 한다. 물론 인플레이션이라고 해서 모든 상품의 가격이 모두 상승하는 것을 의미하지는 않는다. 급격한 인플레이션이 있는 동안에도 일부 상품의 가격은 상대적으로 일정하거나 오히려 하락하는 것도 있을 수 있다. 다시 말해, 인플레이션이란 물가가 균등하게 또는 비례적으로 상승하는 것을 의미하지는 않는다.

인플레이션율은 일정기간 동안의 물가가 상승한 비율인 **물가상승률**이다. 인플레이션율은 다음과 같이 물가지수의 변화율을 이용하여 측정한다.

$$\text{인플레이션율}(\%) = \left[\frac{\text{비교년도 물가지수} - \text{기준년도 물가지수}}{\text{기준년도 물가지수}} \right] \times 100$$

인플레이션율은 소비자물가지수(CPI)를 이용하여 계산하기 때문에 일정기간 동안 소비자물가지수의 변화율을 의미한다.

제 4 절 경제활동인구의 측정 : 경제활동참가율과 실업률

1 경제활동인구와 실업률

한 국가의 경제적 성과를 측정하는 방법으로 경제가 자원을 얼마나 잘 이용하고 있는가를 살펴볼 수도 있다. 한 경제의 노동력은 가장 주요한 자원이라 할 수 있으므로 노동력을 고용상태로 유지하는 것은 경제정책 입안자들의 가장 주요한 관심사가 되어 왔다. 실업(unemployment)은 자원이 비효율적으로 사용되고 있음을 의미하기 때문에 경제 전체의 효율성 측면에서도 문제가 된다. 한 국가의 고용량과 관련되는 경제활동참가율이나 실업률 등과 같은 고용통계가 어떻게 작성되는지 알아보자.

1) 경제활동인구와 비경제활동인구

한 국가의 고용량과 관련된 개념으로는 생산가능인구, 경제활동인구(취업자와 실업자), 비경제활동인구가 있다. 이 개념들은 국제노동기구(ILO)의 기준에 따라 통계청에서 매월 실시하는 '경제활동인구조사'에 의하여 추계된다.

그림 2–5 노동력의 구성

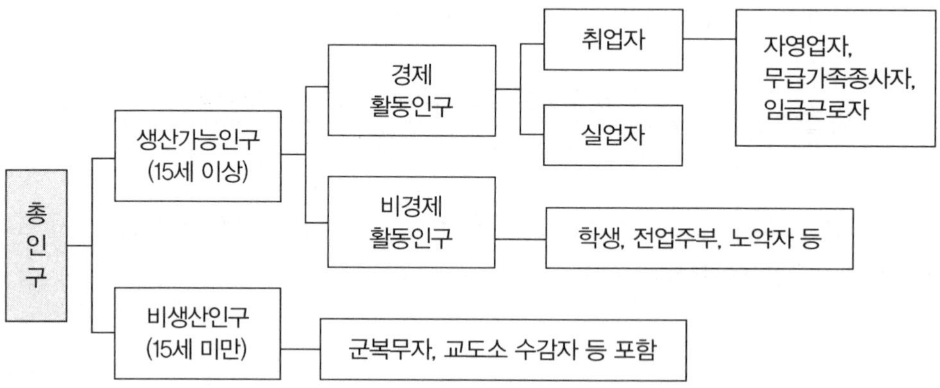

그림 2-6 우리나라의 실업률

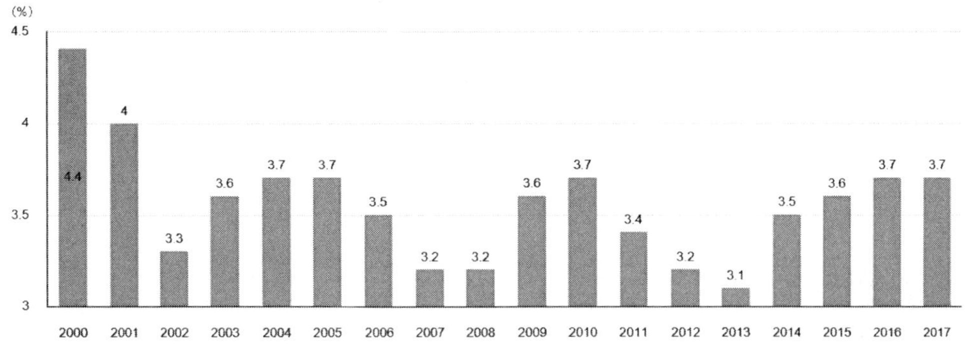

자료 : 통계청, 경제활동인구조사(2018. 7)

생산가능인구란 경제적으로 생산적인 활동이 가능한 일정 연령이상(만 15세 이상)의 인구 중에서 군복무자, 교도소 수감자(유죄 확정), 외국인을 제외한 인구를 생산가능인구라고 한다. 생산가능인구는 다시 노동을 통해 경제활동에 참가하고 있는 **경제활동인구**와 경제활동을 하지 않고 있는 **비경제활동인구**로 분류된다. 그리고 경제활동인구는 현재 취업하고 있는가를 기준으로 **취업자**와 **실업자**로 분류된다.

2) 경제활동참가율과 실업률

생산가능인구 중에서 경제활동에 참가하고 있는 사람의 비율을 **경제활동참가율**이라고 한다. **경제활동참가율**은 생산가능인구 중에서 경제활동인구가 차지하는 비율이다.

$$\text{경제활동참가율(\%)} = \left[\frac{\text{경제활동인구}}{\text{생산가능인구}}\right] \times 100$$

실업률은 경제활동인구 중에서 실업자가 차지하는 비율이다.

$$\text{실업률(\%)} = \left[\frac{\text{실업자수}}{\text{경제활동인구}}\right] \times 100$$

고용률은 15세 이상의 생산가능인구 중에서 취업자가 차지하는 비율로서 취업인구비율이라고도 한다.

$$고용률(\%) = \left[\frac{취업자수}{생산가능인구} \right] \times 100$$

2 실업률 측정

1) 실업자 조사방법

실업자의 개념은 일반인이 생각하는 것과는 상당한 차이가 있기 때문에 정부에서 발표하는 공식적인 실업률 통계가 일반 국민들이 몸으로 느끼는 체감실업률과 크게 다르게 나타난다. 이러한 차이는 실업률 통계작성 방법의 특징에 기인한다.

실제로 실업자와 실업률은 어떻게 조사하여 측정한 것일까? 실업자와 실업률을 측정하는 방법에는 노동력 접근방식과 직업안정소 방식이 있다.

첫째, **노동력 접근방식**은 미리 정해 놓은 일정한 표본가구내의 가구원을 대상으로 실업자를 조사하는 방식(국제노동기구의 권고방식)이다. 즉 표본가구를 조사원이 직접 방문하여 면담을 통해 실업자를 조사하는 방식이다. 이러한 조사방식을 채택하고 있는 국가로는 우리나라를 비롯하여 미국, 일본, 대만, 캐나다, 스웨덴 등 25개국이다. 노동력 접근방식에서는 실업자의 개념을 주 1시간 미만 취업자나 미취업자로 규정하고 있다.

둘째, **직업안정소 방식**은 직업안정기관에 등록된 실업자를 기초로 실업률을 작성하는 방식이다. 직업안정소 방식은 실업보험제도와 직업안정기관 제도가 발달하고, 임금근로자의 비율이 높은 영국, 프랑스, 독일 등 주로 유럽의 국가에서 많이 채택하고 있는 방식이다. 직업안정소 방식에서는 직업안정기관에 등록된 사람 중에서 취업되지 않은 자를 실업자로 규정하고 있다.

2) 통계청의 고용상태 조사방법

우리나라는 통계청에서 매월 '경제활동인구조사'를 실시하여 실업에 관한 통계를 작성하

그림 2-7 통계청의 고용상태 조사방법

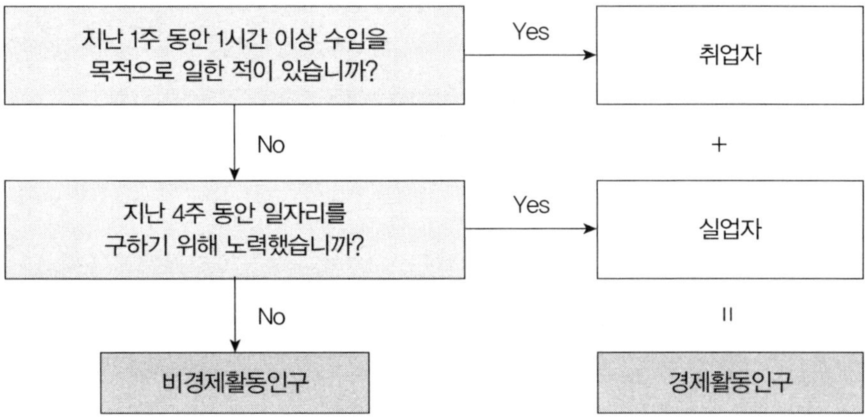

고 있다. 전국 가구 중 표본으로 뽑힌 32,000가구에 거주하는 만15세 이상인 자를 대상으로 매월 15일이 포함된 1주간(일요일~토요일)을 조사대상 주간으로 하며, 그 다음 1주간에 통계청에서 21개 지방사무소 및 출장소의 정규 조사원이 직접 가구를 방문하여 조사한다. 〈그림 2-7〉은 통계청에서 경제활동인구조사에서 표본가구를 대상으로 실업자를 조사하는 방법을 대략적으로 보여주는 그림이다.

표본조사에서는 구체적으로 다음과 같은 두 가지의 질문을 대표적으로 한다. 그 하나는 '당신은 조사대상 기간 1주 동안에 최소한 1시간 넘게 수입을 얻기 위해 일한 적이 있습니까?'라는 질문이다. 만약 이 질문에 대해 어떤 사람이 '예'라고 대답했다면 그 사람은 취업자로 분류된다. 그리고 '아니요'라고 대답한 사람에게는 또 다른 두 번째 질문을 한다. 즉 일할 의사가 있는지를 알아보기 위해 '지난 4주 동안 일자리를 찾아 본 적이 있습니까?'라는 질문을 다시 한다. 이에 대해 '예'라고 답한 사람은 실업자로 분류된다. 반면에 '아니요'라고 대답한 사람 비경제활동인구로 분류된다. 즉 1주일 동안 1시간도 일하지 않은 사람이라도 일할 의사가 없는 경우에는 실업자로 분류되지 않고 비경제활동인구로 분류된다.

2장 주요 개념

국민소득, 세이 법칙, 국내총생산(GDP), 총소득, 총지출, 명목 GDP, 실질 GDP, 잠재 GDP, 경제성장률, 물가지수, 인플레이션율, 경제활동참가율, 실업률

2장 복습 문제

01 한 국가경제에서 실물과 화폐는 어떻게 순환하는가?

02 국민소득의 순환모형에서 균형조건은 무엇인가?

03 국민소득계정 항등식과 국민소득 3면 등가의 법칙이란?

04 왜 GDP는 실질가치로 파악해야하는가?

05 GDP 갭의 크기는 무엇을 시사하는가?

06 경제성장률은 어떻게 측정하는가?

07 소비자물가지수와 인플레이션율은 어떻게 측정하는가?

08 경제활동참가율과 실업률을 어떻게 측정하고 계산하는가?

PART 2

거시경제의 장기분석

제2편에서는 거시경제가 어떻게 운용되는지에 관한 고전학파 모형을 제시한다. 고전학파 모형은 가격이 신축적으로 변하고, 생산요소가 완전 고용된다고 가정한다. 제3장에서 물가와 임금 등 가격변수가 신축적인 경우에 적용되는 고전학파의 국민소득 결정모형을 다루고, 제4장에서는 화폐가 경제에 미치는 영향을 화폐수량이론을 통해 살펴본다. 제5장에서는 노동시장에서 왜 실업이 존재하고, 무엇이 실업률을 결정하는지에 대한 다양한 견해들을 살펴본다.

CHAPTER

03

국민소득 결정이론 : 고전학파 기본모형

제3장에서는 물가와 임금 등 가격변수가 신축적인 경우에 적용되는 고전학파의 국민소득 결정모형을 제시한다. 한 국가경제의 총생산(실질국민소득)과 총수요를 결정하는 것은 무엇인지, 그리고 균형국민소득은 어떻게 결정되고, 총수요의 변화가 경제에 어떤 영향을 미치는지 살펴본다.

제 1 절 생산물의 총공급과 총수요

1 생산물의 총공급 결정

1) 고전학파 모형의 기본가정

무엇이 한 국가경제의 총생산(즉 생산물의 총공급)을 결정하는가? 고전학파 기본모형에서 한 국가경제에서 재화와 서비스(이하 생산물)의 총생산(즉 총공급)은 두 가지 요인에 의존한다. (1) **생산요소의 투입량**과 (2) 투입된 생산요소를 산출물(outputs)의 생산으로 전환시키는 **생산기술**(production technology)에 의해 결정된다. 생산요소의 투입과 생산기술에 대한 고전학파의 가정에 대해 알아보자.

(1) 생산요소의 완전고용 가정

생산요소는 재화와 서비스를 생산하기 위해 사용되는 투입요소이다. 고전학파 기본모형에서 가장 중요한 생산요소는 자본과 노동이라고 가정한다. **자본**(capital; K)이란 공장 건물이나 기계, 설비 등을 말하고, **노동**(labor; L)이란 노동자의 숫자나 근로시간을 말한다. 생산에 사용되는 자본량과 노동량은 각각 K와 L로 표기한다.

장기적으로 경제성장을 설명하려면 생산기술의 진보와 생산요소의 증가를 고려해야 한다. 하지만, 고전학파의 국민소득 결정모형에서는 분석의 편의상 한 경제의 생산요소에 대해 다음과 같이 가정한다.

첫째, 자본과 노동 등 생산요소들은 일정하게 주어진 것으로 가정한다. 즉 분석을 단순화하기 위해 한 경제의 자본량과 노동량은 일정한 수준에서 고정되어 있다고 가정한다.[1] 이것을 수식으로 표현하면 다음과 같다.

$$K = \bar{K} \qquad (3.1)$$

$$L = \bar{L} \qquad (3.2)$$

1) 생산기술의 변화와 생산요소의 변화는 경제성장이론을 설명할 때 고려하고, 여기서는 일정하게 주어진다고 가정한다.

문자 위의 가로줄은 자본량과 노동량이 일정한 수준에 고정되어 있음을 의미한다.

둘째, 생산요소들은 완전히 이용되어 자원의 낭비가 없다고 가정한다. 다시 말해 한 국가경제에 일정한 수준의 양으로 존재하는 자본과 노동이 모두 완전히 고용된다는 것이다. 따라서 고전학파 모형은 기본적으로 한 국가경제가 가지고 있는 **자원(생산요소)의 완전고용**(full employment)을 전제한다.

(2) 생산기술과 생산함수 가정

한 국가경제가 일정하게 주어진 자본량과 노동량으로 생산할 수 있는 생산량(총생산)은 그 국가가 이용할 수 있는 생산기술에 의해 결정된다. **생산기술**(production technology)이란 여러 가지 생산요소를 투입하여 새로운 생산물을 만들어 내는 노하우(know-how)를 의미한다. 따라서 생산기술을 표현하려면 생산요소를 어느 정도 투입하였을 때 얼마만큼의 생산물이 나오는가, 즉 생산요소의 투입량과 산출량의 관계를 명시적으로 나타내야 한다.

고전학파 기본모형에서는 한 국가경제의 생산기술을 **생산함수**(production function)로 나타낸다. 고전학파 모형에서는 **생산함수**가 주어진 자본량(K)과 노동량(L)을 생산물의 산출량으로 전환하는 생산기술을 나타낸다. Y를 **실질 생산량(총생산)**이라 할 경우, 총생산(Y)은 다음과 같이 자본량(K)과 노동량(L)의 함수로 나타낼 수 있다.

$$\text{생산함수} \quad Y = F(L, K) \qquad (3.3)$$

한 국가경제의 기술수준을 나타내는 (3.3)식의 생산함수는 **총생산(Y, 실질GDP)이 자본량(K)과 노동량(L)의 크기**에 의해 결정된다는 것을 나타낸다.

〈그림 3-1〉은 생산함수를 그림으로 나타낸 것이다. 곡선 $Y=F(\bar{K}, L)$는 자본량이 일정하게 $\bar{K}$로 주어져 있을 때 노동량(L)에 의해 총생산이 결정되는 것을 보여준다. 노동의 투입량이 증가함에 따라 총생산(Y)도 증가한다. 노동의 투입량이 L_1에서 L_2로 증가함에 따라 총생산이 Y_2로 증가한다는 것을 알 수 있다.

만약 생산기술이 진보한다고 가정하면 동일한 자본량과 노동량으로 더 많은 생산량을 생산할 수 있다. 그러므로 장기적으로 생산기술이 변화하면 생산함수도 변화하게 된다. 그러나 고전학파 기본모형에서는 당분간 생산기술수준이 일정하게 주어져 있다고 가정한다.

그림 3-1 생산함수

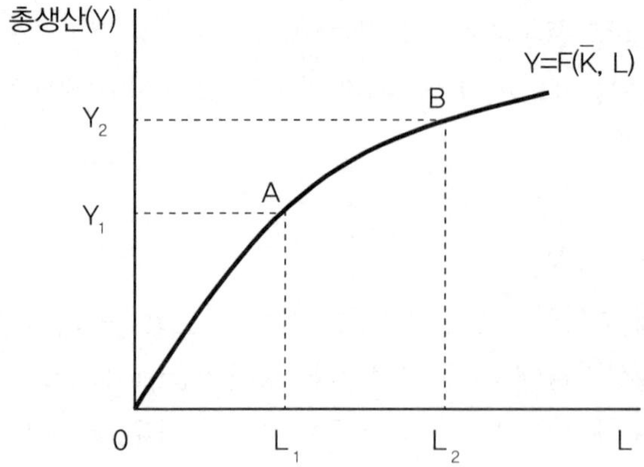

2) 생산물의 총공급(총생산) 결정

한 경제의 총생산(Y)은 생산요소의 투입량과 생산함수에 의해 결정된다는 사실을 살펴보았다. 그런데 고전학파의 기본모형에서는 생산요소(자본과 노동)의 공급과 생산기술이 일정하게 주어져 고정되어 있고, 생산요소들은 항상 완전고용상태에 있다고 가정한다. 그래서 생산물의 총공급인 총생산(Y)은 주어진 생산요소의 투입량(즉 $\bar{K}$, $\bar{L}$)과 생산함수에 의해 결정된다. 결국 고전학파 모형에서 **총생산(Y)**은 항상 생산요소들이 완전 고용되는 수준인 $\bar{Y}_F$(완전고용 GDP) 수준으로 일정하게 고정된다. 이를 수식으로 표현하면 생산물에 대한 총공급과 총생산은 다음과 같다.[2)]

$$(\text{생산물의 총공급} = \text{총생산})\quad Y^S = F(\bar{K}, \bar{L}) = \bar{Y}_F \qquad (3.4)$$

한편 고전학파 모형에서 생산요소의 투입량과 생산함수가 생산물의 총생산량을 결정하므로, 생산요소의 투입량과 생산함수가 역시 **국민소득**(총소득, 실질GDP)을 결정한다. 왜냐하면 제2장의 국민소득 순환모형에서 설명한 바와 같이 기업은 총생산의 판매금액(부가가치 총액)

---

2) 자본량과 기술수준이 주어져 있으면 전체 기업은 생산물의 총공급에 맞추어 노동을 수요할 것이다. 따라서 전체 기업의 노동수요량을 알면 생산물의 총공급도 알게 있다. 거시경제모형에서는 노동수요량과 실제 고용량이 같은 것으로 보기 때문에 총생산과 총공급은 같다.

과 똑같은 금액을 생산요소소득으로 가계에 분배해주기 때문이다. 다시 말해 **국민소득계정 항등식**에 의해 경제 전체의 생산국민소득인 총생산과 분배국민소득인 총소득은 항상 일치하기 때문에 **총생산(총공급)**과 **총소득(Y)**은 항상 같다.

2 생산물에 대한 총수요 결정

지금까지 한 국가경제에서 생산수준(총공급=총생산=총소득)이 무엇에 의해 결정되는지에 대해 살펴보았다. 그리고 2장에서는 국가경제의 순환과정을 살펴본 바 있다. 이제 생산과정을 통해 생산된 총생산(Y)이 어떻게 사용되는지에 대해 살펴보자.

1) 총수요의 구성요소

개방경제(open economy)의 경우 생산물에 대한 총수요는 4가지 지출항목, 즉 소비(C), 투자(I), 정부구매(G), 순수출(NX) 항목으로 구성되어 있다.

$$\text{개방경제 총수요}(Y^D) = C + I + G + NX \qquad (3.5)$$

그러나 고전학파 기본모형에서는 분석을 단순화하기 위해 한 국가가 다른 국가와 무역을 전혀 하지 않는 **폐쇄경제**(closed economy)를 가정한다. 그러므로 순수출(NX)은 기본모형에서 제외된다. 폐쇄경제(즉 NX=0)인 경우, 생산된 재화와 서비스(생산물)의 총생산(Y)은 세 가지 용도, 즉 소비수요, 투자수요, 정부구매로 사용된다. 그래서 폐쇄경제의 총수요는 다음과 같이 나타낼 수 있다.

$$\text{폐쇄경제 총수요 }(Y^D) = C + I + G \qquad (3.6)$$

이제 총수요의 구성요소들이 구체적으로 어떻게 결정되는지에 대해 알아보자.

(1) 소비수요의 결정

가계(household)는 노동이나 자본을 생산요소시장에 제공하고 요소소득을 얻는다. 소득 중에 일부는 정부에 조세(T)로 납부하고 그 나머지로 소비와 저축을 결정한다. 소득(Y)으로부

그림 3-2 소비함수와 투자함수

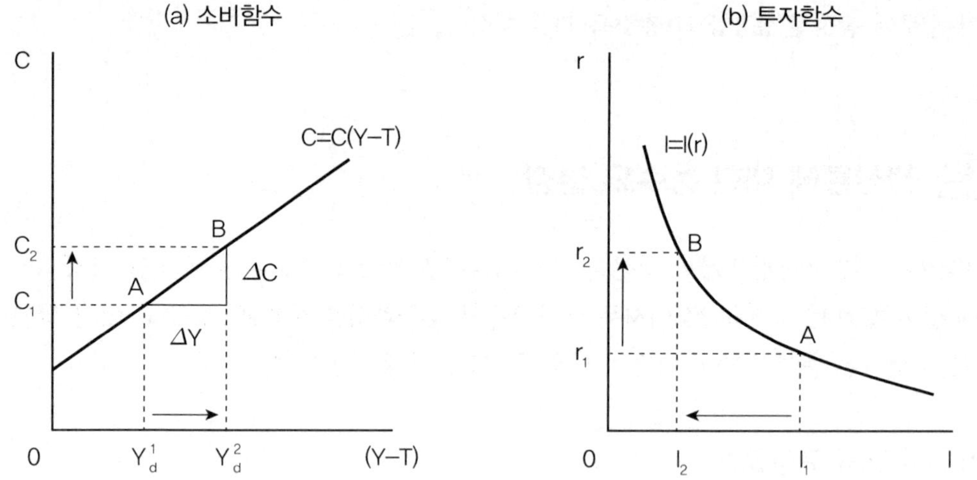

터 모든 조세(T)를 공제하고 남은 소득(즉 Y−T)을 **가처분소득**(disposal income; Yd)이라 하며, 가계는 가처분소득을 소비와 저축으로 사용한다.

고전학파 기본모형에서 소비(C)는 가처분소득(Yd)의 크기에 의존한다고 가정한다. 이 경우 가처분소득이 증가할수록 소비도 증가한다.

$$\text{소비함수} \quad C = C(Y-T) \ \ (+) \qquad (3.7)$$

위 식은 소비가 가처분소득, (Y−T)의 **증가함수**라는 것을 보여준다. 이처럼 소비와 가처분소득의 관계를 함수형태로 나타낸 것을 **소비함수**(consumption function)라 한다.

〈그림 3-2〉 (a)는 소비함수를 나타낸 것이고, 소비함수의 기울기는 **한계소비성향**(marginal propensity to consume; MPC)을 나타낸다. 한계소비성향은 가처분소득이 1단위 증가할 경우 그에 대응하여 소비가 변화하는 양(즉 $\Delta C/\Delta Y$)을 말한다. MPC의 크기는 0과 1 사이이다. 이것은 소득의 증가분에 비해 소비의 증가분이 더 적게 증가한다는 의미이다.

(2) 투자수요의 결정

기업(firm)은 신규투자를 통해 자본을 증대시키고, 기존 자본을 대체하기 위하여 대체투자를 통해 자본재를 구입한다. 기업이 자본재 구입에 얼마를 투자할 것인가?

자본재의 수요량(즉 투자량)은 투자자금의 비용인 **이자율**(interest rate)에 의존한다. 투자자금에 대한 (실질)이자율이 상승할수록 비용부담이 커지므로 투자재의 수요량은 감소한다. 따라서 (실질)이자율이 투자자금에 대한 비용이므로 투자수요는 실질이자율(r)의 **감소함수**이다. 투자수요는 실질이자율과 부(−)의 관계이므로 **투자함수**(investment function)는 다음과 같이 나타낼 수 있다.

$$\text{투자함수} \quad I = I(r) \quad (-) \qquad (3.8)$$

〈그림 3−2〉 (b)는 투자곡선을 나타내고 있다. 실질이자율이 상승할수록 투자수요가 감소하므로 투자곡선은 우하향하는 형태가 된다.

(3) 정부구입과 조세의 결정

정부구입(government purchase; G)은 생산물에 대한 수요의 세 번째 구성요소이다. 정부는 국가 운영에 필요로 하는 재화와 서비스를 구입한다. 이러한 정부구입은 정부지출의 한 형태일 뿐이고, 다른 형태는 사회보장제도를 통해 가계에 주어지는 이전지출이다. 정부구입과 달리 이전지출은 대가없이 일방적으로 주어지는 것이므로 정부구입과는 관계없다. 따라서 이전지출은 정부구입 변수인 G에는 포함되지 않는다.

일단 분석의 편의상 정부구입(G)과 조세(T)는 외생적으로 주어지는 것으로 가정한다. 정부구입이나 조세의 크기는 정부의 정책적 판단에 따라 독립적으로 조정할 수 있다. G와 T는 정부에 의해 결정되어 일정한 수준으로 주어지기 때문에 다음과 같이 나타낸다.

$$\text{정부구입} \quad G = \bar{G} \qquad (3.9)$$

$$\text{조세} \quad T = \bar{T} \qquad (3.10)$$

2) 생산물에 대한 총수요

폐쇄경제 기본모형에서의 생산물에 대한 총수요는 다음과 같이 소비, 투자, 정부구입으로 구성된다. 그러므로 총수요함수는 (3.6)식에 (3.7)식부터 (3.10)식까지를 대입하면 다음과 같은 형태가 된다.

$$\text{총수요함수}\quad Y^D = C(Y-\bar{T}) + I(r) + \bar{G} \qquad (3.11)$$

위 식에서 정부구입과 조세는 정책적 판단에 따라 결정되는 외생변수이며 일정하게 주어져 고정되어 있다. 따라서 총수요함수에 의하면 총수요를 결정하는 주요 변수는 가처분소득 ($Yd=Y-\bar{T}$)과 이자율(r)임을 알 수 있다. 즉 소비는 가처분소득, ($Y-\bar{T}$)에 의존하며, 가처분소득이 증가하면 소비수요가 증가하므로 총수요는 증가한다. 반면에 투자는 실질이자율에 각각 의존하며, 실질이자율이 상승하면 투자수요가 감소하므로 총수요는 감소한다.

제2절 균형국민소득의 결정

1 생산물시장의 균형

1) 생산물시장의 균형조건

지금까지 생산물에 대한 총수요와 총공급이 어떻게 결정되는지에 대해 살펴보았다. 이제 생산물시장에서 균형국민소득(실질 GDP)이 어떻게 결정되는지 알아보자. 생산물시장의 균형은 총공급(총생산)과 총수요가 일치할 때 이루어지고, 생산물시장에서 균형이 이루어질 때 균형총생산(즉 균형국민소득)이 결정된다. 그래서 먼저 생산물시장에서 균형은 어떻게 성립되는지 살펴보기로 하자.

생산물의 총공급을 나타내는 (3.4)식과 총수요를 나타내는 (3.11)을 이용하면 **생산물시장의 균형조건**(즉 $Y^S=Y^D$)은 다음과 같다(고전학파 모형의 가정에 의해 총생산 Y는 생산요소와 생산함수에 의해 완전 고용수준에 고정되어 있으므로 $\bar{Y}_F$로 대체).

$$\bar{Y}_F = C(Y-\bar{T}) + I(r) + \bar{G} \qquad (3.12)$$

위 식은 생산물의 공급(즉 총생산)이 생산물에 대한 수요(즉 총수요)와 일치한다는 것을 보여 준다. **그럼 무엇이 생산물에 대한 총수요와 총공급을 일치시킬까?** (3.12)식의 균형조건식을 보면 아직 결정되어 있지 않은 변수는 실질이자율(r)밖에 없다. 총생산, 총소득, 정부구입, 조세는 이미 주어져 있다. 따라서 생산물시장에서 총공급과 총수요가 균형을 이루는데 결정적인 역할을 하는 것은 **실질이자율**임을 알 수 있다. 그런데 이자율이 상승할수록 투자수요는 감소하고 이에 따라 생산물에 대한 총수요도 감소한다. 따라서 실질이자율이 너무 높으면 투자수요가 감소하게 되어 생산물에 대한 총수요가 총공급에 미치지 못하게 된다. 반대로 실질이자율이 너무 낮은 경우 투자수요가 증가하게 되어 총수요가 총공급을 초과하게 한다. 결국 실질이자율이 균형수준에 있을 때 생산물의 총수요와 총공급이 일치하게 된다.

2) 균형국민소득의 결정

고전학파 기본모형에서 균형국민소득(실질 GDP)은 생산물시장이 균형일 때 결정된다. 〈그림 3-3〉은 생산물시장의 균형을 그림으로 표현한 것이다. 자본과 노동이 모두 완전 고용된 상태에서 생산이 이루어지므로 총공급(Y^S)은 $\bar{Y}_F$(완전고용 총생산)수준에서 고정되어 있어 이자율의 영향을 받지 않는다. 따라서 **총공급곡선**은 $\bar{Y}_F$에서 **수직**이 된다. 반면에 총수요(Y^D)는 이자율(r)과 부(−)의 관계에 있으므로 **총수요곡선**은 우하향하는 곡선이 된다.

그림 3-3 생산물시장의 균형 : 균형국민소득의 결정

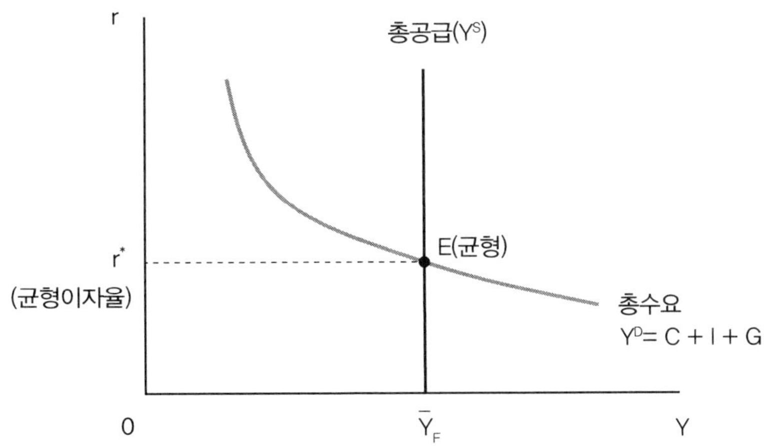

생산물시장의 균형은 총수요곡선과 총공급곡선이 교차하여 총공급과 총수요가 일치하는 E점에서 이루어진다. 이때 균형이자율은 r^*로 결정되고, 균형이자율 r^*에서 균형국민소득은 $\bar{Y}_F$수준으로 결정된다.

결과적으로 생산물시장의 균형에서 균형국민소득(실질GDP)이 결정된다. 고전학파 모형에서는 생산요소의 완전고용을 가정하기 때문에 생산물의 총공급은 완전고용 총생산수준($\bar{Y}_F$)에서 결정된다. 그러므로 균형국민소득은 총수요의 크기와 관계없이 총공급의 크기인 완전고용 총생산수준인 $\bar{Y}_F$에서 결정된다. 이처럼 고전학파 모형에서는 총공급의 크기에 의해 균형국민소득이 결정된다. 그런데 생산물의 총공급은 생산요소의 투입량과 생산함수에 의해 결정하기 때문에 균형국민소득도 역시 총공급의 결정요인인 생산요소의 투입량과 생산함수가 결정한다고 할 수 있다.

2 대부자금시장의 균형

1) 생산물시장과 대부자금시장의 관계

앞에서 생산물시장에서의 균형은 이자율의 조정에 의해 이루어진다고 설명하였다. 원래 이자율은 대부자금시장에서의 수요와 공급에 의해 결정되는 것이다. 그렇다면 어떻게 이자율이 생산물에 대한 수요와 공급이 균형을 이루도록 조정될 수 있을까? 이러한 사실을 이해하려면 생산물시장의 균형과 대부자금시장의 균형이 동전의 양면과 같이 서로 밀접하게 연관되어 있다는 사실을 알아야 한다.

생산물시장의 균형과 대부자금시장의 균형이 어떻게 연관되어 있는지 살펴보자. 생산물시장의 균형이 달성되기 위해서는 우선 대부자금시장에서 저축과 투자가 일치하여 이자율이 결정되어야 한다.

대부자금시장(loanable funds market)은 자금(funds)이 거래되는 시장이다. 저축된 자금은 대부자금시장에서 공급이다. 따라서 **저축**(S)은 대부자금의 공급, 즉 자금을 빌려주는 행위이다. 반면, 대부자금에 대한 수요는 투자금으로 사용하기 위해 자금을 빌리는 행위이다. 따라서 **투자**(I)는 대부자금시장의 수요로 해석할 수 있다.

그러면 대부자금시장에서 어떠한 메커니즘에 의해 저축과 투자가 일치되어 이자율이 결정되는지 살펴보자. 이를 위해 생산물시장의 균형조건을 이용하여 저축과 투자를 정의해보기로 하자. 생산물시장의 균형조건은 (3.12)식에서 제시한 바와 같이 다음과 같다.

$$\bar{Y}_F = C(Y-\bar{T}) + I(r) + \bar{G}$$

위 식의 양변에서 C와 G를 빼면 다음과 같이 된다.

$$\bar{Y}_F - C(Y-\bar{T}) - \bar{G} = I(r) \qquad (3.13)$$

국민소득계정 항등식에 의하면 좌변의 Y－C－G는 **총저축**(saving; S)에 해당한다. 따라서 총저축(S)은 가처분소득(Y－T)과 정부지출(G)에 의존한다는 사실을 알 수 있다. 그런데 고전학파 기본모형에서는 소득(Y)이 완전고용 총생산(GDP)수준인 $\bar{Y}_F$에서 고정되고, 정부지출(G)과 조세(T)도 외생적으로 주어져 고정된다고 가정하기 때문에 총저축(S)도 $\bar{S}$수준에서 고정된다. 그래서 고전학파 기본모형에서 **대부자금시장의 균형조건**은 다음과 같이 나타낼 수 있다.

$$\bar{S} = I(r) \qquad (3.14)$$

위 균형조건식에서 $\bar{Y}_F$, $\bar{G}$, $\bar{T}$가 고정되어 총저축(S)이 $\bar{S}$로 고정되어 있기 때문에 대부자금시장은 이자율(r)의 변화에 의해서만 균형에 도달할 수 있다.

(3.12)식의 생산물시장의 균형조건으로부터 (3.14)식과 같은 대부자금시장의 균형조건이 도출되었다. 결국 이자율 조정에 의해 생산물시장의 균형이 달성되면 대부자금시장도 균형을 이루어 경제 전체의 총저축(S)은 총투자(I)와 같아진다는 것을 알 수 있다.

2) 균형이자율의 결정

〈그림 3-4〉는 대부자금시장에서의 공급과 수요인 저축(S)과 투자(I), 그리고 대부자금시장의 균형을 그림으로 나타낸 것이다. 대부자금시장의 공급곡선인 **저축곡선**은 $\bar{Y}_F$, $\bar{G}$, $\bar{T}$가 고정되어 있는 경우 총저축이 $\bar{S}$수준에서 고정되어 있기 때문에 수직이 된다. 반면에 대부자금시장의 수요곡선인 **투자곡선**은 이자율의 감소함수(즉 이자율이 상승하면 투자는 감소한다는 의미)이기 때문에 우하향하는 형태가 된다.

대부자금시장의 균형은 이자율의 신축적인 조정에 의해 이루어진다. 즉 대부자금시장에서 실질이자율(r)은 저축(S)과 투자(I)가 균형을 이루도록 변화한다.

이자율은 저축과 투자가 일치할 때까지 변화한다. 이자율이 균형이자율(r^*)보다 낮은 r_1인

그림 3-4 대부자금시장의 균형 : 저축, 투자, 균형 이자율

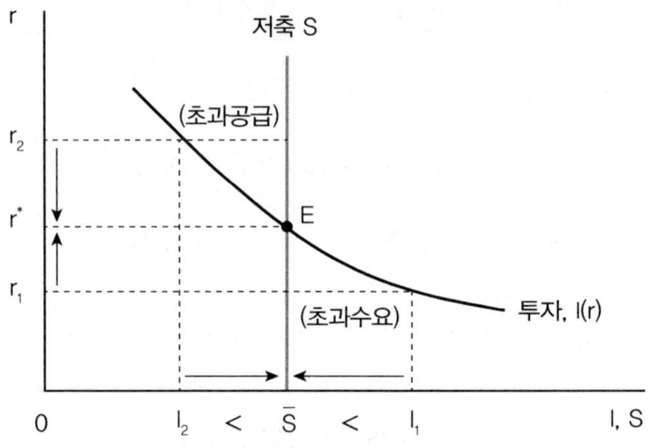

경우, 투자수요가 저축보다 더 많게 된다(즉 $I_1 > \bar{S}$). 다시 말해 대부자금에 대한 수요가 공급을 초과하게 되고, 이러한 초과수요로 인해 이자율은 상승한다. 반대로 이자율이 균형이자율보다 높은 r_2인 경우, 저축이 투자수요보다 많게 된다(즉 $I_2 < \bar{S}$). 이 경우 대부자금에 대한 공급이 수요를 초과하게 되고, 이러한 초과공급으로 인해 이자율은 하락한다. 이처럼 대부자금시장에서 저축과 투자의 균형은 이자율의 신축적인 조정에 의해 이루어진다. 따라서 저축과 투자가 일치하는 E점에서 균형이자율(r^*)이 결정된다는 것을 알 수 있다.

지금까지 생산물시장의 균형조건을 변환하여 대부자금시장의 균형조건을 유도하고, 그 의미를 해석하였다. 생산물시장의 균형이 달성되기 위해서는 대부자금시장에서 저축과 투자가 일치하여 균형이 이루어져야 한다. 대부자금시장의 균형에서 결정된 균형이자율 수준에서 생산물시장의 균형이 달성된다는 사실을 알 수 있다.

3) 생산물시장과 대부자금시장의 동시균형

앞서 살펴본바와 같이 대부자금시장의 균형이자율에서 투자와 저축이 일치하게 되면 생산물시장에서도 균형이 달성된다.

〈그림 3-5〉는 생산물시장의 균형과 대부자금시장의 균형이 어떻게 연관되어 있는지, 즉

그림 3-5 생산물시장과 대부자금시장의 동시 균형

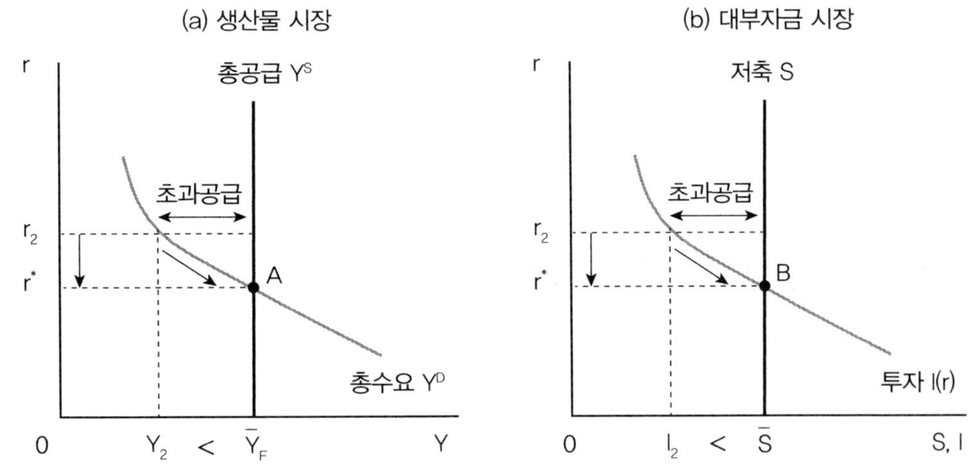

이자율의 조정을 통해 어떻게 두 시장이 동시에 균형을 달성하는지 보여준다. 예를 들어, 이자율이 r_2수준에서 생산물시장에서는 총생산의 공급($\bar{Y}_F$)이 총생산에 대한 수요(Y_2)보다 많아 초과공급이 ($\bar{Y}_F - Y_2$)만큼 발생한다. 동시에 대부자금시장에서도 대부자금의 공급인 저축($\bar{S}$)이 투자(I_2)보다 많아 초과공급이 ($\bar{S} - I_2$)만큼 발생한다. 이 경우 〈그림 3-5〉 (b)의 대부자금시장에서 대부자금의 공급자들은 보다 낮은 이자율을 받고서라도 자금을 공급하려고 할 것이므로 이자율이 하락하게 된다. 이자율이 하락하면 투자 수요가 증가하여 저축의 초과공급이 해소되어 대부자금시장은 B점에서 균형에 도달하게 된다. 이때 균형이자율은 r^*이다. 한편 〈그림 3-5〉 (a)의 생산물시장에서도 이자율이 하락하면 역시 투자 수요가 증가하여 총생산에 대한 수요가 증가하게 되어 초과공급이 해소된다. 이자율 수준이 균형이자율 수준으로 하락하게 되면 생산물시장도 A점에서 균형에 도달하게 된다.

결국 생산물시장의 불균형은 대부자금시장에서 저축과 투자가 일치하지 않기 때문에 발생한다. 생산물시장이 균형을 이루기 위해서는 대부자금시장에서 실질이자율의 신축적인 조정에 의해 저축과 투자가 일치해야 한다. 따라서 두 시장은 **실질이자율의 조정**에 의해 동시에 균형이 달성된다.

요약하면, 고전학파의 모형은 가격이 신축적으로 조정되어 공급과 수요가 균형을 이룬다

는 기본가정에 기초하고 있다. 고전학파 기본모형에서는 대부자금시장의 균형에 의해 결정되는 이자율이 신축적으로 조정되어 생산물시장에서도 총공급(총생산)과 총수요가 항상 균형을 이루게 된다.

제3절 균형국민소득의 변화 : 총수요의 변화 효과

고전학파의 국민소득 결정모형을 통해 생산물시장의 균형과 대부자금시장의 균형이 동시에 어떻게 달성되는지 살펴보았다. 이제 총수요의 구성요소 중에서 투자수요의 변화, 정부구입의 변화가 경제에 어떤 영향을 미치는지 살펴보자.

1 투자수요의 변화와 총생산의 변화

지금까지 기본모형에서 투자(I)수요가 이자율(r)에만 의존한다고 가정하였다. 만약 투자수요가 이자율 이외의 외생적 요인에 의해 감소하거나 증가하면 경제의 균형은 어떻게 변할까? 주어진 이자율 수준에서 외생적인 요인에 의한 투자수요의 변화는 생산물시장에서 총수요곡선을 좌우로 평행 이동시키고, 이로 인해 한 경제의 균형이 변화한다.

1) 생산물시장의 변화

〈그림 3-6〉은 투자가 외생적인 요인에 의해 감소하는 경우($I_0 \rightarrow I_1$) 경제에 미치는 영향을 나타낸 것이다. 그림 (a)는 생산물시장에서의 변화를, 그림 (b)는 대부자금시장에서의 변화를 보여준다. 현재 경제는 생산물시장과 대부자금시장이 모두 A점에서 동시에 초기균형을 이루고 있는 상태이다. 그림 (a)에서 생산물시장의 경우, 생산물에 대한 총공급(Y^S)과 총수요(Y^D)가 일치하는 A점에서 균형을 이루고, 이에 대응하는 수준에서 균형이자율은 r_0수준에서,

그림 3-6 투자수요의 외생적 감소 효과

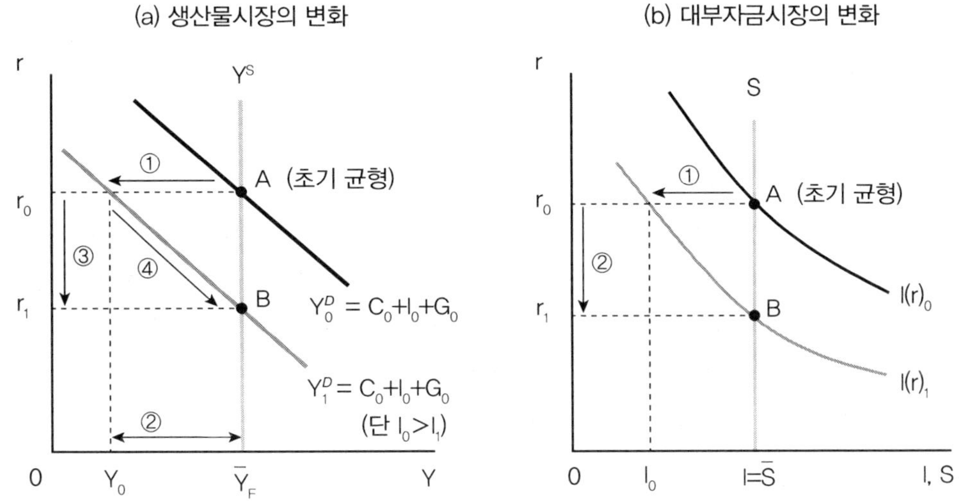

균형국민소득은 $\bar{Y}_F$(완전고용 GDP)수준에서 결정되어 있다.

그림 (a)는 이러한 초기 상태에서 이자율과 관계없는 외생적 요인에 의해 투자수요가 감소하는 경우 어떠한 변화가 생기는지를 나타낸 것이다. 투자수요는 총수요의 구성요소이므로 투자수요가 감소하면 총수요가 감소하게 된다. 이자율과 관계없이 외생적인 요인에 의해 총수요가 줄었기 때문에 이러한 변화는 첫째, 주어진 이자율에서 총수요가 감소한 만큼 생산물에 대한 총수요곡선을 왼쪽으로 평행 이동시키게 된다.

총수요곡선이 Y_0^D에서 Y_1^D로 왼쪽으로 이동한 경우, 기존의 균형이자율 r_0 하에서는 총수요가 Y_0밖에 되지 않으므로 총생산의 공급인 $\bar{Y}_F$보다 적다. 그래서 둘째, 생산물시장에서 기존의 이자율 하에서는 초과공급이 $(\bar{Y}_F-Y_0)$만큼 발생한다. 하지만 고전학파 기본모형에서는 국가경제가 항상 생산요소를 완전 고용하는 상태에서 균형을 이루고 있다고 가정한다. 그렇기 때문에 총생산의 공급은 완전고용 총생산($\bar{Y}_F$)수준에서 일정하고 변화할 수 없다. 따라서 투자수요의 감소로 인해 발생한 총생산의 초과공급은 총수요의 증가에 의해서만 해소할 수 있다. 결국 셋째, 초과공급을 해소하려면 총수요가 증가해야 하는데, 총수요의 증가는 이자율(r)의 조정을 통해서 이루어진다. 즉 이자율이 r_0에서 r_1으로 하락함에 따라 투자수요가 다시 증가하고, 이에 따라 넷째, 총수요가 증가하여 총공급($\bar{Y}_F$)과 같아지게 되어 균형이 회복된다.

결과적으로 투자수요의 외생적 감소는 생산물시장의 균형을 변동시켜 이자율(r)은 하락시키지만, 총공급(총생산)과 총수요는 원래 $\bar{Y}_F$수준으로 회복된다. 결국 균형국민소득은 완전고용 총생산수준에서 변하지 않는다.

2) 대부자금시장의 변화

〈그림 3-6〉 (b)는 투자수요가 외생적으로 감소한 경우 대부자금시장의 변화를 나타낸 것이다. 저축과 투자가 균형을 이루고 있는 초기 균형상태(A점)에서 투자가 외생적으로 감소하면 투자곡선은 $I(r)_0$에서 $I(r)_1$으로 왼쪽으로 이동한다. 즉 투자곡선은 주어진 이자율 수준에서 투자가 감소하는 방향인 왼쪽으로 평행 이동한 것이다. 이때 만약 이자율이 r_0로 변화가 없다면 저축이 투자보다 많아 대부자금의 초과공급이 발생한다. 결국 대부자금의 초과공급으로 인해 이자율이 r_1으로 하락하게 되고, 이로 인해 다시 대부자금의 수요인 투자가 증가하게 되어 새로운 균형(B점)으로 회복하게 된다.

결과적으로 고전학파 기본모형에서 투자수요의 외생적인 감소는 이자율을 하락시키지만, 저축과 투자량은 원래의 균형상태로 회복되어 변화하지 않는다.

2 정부지출의 변화와 구축효과

1) 생산물시장의 변화

고전학파 국민소득 결정모형을 이용하여 재정정책수단의 하나인 정부지출의 변화가 경제에 미치는 영향을 살펴보자. 정부가 정부구입(G)을 통해 지출을 증가시킨 경우를 보자. 정부구입의 증가는 외생적인 변화이므로 총수요의 외생적인 증가로 나타난다. 총생산의 공급은 $\bar{Y}_F$ 수준에서 고정되어 있으므로 총수요의 외생적인 증가는 기존의 이자율 수준에서 생산물시장을 초과수요 상태로 만든다. 생산물시장의 초과수요가 이자율을 상승시키는 압력으로 작용하게 되어 새로운 균형에서는 단지 이자율만 상승한다.

〈그림 3-7〉 (a)는 생산물시장에서 정부구입을 증가시킨 경우의 효과를 나타낸 것이다. 외생적인 정부구입이 G_0에서 G_1으로 증가함에 따라 주어진 이자율 수준에서 총수요가 Y^D_0에서

그림 3-7 정부구입 증가의 효과

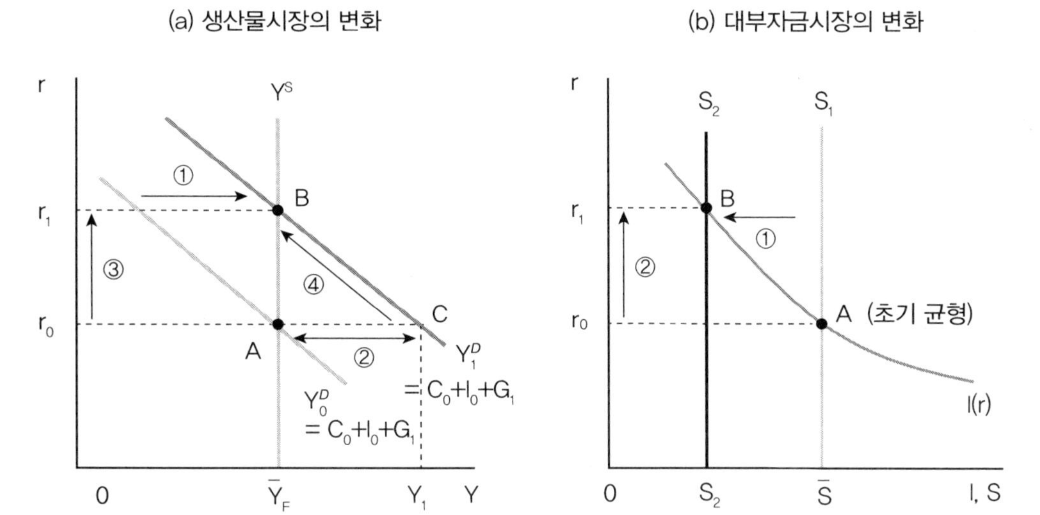

Y_1^D로 증가하게 되어 총수요곡선이 오른쪽으로 평행 이동한다. 이때 이자율이 초기 균형이자율 수준인 r_0에서 유지된다면 생산물시장에는 초과수요가 $(Y_1-\bar{Y}_F)$만큼 발생한다. 이에 따라 이자율이 상승하고 이는 총수요를 점차 감소시켜 새로운 균형이 B점에서 달성된다. 이때 균형이자율은 상승하여 r_1이지만, 총생산은 생산요소의 완전고용상태인 $\bar{Y}_F$(완전고용 총생산) 수준에서 변하지 않는다.

결과적으로 고전학파 모형에서는 생산요소의 완전고용을 가정하기 때문에 정부구입을 늘려 총수요가 증가하더라도 총생산은 완전고용 상태에서 고정되어 더 늘릴 수 없다. 그러므로 생산물시장의 균형이 회복되려면 결국 총수요가 다시 감소하여야 한다. 그런데 기본모형의 경우 가처분소득이 $(\bar{Y}_F-\bar{T})$ 수준에 고정되어 있으므로 총수요의 구성요소(C, I, G) 중에서 소비(C)도 고정되어 변할 수 없다. 따라서 정부구입이 증가한 경우 총수요가 다시 감소하려면 투자(I)가 감소하지 않으면 안 된다. 결국 정부구입의 증가는 똑같은 크기의 투자 감소로 나타난다. 즉 정부구입이 증가하는 경우, 민간부문의 투자 수요가 감소하여 총수요가 감소하게 된다. 총수요가 다시 원래의 총생산과 같은 수준까지 감소하여 총생산과 총수요가 일치할 때 새로운 균형이 달성된다. 이처럼 정부구입의 증가가 이자율을 상승시켜 민간부문의 투자수요를 감소시키는 효과를 **구축효과**(crowding-out effect)라 한다.

위 그림에서 볼 수 있듯이 고전학파 모형에서는 정부구입 증가가 민간부문 투자수요의 감소로 완벽하게 상쇄되어 총생산에는 전혀 영향을 주지 못하게 된다. 결국 고전학파 국민소득 결정모형에서는 정부가 경기부양을 위해 정부지출을 늘리는 재정정책은 효과가 전혀 없다는 것을 시사한다.

2) 대부자금시장의 변화

〈그림 3-7〉 (b)는 정부구입의 증가가 대부자금시장에 미친 영향을 나타낸 것이다. 정부구입의 증가가 조세 증가를 통해 이루어지지 않기 때문에 정부는 **정부저축의 인출**(즉 정부저축의 감소)을 통해 자금을 조달해야 한다. 그런데 민간저축은 불변이므로 정부저축의 감소는 총저축을 감소시킨다. 그림 (b)에서 총저축의 감소는 투자에 이용할 수 있는 대부자금의 공급을 감소시키기 때문에 저축곡선이 왼쪽으로 이동하게 된다. 이로 인해 저축곡선이 이동하기 이전의 이자율 r_0수준에서는 대부자금에 대한 수요가 공급을 $(\bar{S}-S_2)$만큼 초과한다. 따라서 대부자금에 대한 초과수요로 인해 이자율은 상승하게 되고, 새로운 균형이자율은 투자곡선이 새로운 저축곡선과 교차하는 B점에 대응하는 수준 r_1까지 상승하게 된다. 결국 정부구입의 증가는 대부자금시장에서 이자율을 r_0에서 r_1으로 상승시키고, 이로 인해 투자수요가 감소하여 구축효과를 발생시킨다는 사실을 알 수 있다.

3장 주요 개념

총공급, 완전고용, 생산함수, 총수요, 가처분소득, 소비함수, 한계소비성향, 투자함수, 대부자금시장, 총저축, 총투자, 구축효과

3장 복습 문제

01 고전학파 모형의 기본가정과 기본정리는?

02 무엇이 한 국가경제의 총생산(총공급)을 결정하는가?

03 한 국가경제의 총수요는 무엇에 의해 결정되는가?

04 한 국가경제에서 균형국민소득(실질 GDP)은 어떻게 결정되는가?

05 무엇이 생산물에 대한 총수요와 총공급을 일치시키는가?

06 대부자금시장에서는 어떻게 저축과 투자가 일치하게 되는가?

07 생산물시장의 균형과 대부자금시장의 균형은 어떻게 연관되어 있는가?

08 고전학파 모형에서 투자수요나 정부구입의 변화는 경제의 균형에 어떤 영향을 미치는가?

CHAPTER

04

화폐와 인플레이션

제4장에서는 화폐가 경제에 미치는 영향을 고전학파의 화폐수량이론을 통해 살펴본다. 물가수준의 지속적인 상승현상인 인플레이션의 원인과 효과에 관한 이론을 살펴본다. 그리고 인플레이션을 이해하기 위해 무엇이 통화량에 영향을 주고, 통화량의 변화가 경제에 어떤 영향을 미치는지 살펴본다.

제 1 절 화폐와 통화량

1 화폐의 기능

1) 화폐와 유동성

화폐(money)는 경제에 있어서 인체의 혈액과 같은 역할을 한다. 화폐가 없으면 경제활동이 이루어질 수 없다. 국가경제의 순환모형에서 살펴본 것처럼 실물부문의 흐름과는 반대로 항상 화폐적 흐름이 이루어지고 있다.

그럼 화폐란 무엇인가? **화폐**(money)란 사람들이 재화나 서비스를 사고팔면서 그 대가를 주고받을 때 거래의 수단으로 사용되는 **자산**(asset)이다. 즉 화폐란 일상거래에서 일반적으로 교환의 매개수단으로 사용되는 자산이다. 자산은 실물자산과 금융자산으로 분류할 수 있는데, 화폐는 여러 가지 금융자산 중 한 가지 형태이다.

그렇다면 다양한 자산들 중에서 왜 화폐가 교환의 매개수단으로 널리 사용되는 것일까? 그 이유는 화폐가 유동성이 가장 높은 자산이기 때문이다. 여기서 **유동성**(liquidity)이란 특정한 자산이나 재화가 가치의 손실 없이 일반적인 거래의 수단으로 쉽게 바뀔 수 있는 정도를 말한다. 예를 들어 주식이나 채권 등은 가치의 손실 없이 언제든지 일반적인 거래의 수단으로 바꿔지는 것은 아니다. 그렇지만 화폐는 그 자체가 바로 거래의 수단으로 사용될 수 있기 때문에 가장 유동성이 큰 자산이다.

2) 화폐의 기능

화폐는 어떤 기능을 가지고 있을까? 일반적으로 화폐는 교환의 매개수단, 회계단위, 가치저장수단이라는 세 가지 본질적인 기능으로 사용된다.

첫째, 화폐는 기본적으로 **교환의 매개수단**(medium of exchange)으로 사용된다. 이것은 화폐가 어떤 재화나 서비스를 사는 사람이 파는 사람에게 그 대가로 주는 **지불수단**으로 사용되는 기능을 말한다. 교환의 매개물로서 사용되는 화폐가 존재하지 않고 물물교환 경제일 경우라면, 물물교환이 가능하려면 교환당사자들이 서로 상대방이 필요로 하는 물건을 가지고 있어야만 한다. 그런데 현실적으로 거래하려는 두 사람의 욕구가 일치하는 경우를 찾기란 매우 어렵다. 그러나 화폐를 교환의 매개수단으로 사용하여 자신이 가지고 있는 물건과 교환을 한다면 거래 상대를 찾기 위해 시간과 노력을 들일 필요가 없어지게 된다.

둘째, 화폐는 경제적 거래의 가치를 측정하는 **회계단위**(unit of account)로 사용된다. 화폐는 시장에서 거래되는 재화와 서비스의 가격을 매기거나 부채(debt)의 가치를 기록할 때 **가치측정기준**으로 사용된다. 대개 거래되는 재화와 서비스의 가격은 화폐단위로 나타낸다. 또한 부채의 경우에도 채무자에게 장래에 화폐단위로 표시한 일정금액을 갚을 것을 요구한다.

셋째, 화폐는 **가치의 저장수단**(store of value)으로 사용된다. 화폐를 보유함으로써 현재의 **구매력**(purchasing power)을 미래로 이전할 수 있다. 즉 화폐는 시간이 지나더라도 물건을 살 수 있는 능력, 즉 구매력을 보관해 주는 역할을 한다. 이처럼 화폐가 구매력을 저장하고 있으므로 화폐 보유자는 언제든지 그것을 대가로 자신이 필요로 하는 물건을 얻을 수 있을 것으로 기대할 수 있게 된다. 물론 화폐만이 유일하게 가치저장 기능을 갖고 있는 것은 아니다. 채권, 주식 등의 금융자산이나 귀금속, 건물이나 땅 등 실물자산도 가치저장수단으로의 기능을 갖고 있다. 하지만 화폐는 이들 자산들에 비해서 보관비용도 적게 들고, 유동성도 높은 유리한 점을 가지고 있다.

이상과 같이 화폐는 유동성이 가장 높은 자산으로써 일상적인 거래를 가능하게 하는 매개수단이고, 또 경제적 거래의 가치를 매기거나 부채를 기록할 때 기준을 제공해 주며, 현재의 구매력을 미래로 이전하는 가치저장의 기능도 가지고 있다.

2 통화지표 : 통화량의 측정

1) 통화와 통화량

화폐는 일반적으로 현금만을 의미하는 것은 아니다. 현실적으로 거래의 수단으로 현금 이외에도 수표나 어음 등도 사용되기 때문이다. 이렇게 한 국가경제 내에서 유통되고 있는 화폐를 보통 **통화**(currency)라고 부른다. 통화에는 현금이나 수표뿐만 아니라 금융시장을 통해 거래되는 여러 가지 금융자산이 포함된다. 그리고 한 경제 내에 유통되고 있는 화폐의 양을 **통화량(money stock)**이라고 부른다. 통화량은 물가, 금리, 환율 등의 변동을 통해 우리의 경제생활에 큰 영향을 미친다. 통화량이 시중에 필요 이상 많이 또는 반대로 너무 적게 풀려

있으면 경제에 많은 어려움을 준다. 이에 따라 각국의 중앙은행은 경제의 안정적 발전을 위해 시중에 유통되는 통화량을 적절한 수준으로 유지하고 조절하는 기능을 한다.

2) 통화지표

중앙은행(우리나라는 한국은행임)이 통화량을 적절한 수준으로 조절하기 위해서는 먼저 일정시점에 유통되고 있는 통화량을 파악하여야 한다. 그럼 통화량(money stock)은 어떻게 측정할까? 중앙은행이 시중에 유통되는 통화량의 크기와 변동을 파악하기 위해 사용하는 지표가 바로 통화지표이다.

통화지표(currency index)는 시중에 돈이 얼마나 풀려있는가를 가늠할 수 있는 척도로서 통화정책의 기초자료가 된다. 통화지표는 통화를 어떻게 정의하느냐, 즉 통화의 범주에 무엇까지를 포함시키느냐에 따라 여러 가지가 있다. 흔히 통화라고 하면 우리가 갖고 있는 지폐나 동전 같은 현금만 생각하기 쉽다. 그러나 각종 예금도 필요한 경우 현금으로 인출하여 쓸 수 있으므로 통화에 포함할 수 있다.

국가마다 조금씩 다른 통화지표를 사용하고 있는데 우리나라에서는 〈표 4-1〉에 제시된 바와 같이 M1(협의 통화)과 M2(광의 통화), Lf(금융기관 유동성), L(광의 유동성)을 통화지표와 유동성지표로 사용하고 있다.

첫째, **M1**(협의 통화)은 화폐의 지불수단기능을 중시한 지표로서 시중에 유통되는 현금에 예금취급기관의 결제성예금을 합계한 것으로 정의된다. 현금(cash)은 가장 유동성이 높은 금융자산으로서 교환의 직접 매개수단으로 사용되는 지폐와 동전으로 구성된다. 그리고 예금취급기관의 당좌예금이나 보통예금과 같은 요구불예금과 수시입출식 저축성예금으로 구성

표 4-1 통화지표와 유동성지표의 포괄범위 비교

통화 지표	M1(협의 통화)	= 현금통화 + 요구불예금 + 수시입출식 저축성예금
	M2(광의 통화)	= M1 + 정기예적금 및 부금* + 시장형상품 + 실적배당형상품* + 금융채* + 기타* : 만기 2년이상 제외
유동성 지표	Lf (금융기관 유동성)	= M2 + M2 포함 금융상품중 만기 2년이상 정기예적금 및 금융채 등 + 한국증권금융(주)의 예수금 + 생명보험회사(우체국보험 포함)의 보험계약준비금 + 농협 국민생명공제의 예수금 등
	L (광의 유동성)	= Lf + 정부 및 기업 등이 발행한 유동성 시장금융상품(증권회사 RP, 여신전문기관의 채권, 예금보험공사채, 자산관리공사채, 자산유동화전문회사의 자산유동화증권, 국채, 지방채, 기업어음, 회사채 등)

자료 : 한국은행

된다. 이와 같이 협의 통화(M1)는 유동성이 매우 높은 결제성 단기금융상품으로 구성되어 있어 단기금융시장의 유동성수준을 파악하는데 적합한 지표이다.

둘째, **M2**(광의 통화)는 협의 통화(M1)보다 넓은 의미의 통화지표로서 협의 통화(M1)에 포함되는 현금과 요구불예금, 수시입출식 저축성예금뿐만 아니라 MMF, 예금취급기관의 2년 미만 정기예금, 정기적금 및 부금 그리고 시장형 금융상품(즉 양도성예금증서, 환매조건부채권, 표지어음 등), 실적배당형 금융상품(즉 금전신탁, 수익증권 등), 금융채, 기타 종금사 발행어음과 투신증권저축 등을 포함한다.

3 통화공급 : 통화량의 관리

일반 시중에 유통되고 있는 통화는 어디에서 어떻게 공급된 것일까? 일반 시중에 유통되는 **통화**는 중앙은행의 본원통화(monetary base)와 예금은행의 예금통화(deposit currency)에 의해 공급된다. 우선 중앙은행은 화폐를 발행하는 은행으로서 **본원통화**를 공급한다. 예금은행은 본원통화를 기초로 하여 **예금통화**를 만들어 낸다. 여기서는 중앙은행의 본원통화에 의한 통화공급과 통화정책의 수단에 대해서 구체적으로 살펴본다.

1) 중앙은행의 통화공급

중앙은행이 통화공급에 어떻게 영향을 주는지를 알아보기 위해 우선 본원통화의 개념에 대해 알아보기로 하자. **본원통화**(monetary base)는 중앙은행의 창구를 통하여 시중에 나온 화폐를 말한다. 중앙은행 창구를 통해 나온 화폐만 본원통화이므로 중앙은행의 금고 속에 있는 현금은 통화량(화폐공급량)에 포함되지 않는다. 따라서 화폐발행액과 화폐공급량(통화량)은 서로 다른 개념이다. 그럼 중앙은행은 어떤 경로로 본원통화를 공급할까? 즉 **본원통화의 공급원천**은 무엇일까? 본원통화는 다음과 같은 네 가지 구성항목으로 이루어진다.

본원통화 = 순정부대출 + 예금은행대출 + 순해외자산 + 순기타자산

따라서 본원통화의 네 가지 구성항목 중 어느 하나라도 변하면 본원통화가 변한다. 구체적으로 본원통화는 네 가지 경로를 통하여 공급된다.

첫째, 본원통화는 **정부부문**을 통하여 공급된다. 중앙은행의 정부에 대한 대출이 크고 정

예금은행의 예금통화에 의한 통화공급

예금은행들은 직접 화폐를 발행하는 것은 아니지만 예금업무를 통해서 통화를 창출한다. 그렇다면 예금은행은 어떻게 통화를 창출하는가? 중앙은행에 의해 본원통화가 H만큼 공급되어 예금은행에 최초 예금(즉 본원적 예금)으로 예금되었고, 그리고 예금은행의 (법정)**지급준비율**은 r이라고 가정하자.

예금은행은 본원적 예금통화(즉 최초 예금)를 기초로 예금통화를 창출하여 통화를 공급한다. 구체적으로 예금은행은 최초 예금인 본원적 예금(H)에 지급준비율(r)을 곱한 금액만큼을 지급준비금으로 보유하고, 나머지는 모두 대출한다고 가정한다. 대출된 본원적 예금은 여러 가지 용도로 사용되지만 결국에는 예금은행에 모두 예금된다고 하자. 이처럼 예금은행의 신용창조과정에서 예금통화가 창출된다. 만약 예금은행의 신용창조 과정이 무한히 계속된다면 예금은행이 창출할 수 있는 예금통화 창출액은 얼마가 될까?

결론적으로 예금은행이 창출할 수 있는 예금통화 창출액은 법정지급준비율에 의해 결정되는데, 다음과 같은 식으로 나타낼 수 있다.

예금통화 총창출액 = 본원적 예금(H) ÷지급준비율(r)

여기서 본원적 예금이란 예금은행 밖에서 예금은행으로 최초로 들어온 예금인데, 여기서는 본원통화와 같다. 위 식에서 예금통화 총창출액은 본원적 예금(즉 본원통화)이 늘어난 금액에 지급준비율(r)의 역수를 곱한 것임을 알 수 있다. 이 지급준비율의 역수를 **통화승수**(money multiplier)라고 부른다. 통화승수는 예금은행이 본원적 예금을 이용하여 몇 배의 예금통화를 창출할 수 있는가를 보여주는 지표이다. 따라서 중앙은행이 공급한 본원통화(H)의 양이 일정하더라도 지급준비율(r)이 낮을수록 통화승수가 커지므로 예금통화 창출액이 증가하여 통화량이 증가하게 된다.

부의 중앙은행에 대한 예금이 줄어들수록, 그리하여 순정부대출이 증가할수록 정부부문을 통해 본원통화는 더 많이 공급된다.

둘째, 본원통화는 **예금은행**을 통하여 공급된다. 예금은행이 은행의 은행인 중앙은행으로부터 대출을 많이 받을수록 본원통화는 그만큼 증가한다.

셋째, 본원통화는 **해외부문**을 통하여 공급된다. 중앙은행을 제외한 모든 경제주체들이 일정기간 동안에 대외거래를 한 결과 외화가 남거나 모자라면 국제수지표에 중앙은행 준비자산 증감으로 나타난다. 준비자산 증감은 순해외자산의 증감과 같다. 순해외자산이 증가 또는 감소한다는 것은 본원통화가 그만큼 증가 또는 감소한다는 것을 뜻한다.

넷째, 중앙은행은 **기타자산**의 순증가를 통해 본원통화를 증가시킬 수 있다. 중앙은행이 국공채와 같은 유가증권을 매입하거나 건물, 시설 등을 구입하는 경우 본원통화가 증가하는 것이다.

위와 같은 네 가지 경로를 통해 중앙은행의 본원통화가 경제에 공급되면 통화량이 증가하게 된다, 따라서 한 경제의 통화량은 1차적으로 중앙은행의 본원통화의 크기에 의해 결정된다는 것을 알 수 있다. 예금은행에서는 중앙은행이 공급한 본원통화를 이용하여 2차적으로 예금통화(deposit currency)를 창출한다.

2) 통화공급의 정책수단

이제 실제로 중앙은행이 통화량의 공급을 조절하는 방법에 대해 알아보자. 중앙은행은 필요한 경우 통화량을 적절하게 조절하기 위해 몇 가지 수단을 사용한다. 중앙은행이 통화량을 조절하는 중요한 수단으로 활용하는 것은 공개시장조작과 지급준비율정책, 그리고 재할인율정책 등이 있다.

첫째, **공개시장조작**(open-market operations)은 중앙은행이 국공채와 통화안정증권 등을 금융시장에서 사거나 팔아 통화량을 조절하는 수단이다. 채권시장과 같은 금융시장에서 중앙은행이 금융기관을 상대로 국공채나 통화안정증권 등의 매매를 통해 통화량을 조절하는 정책을 말한다. 중앙은행이 금융시장에서 국공채를 사들이면 국채매입 대금으로 지급한 돈이 시중에 유통되어 통화량이 증가한다. 반대로 중앙은행이 시중의 돈을 줄일 필요가 있을 때는 금융시장에 국공채를 매각하여 국공채를 매입한 금융기관이 현금이나 은행예금으로 구입대금을 지급하게 되어 시중에 유통되는 통화량이 줄어들게 된다.

둘째, **지급준비율정책**(cash reserve ratio policy)은 중앙은행이 법정지급준비율을 높이거나 낮춤으로써 통화량의 규모를 적절한 수준으로 조절하는 수단이다. 은행의 예금통화 창출과정에서 알 수 있듯이 법정지급준비율이 높아지면 은행들이 지급준비금을 더 많이 보유하여야 하므로 대출금액이 줄고 이에 따라 시중에 유통되는 통화량이 줄어들게 되는 것이다. 반대로 통화량을 늘릴 필요가 있을 때 중앙은행이 지급준비율을 낮추게 되면 은행의 예금통화 창출액이 증가하여 통화량이 증가하게 된다.

셋째, **재할인율정책**(rediscount rate policy)은 중앙은행이 금융기관에게 대출해 주는 금리를 변동시킴으로써 통화량을 조절하고자 하는 수단이다. 중앙은행이 예금은행에 대출해줄 때 예금은행이 갖고 있는 기업어음을 다시 할인하여 매입하는 형식을 취하기 때문에 일반적으로 재할인정책이라고도 한다. 중앙은행이 예금은행에 대출해 줄 때 적용하는 대출 금리를 **재할인금리(재할인율)**라고 한다. 통화량을 늘릴 필요가 있을 경우 중앙은행은 재할인율을 인하하여 예금은행이 중앙은행으로부터 돈을 많이 대출해가도록 유도한다. 반대로 통화량을 줄여야 할 필요가 있을 경우 중앙은행은 재할인율을 인상하여 대출을 억제시킨다.

제2절 화폐수량이론 : 통화량과 물가, 인플레이션

1 통화량과 물가

1) 거래방정식

1절에서 통화량이 어떻게 측정되고 관리되는지에 대해 알아보았다. 이제 통화량이 경제에 미치는 영향에 대해 고전학과 화폐수량이론을 이용하여 알아보자. 여기서는 통화량이 물가나 소득과 같은 경제변수들과 어떻게 연관되는지를 살펴볼 것이다. 고전학파의 **화폐수량이론**(quantity theory of money)은 화폐가 장기적으로 경제에 어떤 영향을 미치는지를 설명하는 대표적인 이론이다.

사람들은 생산물(즉 재화와 서비스)을 **거래**하기 위해 화폐를 소유하며, 거래할 때 화폐가 많이 필요하면 할수록 더 많은 화폐를 보유한다. 따라서 사람들이 보유하려는 화폐량은 거래금액에 비례한다. 한 경제의 **통화량**은 거래할 때 교환되는 화폐량(즉, 거래금액)과 밀접히 연관된다. 한 경제에서 거래량과 통화량의 연관관계는 다음 식과 같이 나타낼 수 있다.

$$거래방정식 \quad M \times V \equiv P \times T \quad (4.1)$$

(4.1)식을 고전학파의 **거래방정식**(transaction equation)이라 한다. 이 식에서 M은 통화량이고, V는 화폐의 유통속도이다. 그러므로 거래방정식의 좌변의 **MV**는 거래에 사용된 **화폐량**과 관련된 사항을 알려준다. **화폐의 유통속도**(circulation velocity of money)는 화폐가 한 경제 내에서 유통되는 속도를 측정한 것이다. 다시 말해 화폐의 유통속도(V)는 일정기간 동안 모든 생산물의 거래에 각각 1단위의 화폐가 평균적으로 몇 번씩 사용되었는가를 나타내는 횟수를 말한다.

한편 거래방정식의 우변에 있는 P는 거래가격(즉 물가수준), T는 일정기간 동안의 총거래량이다. 그러므로 거래방정식의 우변, 즉 거래가격과 총거래량을 곱한 PT는 일정기간 동안 **거래금액**을 의미한다.

(4.1)식의 거래방정식이 시사하는 바는 다음과 같다. 거래방정식은 4개 변수의 정의상 언제나 성립하는 **항등식**이다. 따라서 (4.1)식의 거래방정식은 변수 하나가 변할 경우 다른 변수들도 항등식을 유지하기 위해서는 변해야 한다. 예를 들면 **V와 T가 일정한 경우, 통화량 (M)이 증가하면 물가(P)수준이 상승해야한다**는 것을 시사한다.

2) 화폐수량방정식

(1) 통화량과 명목 GDP

(4.1)식의 거래방정식에서 생산물의 거래량(T)은 실제 측정하기 어렵다. 그래서 이러한 문제를 해결하기 위해 거래량(T)을 한 경제의 총생산량(Y)으로 대체하여 사용한다. 총생산량이 증가할수록 거래되는 생산물들이 많아지므로 거래량(T)과 총생산량(Y)은 밀접하게 관련된다고 볼 수 있다. 그래서 거래금액과 총생산량의 화폐가치가 비례한다고 가정하고, 거래량인 T대신에 총생산량(즉 실질 GDP)인 Y를 (4.1)식의 거래방정식에 대입하여 다음과 같이 나타낼 수 있다.

$$수량방정식 \quad M \times V = P \times Y \quad (4.2)$$

(4.2)식은 한 국가경제에서 총생산(실질 GDP)과 통화량의 관계를 나타낸 것인데, 이를 '**화폐수량방정식**'(quantity equation of money)이라 부른다. 이 식에서 Y는 실질총생산(즉 실질 GDP)이고, P는 물가수준이다. 그러므로 총생산의 화폐가치에 해당하는 PY는 **명목총생산**(즉 명목

화폐의 유통속도

화폐의 유통속도(circulation velocity of money)는 일정기간 모든 생산물 거래에서 화폐의 각 단위가 평균적으로 몇 번씩 사용되었는가를 나타내는 횟수를 말한다. 예를 들어, 한 경제 내에서 통화량(M)은 1,000만원이고, 생산물은 식빵 한 가지 밖에 없고, 식빵을 1개당 2,000원씩 받고 1년 동안 1만개를 거래한 경우를 생각해보자. 거래량 T는 연간 1만개, 가격 P는 1개당 2,000원이므로 거래에 사용된 화폐량은 다음과 같다.

$$PT = 2{,}000\text{원} \times 1\text{만개} = \text{연간 } 2{,}000\text{만원}$$

통화량(M)이 1,000만원이므로 화폐의 유통속도(V)는 다음과 같다.

$$V = PT \div M = \text{연간 } 2{,}000\text{만원} \div 1{,}000\text{만원} = \text{연간 } 2\text{회}$$

통화량이 1,000만원인 경우 연간 2,000만원의 거래가 발생하면 1단위의 화폐(즉 1원)는 연간 2회 사용된다.

그림 통화유통속도 등락률

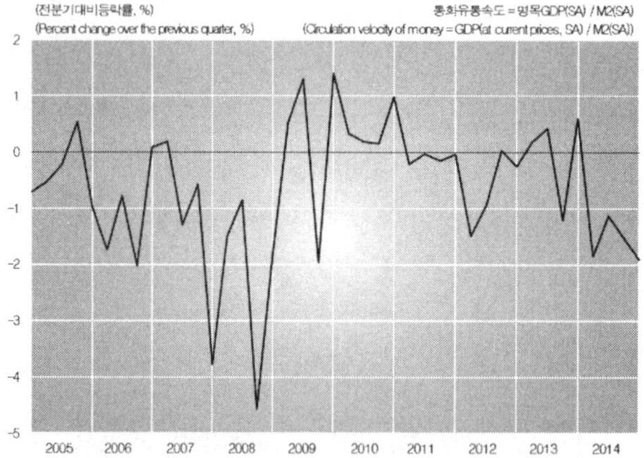

자료 : 한국은행, 경제통계연보(2015)

GDP)이 된다.

(4.2)식의 우변인 명목 GDP(즉 PY)만큼 거래하기 위해서는 통화량(M)은 얼마나 필요할까? 만약 1단위의 화폐가 1년에 단 한번만 사용된다면 필요한 화폐량도 PY와 일치할 것이다. 하지만 동일한 화폐가 여러 번 사용될 수 있다면 필요한 화폐량은 PY보다 작아질 수 있다. 예를 들어 동일한 화폐가 2회씩 사용된다면 (PY÷2)만큼의 통화량을 가지고도 PY만큼의 총생산을 거래할 수 있다. 화폐의 유통속도가 V라고 가정하면, 명목 GDP(즉 PY)만큼 거래하기 위해 필요한 화폐량은 (PY÷V)로 결정된다. 따라서 통화량과 명목 GDP는 다음과 같은 관계가 성립하게 된다.

$$M = \frac{PY}{V} \qquad (4.3)$$

위 식에서 우변의 PY는 한 경제에서 일정기간 동안 거래된 총생산액(즉 명목GDP)을 의미하고, 좌변의 M은 총생산량(Y)이 거래되기 위해 필요한 **통화량**을 의미한다.

이제 (4.3)식의 수량방정식이 시사하는 점에 대해 알아보기로 하자. 화폐의 유통속도가 일정하다(즉 $\bar{V}$)고 가정하면, 통화량 M이 변하면 이에 비례해서 좌변의 명목 GDP인 PY가 변화해야한다. 따라서 V가 일정한 경우, 통화량(M)이 한 경제 내의 총생산(Y)의 화폐가치(PY), 즉 명목 GDP를 결정한다는 것을 의미한다.

(2) 통화량과 물가수준

한편 (4.3)식을 변형하면 통화량(M)과 물가수준(P) 사이의 관계식으로 나타낼 수 있다.

$$P = \left(\frac{V}{Y}\right) M \qquad (4.4)$$

(4.4)식에서 만약 V와 Y가 고정되어 안정적이라면, 결국 통화량(M)과 물가수준(P) 사이에 비례관계가 성립한다. 실제 고전학파 기본모형에서는 총생산(Y)이 완전고용 GDP(즉 Y_F)수준에서 고정되어 일정하고, 화폐의 유통속도(V)도 안정적이라 본다.[1] 그러므로 수량방정식

---

1) 고전학파에서는 화폐의 유통속도가 소득지급방법, 금융기관의 발달 정도, 화폐사용 관습 등에 의존하기 때문에 천재지변, 전쟁, 금융관행의 변화 등이 일어나지 않는 한 안정적이라고 본다.

을 변형한 (4.4)식에서 V와 Y가 일정한 상수가 되므로, **통화량(M)의 크기에 따라 물가수준(P)이 결정된다**는 것을 의미한다.

결론적으로 (4.2)식의 화폐수량방정식을 통해 다음과 같은 중요한 사실을 알 수 있다. 첫째, 통화량(M)이 경제 전체의 물가수준(P)을 결정한다. 통화량을 증가시키면 물가가 상승한다. 따라서 통화량의 증가가 인플레이션의 주요 원인이 된다(**화폐수량설**).

둘째, 통화량의 변화는 물가수준만 비례적으로 변화시킨다. 실질변수인 총생산(Y, 실질 GDP)의 변화는 없고, 명목변수인 명목총생산(PY, 명목 GDP)만 변화시킨다(**화폐의 중립성**).

이제 무엇이 물가수준을 결정하는지를 설명하는 이론을 알게 되었다. 고전학파의 물가수준 결정에 관한 이론은 크게 세 부분으로 나누어 볼 수 있다. 첫째, 생산요소의 투입량과 생산함수가 총생산(Y)을 결정한다(3장). 둘째, 통화량(M)이 총생산의 화폐가치(즉 명목총생산, PY)를 결정한다(수량방정식). 셋째, 물가수준(P)은 실질총생산(Y)에 대한 명목총생산(PY)의 비율이 된다.

결국 고전학파의 화폐수량이론은 바로 중앙은행이 통화량을 변화시킬 경우 경제에 어떤 영향을 줄 수 있는지를 설명한다. 화폐의 유통속도(V)가 고정되어 있으므로 통화량이 변화할 경우 이에 비례하여 명목 GDP가 변화한다. 생산요소와 생산함수가 이미 실질 GDP를 결정하였으므로 명목 GDP의 변화는 물가수준의 변화를 의미한다. 즉 화폐수량이론에 따르면 **물가수준(P)은 통화량(M)에 비례한다**고 할 수 있다.

2 통화량과 인플레이션

통화량의 변화는 장기적으로 물가수준을 얼마나 변화시킬까? 통화량의 증가는 장기적으로 통화량의 증가와 비례하는 만큼 인플레이션을 발생시킨다. 어떻게 이와 같은 사실을 알 수 있을까? 화폐수량이론으로 **인플레이션의 원인**에 대해 알아보자.

인플레이션(inflation)은 물가수준이 상승하는 현상이고, 물가상승률인 **인플레이션율**은 일정기간 물가수준의 변화율(%)을 나타낸다. 그러므로 물가수준의 변화를 설명하는 화폐수량이론은 인플레이션과 인플레이션율을 설명하는 이론이 된다.

(4.2)식의 수량방정식을 각 변수의 변화율(%) 형태로 변환하여 나타내면 다음과 같다.[2)]

$$\frac{\Delta M}{M} + \frac{\Delta V}{V} = \frac{\Delta P}{P} + \frac{\Delta Y}{Y} \qquad (4.5)$$

M의 % 변화 + V의 % 변화 = P의 % 변화 + Y의 % 변화

(4.5)식에서 네 가지 각 항을 살펴보자. 첫째, 통화량(M)의 변화율은 중앙은행의 통제 아래에 있다. 둘째, 화폐 유통속도(V)의 변화율은 화폐수요의 변화를 반영한다. 화폐의 유통속도는 일정하다고 가정하였으므로 화폐 유통속도의 변화율은 0이 된다. 셋째, 물가수준(P)의 변화율은 인플레이션율을 나타낸다. 넷째, 총생산(Y)의 변화율은 경제성장률인데, 생산요소의 증가와 생산함수(즉 생산기술의 진보)에 의존한다. 총생산의 변화율은 장기적으로 경제성장률에 의해 결정되지만, 여기서는 일정하게 주어져 있다고 가정하면 (4.5)식은 다음과 같이 나타낼 수 있다.

$$\frac{\Delta M}{M} + \frac{\Delta \bar{V}}{V} = \frac{\Delta P}{P} + \frac{\Delta \bar{Y}}{Y} \qquad (4.6)$$

(4.6)식에서 유통속도의 변화인 $\frac{\bar{V}}{V}$는 0이 되고, 경제성장률인 $\frac{\Delta \bar{Y}}{Y}$는 상수(g)로 주어지기 때문에 (4.7)식처럼 정리된다.

$$\frac{\Delta M}{M} = \frac{\Delta P}{P} + \bar{g} \qquad (4.7)$$

(4.7)식에 의하면 통화량의 증가율($\frac{\Delta M}{M}$)이 인플레이션율($\frac{\Delta P}{P}$)을 결정한다는 것을 알 수 있다.

결국 고전학파의 화폐수량이론에 의하면 **장기적으로 통화량의 증가율이 인플레이션율을 결정한다.** 따라서 통화량(M)을 조절할 수 있는 중앙은행이 인플레이션율을 최종적으로 조절할 수 있다. 중앙은행이 통화공급을 안정시키면 물가수준이 안정되지만, 중앙은행이 통화공

2) 명목GDP(PY)는 실질GDP(Y)에 물가(P)를 곱한 값이다. 따라서 명목GDP는 Y와 P가 변화함에 따라 변화한다. 각 변수의 로그 차분을 이용하면 다음과 같은 관계가 성립함을 알 수 있다. 명목GDP의 성장률 = 실질GDP의 성장률 + 물가상승률
따라서 명목GDP의 성장률은 실질GDP의 성장률과 물가상승률의 합계로 계산된다.

급을 급격히 증가시킬 경우 물가수준도 급속히 상승한다.

장기적으로 통화량의 증가가 경제에 미치는 유일한 효과는 물가수준만 똑같은 비율만큼 상승시키는 것이다. 그래서 고전학파 경제학자들은 장기적으로 화폐가 실물경제에 **중립적**이라고 주장한다.

제3절 인플레이션의 효과

1 인플레이션과 정부수입 : 인플레이션 조세

지금까지 화폐공급이 증가할 경우 인플레이션을 어떻게 유발하는지를 살펴보았다. 그리고 장기적으로 인플레이션이 **화폐적 현상**(monetary phenomenon)이며 실질경제변수에는 영향을 미칠 수 없음을 살펴보았다. 그렇다면 정부가 화폐발행을 통해 재정지출을 위한 재원을 조달한다면 경제에 어떤 효과를 미칠까?

모든 정부는 예산을 편성하여 일부는 나라 살림에 필요한 재화나 서비스를 구입하는데 지출하기도 하고, 또 일부는 사회적 복지 증진을 위해 이전지출을 하는데 사용하기도 한다. 그렇다면 정부는 재정지출에 필요한 자금(비용)을 어떻게 조달할까? 정부는 다음과 같은 세 가지 방법으로 지출에 필요한 자금을 조달할 수 있다. 첫째, 조세를 통해 정부 수입을 증가시킬 수 있다. 둘째, 국공채를 발행하여 차용할 수 있다. 셋째, 화폐를 발행하여 정부 수입을 조달할 수 있다.

정부가 세금을 인상하여 재원을 조달할 수 있지만 조세 저항이 있거나 조세로 인한 자원배분의 왜곡이 우려될 수 있다. 그래서 정부가 화폐를 발행하거나 국공채를 발행하여 재원을 조달한다면 이로 인해 화폐공급과 통화량이 증가한다. 고전학파의 화폐수량이론에 의하면 통화량의 증가는 물가를 상승시켜 인플레이션을 유발한다.

결국 정부가 화폐를 발행하여 통화량을 증가시키면 인플레이션이 발생하게 되고, 결과적으로 민간이 보유한 화폐의 실질가치를 하락시키는 것이 된다. 따라서 정부가 재정지출에 필요한 수입을 늘리기 위해 화폐를 발행하거나 국공채를 발행하여 통화공급을 증가시킬 경우, 인플레이션으로 인해 화폐의 실질가치가 하락하게 된다. 이로 인해 발생한 인플레이션이 결과적으로 일종의 조세(tax)와 같은 역할을 한다. 즉 인플레이션으로 인해 민간이 보유한 화폐의 실질가치가 하락한 만큼 정부가 실질적인 세금을 거두어 사용한 것과 같다고 할 수 있다. 그런 의미에서 정부가 화폐발행이나 국공채를 발행하여 야기한 인플레이션을 통해 정부가 조달하는 재정수입을 '**인플레이션 조세**'(inflation tax)라 하고 다음과 같이 계산한다.

$$\text{인플레이션 조세} = \frac{\Delta P}{P} \times \frac{M}{P} = \pi \times \frac{M}{P} \qquad (4.8)$$

위 식에서 민간이 보유하고 있는 화폐의 실질가치($\frac{M}{P}$)는 인플레이션율(π)만큼 가치가 하락한다는 것을 나타낸다. 화폐가치가 하락한 부분은 바로 누구도 세금고지서를 받은 바 없지만 단지 정부가 필요로 하는 화폐를 발행하여 거두어들이는 인플레이션 조세로 간주할 수 있다.

한편 정부가 화폐발행을 통해 얻는 수입을 **화폐발행차익**(seigniorage)이라 부르고, 다음과 같이 나타낸다.

$$\frac{\Delta M}{P} = \left(\frac{\Delta M}{M}\right) \times \frac{M}{P} = \mu \times \frac{M}{P} \qquad (\text{단, } \mu\text{는 통화증가율}) \qquad (4.9)$$

정부가 발행하는 통화량 증가분의 실질가치($\frac{\Delta M}{P}$)가 정부의 실질적인 수입으로서 화폐발행차익이 된다. (4.8)식과 (4.9)식을 비교해보면 통화증가율(μ)과 인플레이션율(π)이 같을 때 정부의 화폐발행차익과 인플레이션 조세가 같아진다는 것을 알 수 있다.

2 인플레이션과 명목이자율 : 피셔효과

지금까지 통화량과 인플레이션과의 관계를 분석하면서 이자율의 역할을 고려하지 않았다. 화폐수량이론에 의하면 명목이자율과 총생산수준이 일정할 경우, 물가수준은 통화량의 변화에 따라 비례적으로 변화한다. 그렇다면 통화량이 변하여 인플레이션율이 변한다면 명목이자율은 어떤 영향을 받을까?

1) 명목이자율과 실질이자율

인플레이션율은 명목이자율과 실질이자율을 구분하는데 결정적인 역할을 한다. 인플레이션율과 명목이자율의 관계를 피셔방정식과 피셔효과를 통해 알아보기로 하자.

명목이자율은 명목자산시장에서 결정된다. **명목이자율**(nominal interest rate)은 명목자산의 가치가 일정기간 동안 얼마나 더 늘어났는지를 보여주는 수익률(i)이다. 명목이자율은 화폐단위로 측정된 이자율을 뜻한다. 금융기관이 지불하는 이자율이 명목이자율에 해당한다. 예를 들어 예금은행에서 1년간 i%의 이자를 지불하는 정기예금계좌에 100만원을 저축한 경우를 가정해보자. 명목자산인 원금 100만원을 저축하면 1년 뒤에 받게 되는 원금과 이자의 합계액은 100만원×(1+i)가 된다. 연간 이자율(i)이 10%라면 110만원을 원리금으로 돌려받는다. 예금은행이 지불하는 명목이자율이 연간 10%라는 의미이다.

한편 실질이자율은 실물자산시장에서 결정된다. 그럼 실질이자율은 어떻게 계산할까? 실질이자율은 실질자산의 가치가 일정기간 동안 얼마나 늘어났는지를 보여주는 수익률의 개념이다. 실질이자율은 실물자산시장에서 실물재화를 단위로 계산한 이자율을 뜻한다. 예를 들어 현재 시점에서 컴퓨터 100대를 1년간 빌려주면 1년 뒤에 110대의 컴퓨터로 되돌려 받는 임대계약을 맺는다고 하자. 이것은 실질이자율이 10%이라는 의미이다. 그러나 실물자산을 구입하여 얻는 수익률인 실질이자율은 측정하기 어려운 경우가 많다.

그래서 실질이자율은 실물단위로 계산하는 대신에 측정할 수 있는 명목이자율과 물가상승률(즉 인플레이션율)을 이용하여 계산한다. 명목이자율을 i, 실질이자율을 **r**, 인플레이션율을 π로 나타내면 세 변수 사이에는 다음과 같은 관계가 성립한다.

$$\text{실질이자율}(r) = \text{명목이자율}(i) - \text{인플레이션율}(\pi) \qquad (4.10)$$

(4.10)식은 실질이자율이 명목이자율에서 인플레이션율(즉 물가상승률)을 뺀 값과 같다는 것을 보여준다. **실질이자율**(real interest rate)은 명목이자율에서 구매력의 변화를 조정한 수익률에 해당한다. 한 경제의 실물부문 분석에서 중요한 것은 명목이자율이 아니라 실질이자율이다.

2) 피셔방정식과 피셔효과

(4.10)식을 정리하면, 명목이자율(i)은 실질이자율(r)과 인플레이션율(π)의 합이 된다.

$$\text{명목이자율}(i) = \text{실질이자율}(r) + \text{인플레이션율}(\pi) \qquad (4.11)$$

(4.11)식을 **피셔방정식**(Fisher equation)이라 부른다. 이 식에 의하면 명목이자율은 두 가지 원인, 즉 실질이자율이나 인플레이션율의 변화로 인해 변화할 수 있다. 따라서 명목이자율을 결정하기 위해서는 실질이자율과 인플레이션율을 함께 고려하여야 한다.

앞서 제2절에서 화폐수량이론을 통해 통화량의 증가율이 인플레이션율(π)을 결정하는 것을 살펴본 바 있다. 이제 **화폐수량이론**과 **피셔방정식**을 함께 이용하면 통화량의 증가율이 명목이자율에 미치는 영향을 분석할 수 있다.

화폐수량이론에 의하면, 통화량(M)이 1% 증가하면 이것이 인플레이션율(π)을 1% 증가시키게 된다. 한편 피셔방정식에 의하면, 인플레이션율(π)이 1% 증가하면 이것이 명목이자율(i)을 1% 증가시키게 된다. 이처럼 인플레이션율(π)과 명목이자율(i)의 1대1 관계를 **피셔효과**(Fisher effect)라 한다. 즉 '**명목이자율은 인플레이션율이 변화하는 만큼 변한다**'는 것이다. 피셔효과는 실질이자율은 고정되어 있어서 변하지 않는다는 것을 전제로 성립한다.

고전학파의 이분법과 화폐의 중립성

실질변수(real variable)는 수량이나 상대가격으로 측정된 변수이다. 즉 실질 GDP나 자본량은 수량을 나타내며, 실질임금이나 실질이자율은 상대가격을 나타낸다. 한편 화폐로 나타낸 변수를 **명목변수**(nominal variable)라고 한다.

고전학파에서 실물경제와 화폐경제가 분리되어 있다고 가정하고, 실질변수와 명목변수를 이론적으로 분리해서 접근하는 것을 고전학파의 **이분법**(dichotomy)이라 부른다. 고전학파의 화폐수량이론에 의하면 장기적으로 통화량의 증가율이 인플레이션율을 결정한다. 통화량의 증가율은 오직 인플레이션율에만 영향을 미치고 실물부문의 실질변수(즉 실질 GDP)에는 아무런 영향을 미치지 않는다. 이처럼 고전학파의 화폐수량이론에서는 통화량의 변화가 실질변수에 영향을 미치지 않으므로 고전파 이분법이 적용된다. 화폐시장에서의 통화량의 변화는 실물경제에서 결정된 실질변수에 어떠한 영향도 미치지 못하고, 단지 물가수준에만 영향을 미치기 때문에 명목 GDP(PY)에는 영향을 준다. 이처럼 화폐가 실질변수(실질 GDP)에는 아무런 영향을 미치지 못하는 현상, 즉 실질변수와 화폐 사이의 비관련성을 **화폐의 중립성**(monetary neutrality)이라 부른다.

4장 주요 개념

화폐, 유동성, 통화량, 통화공급, 본원통화, 예금통화, 공개시장조작, 지급준비율정책, 재할인율정책, 화폐수량방정식, 화폐의 유통속도, 인플레이션 조세, 명목이자율, 실질이자율, 피셔방정식, 피셔효과, 고전학파 이분법, 화폐의 중립성

4장 복습 문제

01 중앙은행은 시중에 유통되는 통화량은 어떻게 파악하나?

02 일반 시중에 유통되고 있는 통화는 어디에서 어떻게 공급된 것인가?

03 중앙은행은 어떤 경로로 본원통화를 공급하는가?

04 중앙은행은 통화량의 공급을 어떻게 조절하는가?

05 화폐수량이론은 통화량이 경제에 미치는 영향에 대해 무엇을 시사해주는가?

06 화폐수량이론에 의하면 장기적으로 인플레이션을 초래하는 원인은 무엇인가?

07 정부가 화폐발행을 통해 재정지출의 재원을 조달할 경우 경제에 어떤 효과를 미치는가?

08 인플레이션율은 명목이자율에 어떤 영향을 미치는가?.

CHAPTER

05 노동시장과 실업

제5장에서는 노동시장에서 왜 실업이 존재하고, 무엇이 실업률을 결정하는지에 대한 다양한 관점을 살펴본다. 실업을 노동시장에서의 균형현상으로 설명하는 고전학파의 탐색이론에 대해 살펴보고, 그리고 실업을 노동시장에서의 불균형현상으로 설명하는 케인즈학파의 임금경직성모형에 대해 살펴본다.

제 1 절 실업

1 실업의 종류

실업은 왜 발생하는 것일까? 실업은 그 발생원인에 따라 세분하여 보면, 마찰적 실업, 구조적 실업 및 경기적 실업, 계절적 실업 등으로 나눌 수 있다. 마찰적 실업은 직장이동과 관련한 탐색과정에서 정보의 부족 등과 같은 요인에 의해 일시적으로 발생하는 실업이다. 그리고 구조적 실업은 산업구조의 변화와 같은 요인에 의해 발생한다. 경기적 실업은 경기침체와 같은 경기변동에 의해 발생하고, 계절적 실업(seasonal unemployment)은 농업이나 어업 등과 같은 분야에서 계절의 변화에 따라 발생한다. 이러한 실업들 가운데 계절적 실업은 특정한 경제모형을 사용하지 않더라도 규칙적인 계절적 요인에 의해 대부분 설명될 수 있으므로 여기서는 논의에서 제외한다.

1) 경기적 실업

경기적 실업(cyclical unemployment)은 노동의 수요와 공급에 의해서 결정되는 것이 아니라 거시경제의 경기변동 과정에서 발생한다. 경기가 불황에 빠지면 생산량이 감소하게 되고 이에 따라 생산활동에 투입되는 생산요소에 대한 수요가 감소한다. 특히 기업들은 단기적으로 생산량을 변화시킬 필요가 있는 경우에는 자본의 투입량보다는 노동의 투입량을 주로 조절한다. 따라서 기업이 경기침체일 때 노동에 대한 수요를 감소시키기 때문에 경기적 실업이 발생하게 된다. 이러한 경기적 실업을 이해하기 위해서는 생산물시장, 화폐시장, 노동시장 등의 연관성을 고려한 경제모형이 필요하다. 여기서는 경기적 변동에 의한 실업률의 변화는 다루지 않을 것이다. 이에 대한 자세한 논의는 제4부에서 다루기로 하고, 여기서는 경기변동에 관계없이 노동시장의 균형인 정상적 상태에서도 존재하는 구조적 실업과 마찰적 실업의 원인을 설명하는 노동시장이론에 대해서만 살펴본다.

2) 마찰적 실업

어떠한 이유에 의해서든 일단 실업상태에 처하게 된 사람들은 새로운 일자리(job)를 찾으려는 노력을 하게 된다. 그런데 사람들은 비어 있는 일자리가 있다고 해서 무조건 이를 선택하는 것이 아니라 자신이 원하는 임금과 근로조건을 제공하는 일자리를 구할 때까지 구직활동, 즉 **일자리 탐색**(job search)을 계속하게 된다. 취업은 노동자와 일자리가 연결되는 경우에 이루어진다. 그런데 새로운 일자리를 탐색하는 과정에서 여러 가지 장애요인에 의해 일자리를 바로 찾지 못할 수도 있다. 이와 같이 직장을 옮기기 위해 새로운 일자리를 탐색하는 과정에서 정보의 부족 등과 같은 마찰적 요인에 의해 발생하는 실업을 **마찰적 실업**(frictional unemployment)이라고 한다.

만일 모든 사람들이 구직활동을 시작하자마자 바로 자신이 원하는 직장을 발견할 수 있다면 마찰적 실업은 존재하지 않을 것이다. 예를 들어 모든 노동자가 동일한 능력을 가지고 있고, 모든 일자리가 동일한 조건을 갖고 있다면 실업자들은 짧은 시간 내에 새로운 직장을 구할 수 있을 것이다. 그러나 현실에 있어서는 노동자들은 경험, 숙련도, 재능, 지역 등 여러 면에서 차이가 있다. 일자리도 근무조건, 위치, 근무시간 및 급여, 자격조건 등 여러 면에서 차이가 있다. 취업이 이루어지려면 노동자가 자신이 원하는 조건을 가진 일자리를 찾아야 하고, 뿐만 아니라 빈 일자리를 가진 기업도 역시 그 일자리에 적합한 능력을 가진 노동자를 찾아야 한다. 노동자와 일자리가 서로 다르다고 하더라도 정보가 완전하다면 노동자나 기업

표 5-1 실업의 종류와 원인

분류		원인	노동시장
자연적 실업	마찰적 실업	직장 탐색	$w=w^*$, $L^S=L^D$
	구조적 실업	부문간 이동	$w=w^*$, $L^S=L^D$
경기적 실업		경기변동	$w>w^*$, $L^S>L^D$

주 : w; 시장실질임금, w*; 균형실질임금, L^D; 노동수요량, L^S; 노동공급량

은 자신들이 필요로 하는 일자리와 노동자를 즉각적으로 찾을 수 있다. 그렇지만 현실적으로 정보의 부족과 같은 요인이 존재하기 때문에 이로 인해 실업이 발생한다. 이처럼 노동자와 일자리의 이질성이나 정보의 부족과 같은 마찰적 요인에 의해 발생하는 실업이라고 해서 마찰적 실업이라고 부른다.

한편 마찰적 실업은 직장이 없는 노동자의 수와 비어 있는 일자리의 수가 같음에도 불구하고 노동자와 일자리가 짝지어지지 않아 발생한다. 그래서 마찰적 실업은 경기호황기에도 발생할 수 있다. 경기가 아무리 좋더라도 현재의 직장을 떠나 보다 나은 직장을 찾으려는 사람이 존재하기 마련이고, 이들 역시 정보의 부족으로 인해 새로운 직장을 찾는데 상당한 시간이 걸리는 경우도 존재할 수 있다. 따라서 마찰적 실업을 완전히 제거하여 실업률을 0%로 만드는 것은 현실적으로 불가능하다. 뿐만 아니라 마찰적 실업은 다른 종류의 실업에 비해 그 경제적 비용이 크지 않다. 왜냐하면 마찰적 실업은 당장 일자리가 있다 해도 이를 선택하지 않고 더 좋은 조건의 일자리를 찾겠다는 개인의 선택에 따른 **자발적 실업**(voluntary unemployment)이기 때문이다.

3) 구조적 실업

구조적 실업(structural unemployment)은 산업구조의 변화에 따른 산업간 이동과정이나 지역간 이동과정에서 발생하는 실업을 말한다. 예를 들어 정보통신산업이 발달하고 섬유산업이 쇠퇴함에 따라 정보통신산업에서는 많은 일자리가 창출되는 반면에 섬유산업에 종사하는 많은 노동자들은 일자리를 잃게 된다. 이 경우 섬유산업에 종사하는 노동자들은 정보통신산업으로 직장을 옮겨야 되는 경우가 발생하지만 그 이동과정이 즉각적으로 이루어질 수는 없다. 왜냐하면 섬유산업에 종사하던 노동자들은 섬유산업에 알맞은 기술을 가지고 있을 뿐 정보통신산업에서 즉각 사용할 수 있는 기술을 가지고 있지 않기 때문이다.

또한 지역간 불균등 발전이 일어날 경우에도 노동자들은 쇠퇴하는 지역에서 발전하는 지역으로 이동해야 일자리를 찾을 수 있다. 하지만 이러한 지역적 이동도 여러가지 구조적 요인에 의해 산업간 이동처럼 즉각적으로 이루어지기는 어렵다.

따라서 많은 노동자들이 산업간 또는 지역간 이동을 하는 과정에서 실업을 겪게 되는데, 이러한 실업을 **구조적 실업**이라고 부른다. 구조적 실업은 산업간 또는 지역간 이동에 따른 실업이라는 의미에서 **부문간 이동에 의한 실업**이라고 부르기도 한다.

구조적 실업은 마찰적 실업과 비슷한 측면을 가지고 있다. 직장이 없는 노동자와 비어 있는 일자리가 동시에 증가하더라도 양자 사이에 결합(matching)이 즉각적으로 이루어지지 않기 때문에 발생한다는 점에서 비슷하다. 하지만 노동자와 일자리 사이의 결합이 즉각적으로 이루어지지 않은 이유가 단순한 정보의 불완전성 때문이 아니라 경제의 근본적인 구조적 변화에 의해 초래된다는 의미에서 마찰적 실업과 구별된다.

2 자발적 실업과 비자발적 실업

1) 비자발적 실업

한편 실업상태가 노동자 자신의 의사에 의한 것인지 아니면 자신의 의사와는 관계없이 발생한 실업인지 여부에 따라 자발적 실업과 비자발적 실업으로 구분하기도 한다.

비자발적 실업(involuntary unemployment)이란 노동자가 자신이 원하지 않았음에도 불구하고 실업상태로 남아 있는 경우를 말한다. 여기서 자신이 원하지 않았다는 것은 자신과 비슷한 능력을 가진 노동자들이 현재 받고 있는 임금을 받고 일할 의사가 있음에도 취업이 되지 않는다는 것을 말한다. 만약 대학졸업자의 초봉이 월200만원 수준이라면 대학을 갓 졸업한 사람이 월200만원을 주는 일자리를 찾았으나 찾지 못한 경우 비자발적 실업에 해당한다.

2) 자발적 실업

자기 자신과 비슷한 능력의 사람들이 받고 있는 임금보다 더 높은 임금을 요구하기 때문에 실업상태로 남아 있는 것은 비자발적 실업이라 할 수 없다. 이 경우는 노동자가 자신의 의사에 의해 스스로 선택하여 실업상태에 있는 경우로서 **자발적 실업**(voluntary unemployment)이라 한다. 이것은 노동자가 자신이 원하는 유보임금수준을 낮추어 기업이 제시하는 임금을 받고 취업이 될 수 있는데도 불구하고 노동자 자신의 의사에 의해 그렇게 하지 않아서 실업상태에 있는 것을 나타낸다.

제 2 절 노동시장의 균형이론 : 고전학파 모형

1 노동에 대한 수요와 공급

고전학파의 국민소득 결정모형에서는 경제가 언제나 생산요소들을 완전 고용한다고 가정하였다. 그래서 노동시장에서도 항상 노동의 수요와 공급이 일치하는 균형상태에 있다고 가정한다. 노동시장이 항상 균형을 이루고 있다고 가정한 상태에서 노동시장을 분석하는 이론을 **노동시장 균형이론**이라고 부른다.

노동시장은 가계가 노동을 공급하고, 기업이 노동을 수요하는 시장이다. 지금부터 기업이 노동수요를 어떠한 원리에 의해 결정하며, 가계는 어떤 원리에 의해 노동공급을 결정하는지를 고찰하고, 이를 통해 노동시장의 균형이 성립하는 과정을 살펴보고자 한다.

1) 노동에 대한 수요의 결정

(1) 개별기업의 노동수요

개별기업은 이윤을 극대화하려고 노력하는 과정에서 최적의 노동수요를 선택한다. 개별기업의 이윤극대화는 생산요소의 고용에 따른 한계수입(MR)과 한계비용(MC)이 일치할 때 달성된다. 따라서 개별기업은 노동의 한계수입(MR)과 한계비용(MC)을 비교하여 이윤을 극대화하는 최적의 노동수요량을 선택한다.

노동의 한계비용(marginal cost; MC)은 기업이 노동을 1단위 더 고용할 때 추가적으로 지불하는 비용을 말한다. 기업은 노동을 1단위 추가적으로 고용할 때 1단위의 임금(W)만큼 추가적으로 부담한다. 그러므로 노동의 한계비용은 임금(W)과 같다.

노동의 한계수입(marginal revenue; MR)은 노동 1단위가 추가적으로 생산한 생산물이 판매되어 얻게 되는 추가적 수입이다. 노동 1단위를 증가시킬 때 늘어나는 생산의 증가분을 노동의 한계생산(marginal product; MP_L)이라 한다. 그런데 생산물시장에서 생산물의 가격은 P이므로 결국 노동 1단위 증가로 인한 수입의 증가는 노동의 한계생산에 가격을 곱한 값인 $P \cdot MP_L$이 된다. 이때 $P \cdot MP_L$을 노동의 **한계생산가치**(value of MP_L)라고도 부른다. 그런데 노동의 한계수입은 노동의 고용이 증가함에 따라 감소한다. 왜냐하면 **한계생산체감의 법칙**에 의해 노동의 고용이 증가함에 따라 노동의 한계생산(MP_L)이 점차 감소하기 때문이다.

개별기업의 노동에 대한 수요를 결정하는 이윤극대화 조건은 다음과 같다.

노동의 한계수입 = 노동의 한계비용

$$P \cdot MP_L = W \qquad (5.1)$$

위 식의 양변을 P로 나누면 이윤극대화 조건은 다음과 같이 된다.

$$MP_L = \left(\frac{W}{P}\right) = w \qquad (5.2)$$

(5.2)식의 좌변은 노동의 한계생산이고, 우변은 실질임금(w)을 나타낸다. 기업은 (5.2)식의 이윤극대화 조건을 충족시키는 수준에서 최적의 노동수요량을 결정한다. 기업의 이윤극대화 조건은 기업이 노동을 어떻게 수요할 것인가를 결정짓는 방식을 보여준다. 따라서 이윤극대화 조건에서 노동에 대한 수요곡선을 도출할 수 있다.

(2) 노동수요곡선의 도출

실질임금(w)이 변화함에 따라 기업의 노동수요는 어떻게 달라지는가? (5.2)식에 의하면 기업은 실질임금(w)이 노동의 한계생산(MP_L)과 일치하는 수준에서 노동에 대한 수요량을 결정한다. 따라서 노동의 한계생산(MP_L)곡선이 곧 노동의 수요곡선이 된다.

〈그림 5-1〉 (a)에서 임금이 변화함에 따라 기업의 노동 수요량이 어떻게 변하는지 살펴보자. 만약 실질임금이 w_1이라면 고용이 L_1만큼 이루어져야 그 고용수준에서 노동의 한계생산(MP_L)과 실질임금(w)이 일치하게 된다. 실질임금이 w_2로 하락한다면 다시 고용수준이 L_2로 변화해야만 그 고용수준에서 노동의 한계생산과 실질임금이 일치하게 된다. 결국 실질임금이 변할 때 이에 대응하는 기업의 노동고용량 변화는 노동의 한계생산곡선(MP_L)을 따라 이루어짐을 알 수 있다. 따라서 우하향하는 형태인 **노동의 한계생산곡선**이 곧 **노동의 수요곡선**이 되는 것이다.

(3) 총노동수요 : 노동시장의 노동수요

한 국가경제에서의 노동에 대한 수요는 경제에 존재하는 모든 개별기업의 노동수요를 합

그림 5-1 노동에 대한 수요곡선과 공급곡선 : 고전학파 모형

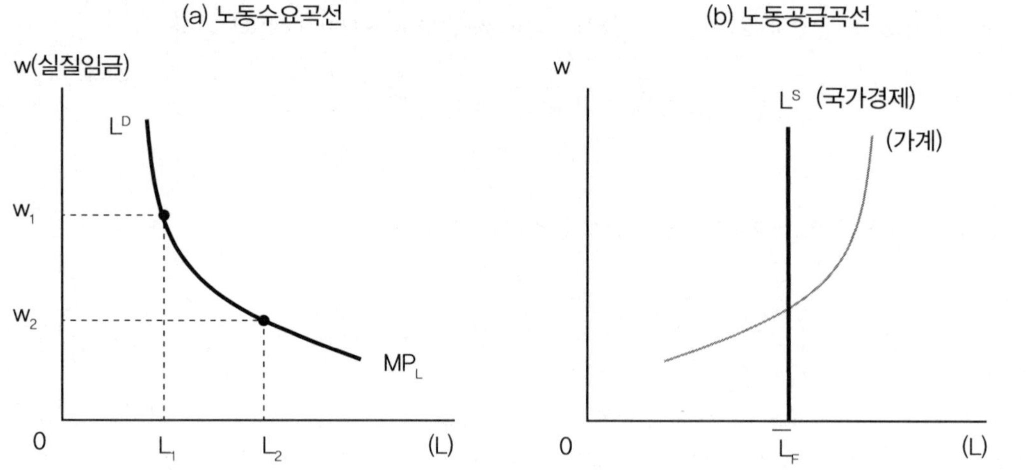

한 전체 노동수요, 즉 **총노동수요** 또는 **노동시장의 노동수요**라고 부른다. 총노동수요는 주어진 실질임금(w)수준에서 개별기업의 노동수요를 합하여 도출한다. 그러므로 총노동수요곡선의 형태는 개별기업의 노동수요곡선의 형태와 일치한다. 즉 실질임금이 하락할수록 총노동수요도 증가하기 때문에 우하향하는 형태를 갖는다. 결국 노동시장에서의 노동수요는 **실질임금(w)의 감소함수**이다.

2) 노동공급의 결정

(1) 가계의 노동공급

노동의 수요는 기업에 의해 결정되지만, 노동의 공급은 가계에 의해 이루어진다. 그렇다면 가계의 노동공급은 어떠한 원리에 의해 결정할까?

가계는 경제활동과정에서 얻게 되는 효용을 극대화하려고 한다. 가계는 하루 24시간 중 일부의 시간을 기업의 생산활동에 제공하고 그에 대한 대가로 임금을 받는다. 여기서 노동의 공급은 기업에 공급되어 사용되는 시간을 의미한다. 그리고 나머지 시간은 자신을 위해 사용한다. 자신을 위해 사용하는 나머지 시간을 통틀어 **여가**라고 부른다. 그런데 여가와 노동공급은 상충(trade-off)관계에 있다. 즉 여가시간을 늘리면 노동공급시간이 줄게 되고, 노

동공급시간을 늘리면 여가시간이 줄게 된다. 가계는 여가와 노동공급 사이의 상충관계를 고려하여 최적의 노동공급량을 결정한다. 여가시간을 늘리기 위해서는 그 시간만큼 노동공급을 줄여야하기 때문에 노동소득인 실질임금이 줄어들게 된다. 결국 여가의 기회비용은 여가를 즐기기 위해 포기해야 하는 노동소득, 즉 실질임금이라고 할 수 있다.

(2) 가계의 노동공급곡선

노동수요와 마찬가지로 실질임금의 변화는 가계의 노동공급을 변화시킨다. 일반적으로 실질임금의 증가는 노동의 공급에 따른 한계수입을 증가시키기 때문에 가계의 노동공급도 증가시킨다. 따라서 일반적인 경우 가계의 노동공급은 **실질임금(w)의 증가함수**이다.

〈그림 5-1〉 (b)에서와 같이 실질임금이 수직축을 따라 변화할 때 가계의 노동공급량이 변화하는 것을 수평축에 나타내면, 가계의 노동공급곡선은 **우상향하는 형태**가 된다. 가계의 노동공급이 실질임금의 증가함수이기 때문이다.

(3) 총노동공급 : 노동시장의 노동공급

노동시장에서의 노동공급은 한 국가경제에 존재하는 모든 가계의 노동공급을 합한 총노동공급이다. 노동시장에서의 총노동공급은 주어진 실질임금수준에서 개별가계의 노동공급을 합하여 도출한다. 그러므로 총노동공급곡선의 형태도 개별기업의 노동공급곡선의 형태와 일치한다. 즉 실질임금이 증가할수록 총노동공급도 증가하기 때문에 우상향하는 형태를 갖는다. 일반적인 경우 노동시장의 노동공급도 **실질임금(w)의 증가함수**이다.

그러나 **고전학파 모형**에서는 모든 생산요소가 완전 고용된다고 가정한다. 노동시장에서의 노동공급도 한 국가경제가 가지고 있는 모든 노동력이 완전 고용되어 일정한 수준에서 고정되어 있다고 가정한다. 따라서 〈그림 5-1〉 (b)에서와 같이 국가경제의 총노동공급곡선 (L^S)은 **완전고용수준($\bar{L}_F$)에서 수직선의 형태**가 된다.

2 노동시장의 균형과 자발적 실업

1) 노동시장의 균형

노동시장의 균형은 노동에 대한 수요와 공급이 일치할 때 성립한다. 고전학파 노동시장 균형이론에서 노동에 대한 수요는 **실질임금의 감소함수**이지만, 노동의 공급은 완전고용수준($\overline{L}_F$)에서 **수직선**이다. 따라서 〈그림 5-2〉에서 노동시장의 균형은 우하향하는 노동수요곡선과 수직선인 노동공급곡선이 교차하는 점(A)에서 성립한다. 이때 노동시장의 균형점에 대응하는 수준에서 균형실질임금과 균형고용량이 결정된다. 여기서 균형실질임금은 w^*가 되고, 균형고용량은 **완전고용수준**($\overline{L}_F$)인 L^*가 된다.

한편 노동시장의 균형상태인 A점에서는 노동의 공급과 수요가 일치하는데, 이는 곧 균형임금인 w^*를 받고 일하고자 하는 노동자는 모두 고용되어 있다는 것을 의미한다. 따라서 노동시장의 균형에서는 비자발적 실업이 존재하지 않는다. 고전학파 경제학자들은 노동시장의 균형상태에서 발생하는 실업은 모두 **자발적 실업**이므로 이를 해소하기 위해 정부가 개입할 필요가 없다고 주장한다. 이러한 고전학파의 주장에는 노동시장에서 실질임금이 신축적으로 조정된다는 기본가정이 전제되어 있다.

그림 5-2 노동시장의 균형 : 고전학파 모형

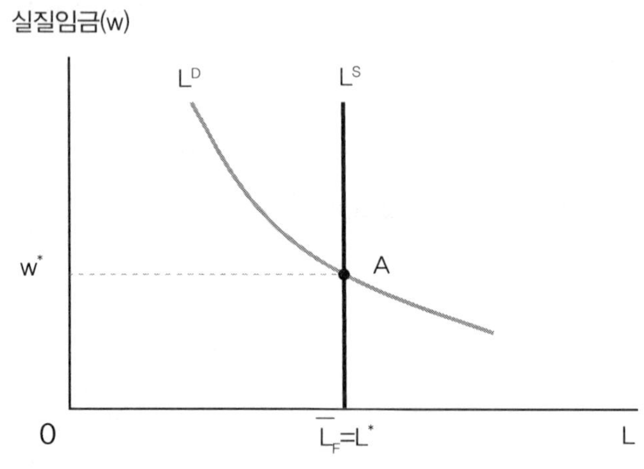

2) 노동시장의 불균형과 실질임금의 변화

고전학파에 따르면 노동시장에 충격에 가해져서 노동수요곡선과 노동공급곡선이 이동하여 노동시장이 불균형상태가 되더라도 실질임금(w)이 즉각적으로 변화하여 초과수요나 초과공급을 해소한다.

〈그림 5-3〉에서 노동시장이 A점에서 균형을 이루고 있다고 하자. 노동시장에 충격이 없다면 균형은 A점에서 지속적으로 유지될 것이다. 하지만 노동시장에 충격이 가해지면 균형이 변화한다. 예를 들어, 노동수요에 대한 충격이 가해진 경우를 생각해보자. 만약 노동에 대한 수요가 감소하면 노동수요곡선은 왼쪽으로 이동할 것이다. 노동수요곡선이 L_1^D에서 L_2^D로 이동하게 된다.

노동수요가 감소한 경우, 실질임금이 변하지 않는다면 노동에 대한 수요가 L_2까지 감소하여 노동시장에 $L_2\bar{L}_F$만큼 **초과공급**이 발생하여 그만큼 실업이 발생하게 된다. 그런데 실질임금이 신축적으로 반응하여 즉각적으로 하락하게 되면 초과공급이 점차 감소하게 된다. 실질임금이 w_2수준까지 하락하게 되면 초과공급이 모두 해소되고 새로운 균형이 B점에서 성립한다. 이에 따라 새로운 균형 B점에서 균형실질임금은 w_2로 결정되고, 균형고용량은 완전고용($\bar{L}_F$)으로 회복된다.

결국 고전학파에 의하면 노동시장의 수요와 공급에 의해 균형임금과 고용량이 결정되고,

그림 5-3 노동시장에 대한 충격과 불균형 조정과정

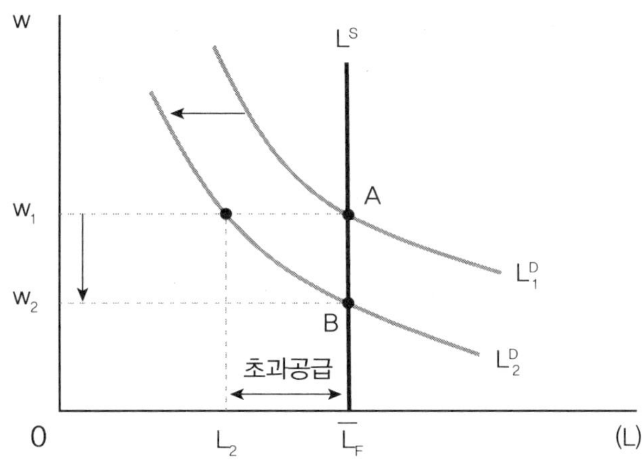

노동시장이 불균형일 때는 **실질임금의 신축적인 조정**을 통해 초과공급이나 초과수요가 즉각적으로 해소되기 때문에 실업은 발생하지 않는다고 본다.

3 탐색모형과 자연실업률

1) 탐색모형과 노동시장의 균형

고전학파의 노동시장 균형이론에도 불구하고 현실적으로 노동인구가 모두 취업을 하고 있는 것은 아니며, 실제 경제에는 실업이 존재한다. 그럼 왜 실업이 존재할까? 고전학파는 현실에서 관측되는 실업자는 노동시장에서 정해진 균형임금수준에서 일할 의사가 없는 자발적 실업자로 본다. 또한 실직상태에 있는 사람들은 보다 높은 임금을 얻기 위해 스스로 직장을 탐색하는 과정에 일시적인 실업상태에 있다고 본다. 그러므로 이들을 구제하기 위한 정부의 노력은 불필요하며, 오히려 정부의 개입은 개인의 최적화행동을 방해할 뿐이라고 주장한다. 이러한 고전학파의 주장을 합리화시키는 과정에서 등장한 이론이 **탐색모형**(search model)이다. 탐색모형은 노동시장의 균형상태에서도 실업이 존재한다는 점을 설명하기 위해 고안된 이론이다. 그런데 탐색모형에 의하면 실업은 노동자가 직장을 탐색하는 과정에서 발생하는 **마찰적 실업이므로 자발적 실업**에 해당한다는 것이다.

이제 탐색모형을 이용하여 노동시장의 장기균형에 대해 알아보자. 분석의 단순화를 위해 경제활동인구(L)는 고정되어 있고, 노동자들은 취업상태와 실업상태의 두 상태만을 경험한다고 가정한다. 경제활동인구(labor force)는 L, 취업자(employment)는 E, 실업자(unemployment)는 U로 표기하자. 경제활동인구의 정의에 따라 경제활동인구 수는 취업자와 실업자의 수를 합계한 것이다.

$$\text{경제활동인구}(L) = \text{취업자}(E) + \text{실업자}(U) \qquad (5.3)$$

탐색모형에 의하면 노동시장에서는 일정규모의 노동인구가 계속해서 실업상태에서 취업상태로, 또는 취업상태에서 실업상태로 이동이 이루어진다고 본다. 〈그림 5-4〉는 이러한 노동시장에서의 노동이동을 나타낸 것이다. 취업자 중에서 일부는 해고나 사직 등의 이유로 일자리를 잃게 되어 새로운 실업자가 되는 반면에 실업자 중에는 일부가 일자리를 구하

그림 5-4 노동인구의 이동 : 취업과 실업의 전환

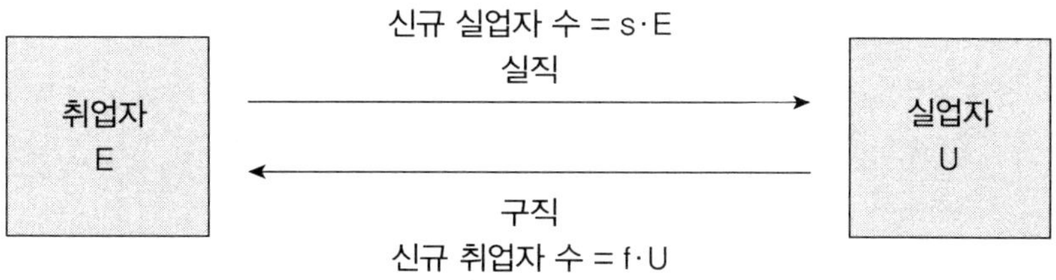

주 : s; 실직률, f; 구직률

여 새로운 취업자가 되기도 한다. 취업자 중에서 일자리를 잃어 새로운 실업자가 되는 비율을 **실직률**(job separation rate)이라 하고, s로 표기하자. 그러면 일정기간 동안 sE만큼의 새로운 실직자가 발생한다.

한편 실업자들은 일자리를 찾기 위해 탐색하지만, 모든 실업자들이 즉각적으로 취업되지 않고 일부 실업자만이 새로운 일자리를 찾는데 성공한다. 실업자 중에 일자리를 구하여 새로운 취업자가 되는 비율을 **구직률**(job finding rate)이라 하고, f로 표기하자. 그러면 일정기간 동안 fU만큼의 새로운 취업자가 발생한다.

새로운 실직자 수 = (실직률×취업자) = s·E
새로운 취업자 수 = (구직률×실업자) = f·U

결국 노동시장에서는 일정기간 sE만큼의 새로운 실직자가 생겨나는 반면, fU만큼의 새로운 취업자가 발생한다.

경제활동인구가 일정하다고 가정하면, 노동시장의 균형상태는 취업자와 실업자의 숫자가 증가하거나 감소하지 않고 일정하게 유지되는 상태이다. 그래서 탐색모형에서는 노동시장에서 새로운 실직자 수와 새로운 취업자 수가 같아진 상태를 **노동시장의 균형상태**라 한다. 그러므로 탐색모형에서의 **노동시장 균형조건**은 다음과 같다.

$$s \cdot E = f \cdot U \qquad (5.4)$$

이와 같이 노동시장이 균형을 이루고 있는 상태에서 결정된 **균형실업률**을 **자연실업률**

(natural rate of unemployment)이라 부른다.

탐색모형에 의하면 노동시장의 균형상태에서 실업이 발생하는 이유는 구직과정에서 마찰적 요인에 의해 노동자와 일자리가 바로 결합되지 않기 때문이다. 노동시장에서 일자리를 찾는 실업자 수와 일자리 수가 같음에도 불구하고 일자리를 찾는 탐색과정에서 노동자와 일자리의 연결에 시간이 걸리기 때문에 노동시장의 균형상태에서도 실업이 발생한다고 본다.

2) 노동시장의 균형실업률 : 자연실업률의 결정

(1) 자연실업률 결정식

자연실업률은 노동시장이 균형을 이루고 있는 상태에서의 균형실업률이다. 그렇다면 자연실업률은 어떻게 결정될까? 이제 자연실업률이 결정되는 과정을 노동시장의 탐색모형을 통해 알아보자.

탐색모형에 의하면 일정기간 동안 노동시장에서는 취업자와 실업자 사이에 이동이 발생한다. 따라서 일정기간 동안 **실업자(U)**가 얼마나 늘어났는지를 알아보기 위해서는 실직자 수(sE)와 구직자 수(fU)의 차이를 계산하면 된다. **실업률**(unemployment rate)은 경제활동인구 중에서 실업자가 차지하는 비율로서 다음과 같이 계산된다.

$$\text{실업률}(u) = [\text{실업자}(U) \div \text{경제활동인구}(L)] = \frac{U}{L} \qquad (5.5)$$

(5.3)식과 (5.4)식을 이용하여 자연실업률을 결정하는 수식을 도출해보자. (5.3식에 의하면 취업자(E)는 경제활동인구에서 실업자를 뺀 값, 즉 (L−U)가 되므로 이것을 (5.4)식의 E에 대입하면 다음과 같이 된다.

$$s(L-U) = f \cdot U \qquad (5.6)$$

자연실업률을 구하기 위해 (5.6)식의 양변을 L로 나누면 다음과 같다.

$$s\left(1-\frac{U}{L}\right) = f\frac{U}{L}$$

$$s(1-u) = f \cdot u \qquad \left(\text{단 } u\text{는 실업률 } \frac{U}{L}\right) \qquad (5.7)$$

(5.7)식을 u에 대해 정리하면 자연실업률을 결정하는 식이 구해진다.

$$\text{자연실업률 } u = \frac{s}{s+f} \qquad (5.8)$$

위 식은 탐색모형에서 실직률(s)과 구직률(f)의 크기에 의해 자연실업률이 결정된다는 것을 보여 준다. 실직률(s)이 상승하거나 구직률(f)이 하락하면 자연실업률이 상승한다는 것을 알 수 있다. 예를 들어 만일 실직률이 1%이고, 구직률이 19%라면 (5.8)식으로부터 자연실업률(%)은 (0.01/0.20)×100=5.0%가 된다. 하지만 실직률이 2%이고, 구직률이 18%이면 자연실업률은 10%가 된다. 결과적으로 자연실업률을 결정하는 s와 f를 변화시키는 충격이 있으면 자연실업률도 변한다.

(5.8)식에 의하면 정부가 자연실업률을 줄이기 위해서는 실직률을 낮추거나 구직률을 높일 수 있는 정책을 시행해야 한다는 것을 시사한다.

(2) 자연실업률의 결정요인

자연실업률은 노동시장의 균형상태에서의 실업률이므로 일정기간 고정되어 있다. 하지만, 그렇다고 자연실업률이 계속해서 고정되어 변하지 않는 것은 아니다. 자연실업률에 영향을 주는 요인은 노동시장의 내부적 요인과 외부적 요인으로 나눌 수 있다.

노동시장 내에서는 실직률과 구직률의 크기가 직접적으로 자연실업률의 크기를 결정하는 요인으로 작용한다. (5.8)식에서 자연실업률을 결정하는 실직률(s)과 구직률(f)이 변하면 자연실업률도 변한다.

한편 노동시장 외부적 요인들은 실직률과 구직률에 영향을 주어서 간접적으로 자연실업률을 변화시킨다. 자연실업률에 영향을 줄 수 있는 외부적 요인들은 어떤 것이 있는지를 알아보자. 자연실업률에 영향을 주는 외부 충격이나 정부 정책과 그 영향을 정리해 보면 다음과 같다.

첫째, 경제의 **산업구조**가 변화할 때 자연실업률에 영향을 준다. 즉 산업구조가 변하는 경우, 쇠퇴하는 산업에서 구조적 실업에 해당하는 실직자가 크게 증가함으로 실직률(s)이 상승한다. (5.8)식에 의하면 실직률(s)의 상승은 자연실업률을 상승시킨다.

둘째, 경제에 존재하는 **불확실성**(uncertainty)의 변화도 탐색기간과 관련된 구직률(f)을 변화시켜 자연실업률에 영향을 준다. 경제의 불확실성 증가는 탐색과정에서 정보의 획득을 더욱

자연실업률의 범위

탐색모형에 의하면 노동시장에서의 노동의 수요와 공급이 균형을 이루고 있는 완전고용상태에서도 실업은 존재할 수 있다. 그렇다면 자연실업률에 포함되는 실업률은 구체적으로 어떤 실업률인가? 노동시장이 균형을 이루고 있는 상태에서는 자발적 실업만이 존재하므로 자연실업률이란 자발적 실업만이 존재하는 경우의 실업률이라고 할 수 있다. 한편 자발적 실업은 실제로 여러 가지 마찰적 요인에 의해 발생하므로 탐색과정에서 생기는 **마찰적 실업**은 자연실업률에 당연히 포함시켜야 한다.

또한 종전에는 **구조적 실업**을 마찰적 실업과 구분하였으나 지금은 구조적 실업도 마찰적 실업의 일부로 간주하여 자연실업률에 포함한다. 구조적 실업은 산업구조의 변화에 수반되는 실업을 의미한다. 탐색과정에 새로운 기술을 습득하는 과정이 포함된다면 산업간 이동과정에서 생기는 실업도 넓은 의미의 탐색과정에서 생기는 실업에 포함시킬 수 있다.

결국 마찰적 요인에 의한 실업자와 구조적 요인에 의한 실업자가 경제활동인구에서 차지하는 비율이 **자연실업률**이다. 즉, **구조적 실업률과 마찰적 실업률의 합계**를 자연실업률로 간주한다.

실제 자연실업률이 얼마인지를 파악하는 것은 간단하지가 않다. 왜냐하면 실제로 관측되는 실업률은 자연실업률이 아니기 때문이다. 그러나 만일 실업률이 자연실업률을 중심으로 상하로 변동한다고 가정하면 자연실업률은 **장기적인 평균실업률**로 측정할 수 있다.

어렵게 해서 탐색기간을 늘리고 구직률을 낮추기 때문에 자연실업률을 상승시킨다. 반면 정보를 획득하는 데 시간이 덜 소요된다면 탐색과정에 걸리는 시간도 줄어들 것이다. 이런 의미에서 인터넷을 비롯한 정보통신산업의 발전은 정보획득 시간과 비용을 줄여줌으로써 탐색과정에 걸리는 시간을 단축시켜 자연실업률을 낮출 가능성이 있다.

셋째, 정부 정책과 관련해서 **실업보험**(unemployment insurance)과 같은 사회보장제도는 실직률과 구직률에 간접적으로 영향을 미쳐 자연실업률에 영향을 준다. 실업보험제도가 시행되면 이 제도가 없는 경우에 비해 자연실업률이 높아진다. 왜냐하면 실업보험은 실직률을 높이고 구직률을 낮추어 자연실업률을 상승시키기 때문이다. 실업보험이 존재하지 않는다면 실직상태에서의 실업의 고통이 보다 크므로 노동자들이 되도록 실직하지 않으려고 노력할 것이다. 또한 실직이 되더라도 실업의 고통을 빨리 끝내기 위해 보다 적극적으로 새로운 일자리를 얻기 위하여 노력을 하게 되므로 탐색기간이 줄어들게 된다. 하지만 실업보험 등의 사회보장제도가 잘 구비되어 있다면 실업이 크게 고통스럽지 않게 되므로 서둘러 새로운 일자리를 찾을 유인이 작게 된다. 따라서 실업보험이 보다 잘 갖춰질수록 탐색과정은 길어진다. 따라서 실업보험은 실직률을 높이고 구직률을 낮춰 자연실업률을 상승시킨다.

넷째, 정부가 실직과 취업에 대해 다양한 정책을 도입함에 따라 자연실업률이 영향을 받는다. 예를 들어 정부가 기업에 **고용보조금**을 주어 취업을 촉진하거나 실직을 방지하는 경우, 실직률을 낮추거나 구직률을 높임으로써 자연실업률을 하락시킨다.

제 3 절 노동시장의 불균형이론 : 케인즈학파 모형

1 노동시장의 불균형과 비자발적 실업

1) 노동시장 균형이론의 한계

제2절에서 노동수요곡선과 노동공급곡선을 이용하여 노동시장의 균형을 정의하였다. **고전학파의 노동시장 균형이론**에서는 실질임금(w)이 노동시장에서 노동수요와 노동공급 상황을 반영하여 신축적으로 조정되기 때문에 노동에 대한 수요와 공급이 항상 균형을 이룬다고 본다. 노동공급이 노동수요를 초과하는 상황에서는 조금 더 싼 임금을 받고서라도 노동력을 제공하려는 노동자들이 존재하므로 균형임금수준이 하락하게 된다. 이러한 임금하락은 비

그림 5-5 실질임금 경직성과 비자발적 실업

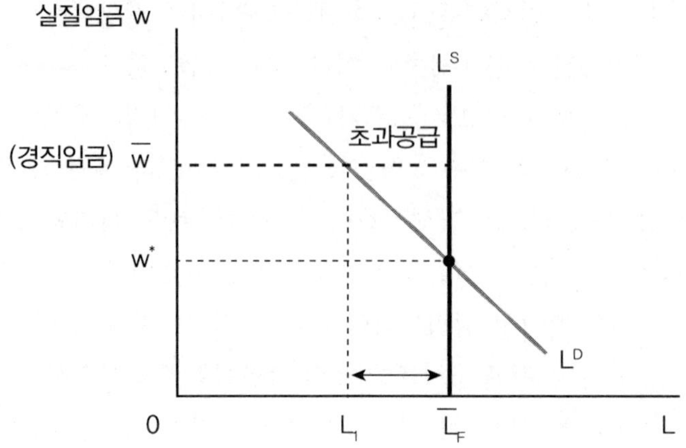

자발적 실업이 사라질 때까지 계속되므로, 결국 비자발적 실업은 실질임금의 신축적인 조정에 의해 완전히 해소된다. 결과적으로 고전학파 노동시장 균형이론은 실질임금이 노동에 대한 수요와 공급 상황을 반영하여 신축적으로 조정되기만 한다면, 비자발적 실업은 존재할 수 없고 완전고용이 달성될 수 있다고 본다. 고전학파 모형에 의하면 노동시장에서 초과공급이 생기면 일반적으로 실질임금이 하락하여 노동시장의 균형으로 회복된다.

그러나 어떤 이유에서든지 임금수준이 신축적으로 조정되지 않게 된다고 하면, 현재의 시장임금수준으로 노동력을 공급하고 싶어도 일자리를 구할 수 없는 비자발적 실업이 발생할 수 있다. 실제 현실적으로 존재하는 노동시장의 초과공급으로 인한 비자발적 실업은 고전학파의 이론으로는 설명할 수 없다. 현실적으로 노동시장에서 **비자발적 실업**이 존재한다는 것은 고전학파의 이론과 달리 결국 실질임금이 신축적으로 조정되지 못하는 요인이 존재한다는 것을 의미한다.

2) 노동시장 불균형이론

케인즈학파는 실질임금이 신축적으로 변화하지 못하고 경직적이기 때문에 노동시장에서 초과공급과 같은 불균형이 나타난다고 본다. 노동시장의 불균형상태에서 비자발적 실업이 존재하는 이유는 실질임금이 신축적으로 조절되지 못하는 **실질임금의 경직성**(real wage rigidity)에 있다는 것이다.

실질임금이 언제나 신축적인 것은 아니며 때로는 실질임금이 균형임금(즉 시장청산 임금)보다 높은 수준에 고정되어 있는 경우가 있다. 어떤 이유로 실질임금이 균형임금수준보다 높은 수준에서 경직되어 경우에는 노동시장에 불균형(즉 초과공급)이 발생하더라도 노동의 가격인 임금이 신축적으로 조정되지 않기 때문에 (비자발적) 실업이 발생하게 된다.

〈그림 5-5〉는 실질임금의 경직성이 왜 실업을 발생시키는지를 보여 준다. 현재의 실질임금($\bar{w}$)이 노동의 공급과 수요를 일치시키는 균형실질임금(w^*) 수준보다 높을 경우, 노동의 공급이 수요를 $L_1\bar{L}_F$만큼 초과하여 그만큼 실업이 발생한다.

이렇게 실질임금의 경직성으로 인해 발생하는 실업은 노동자들이 자신에게 적합한 일자리를 탐색하기 때문이 아니다. 일자리를 구하려는 노동자의 수(구직자 수)가 제공되는 일자리의 수(구인자 수)와 근본적으로 일치하지 않는 노동시장의 불균형으로 인해 발생하는 비자발적 실업이다. 이와 같이 케인즈학파는 실질임금의 경직성으로 인해 노동시장의 불균형상태가 청산되지 않고 **비자발적 실업**이 발생한다고 본다.

2 임금경직성모형

노동시장에서 임금의 경직성이 존재하는 이유는 무엇인가? 즉 왜 기업은 실질임금을 낮추지 않는 것일까? 케인즈학파는 실질임금이 노동시장의 균형실질임금보다 높은 수준에서 결정되는 현상과 이러한 높은 수준의 실질임금이 경직적이어서 노동시장의 불균형(실업)이 해소되지 않고 지속적으로 존재하는 현상의 원인에 대해 다양한 모형을 제시하고 있다. 실질임금의 경직성으로 인해 비자발적 실업이 발생할 수 있음을 보여주는 대표적인 이론은 **효율성 임금가설**과 **내부자-외부자 모형**이다.

1) 효율성 임금가설

실질임금이 균형임금보다 높게 책정되어 경직적인 이유는 **효율성 임금가설**(efficiency wage hypothesis)에 의해 설명된다. 효율성 임금가설에 따르면, 노동자의 생산성은 실질임금에 의해 결정된다. 즉 노동자의 생산성은 실질임금(w)의 증가함수라는 것이다. 기업이 노동자에게 지급하는 실질임금이 높을수록 노동자의 생산성을 높일 수 있다. 그래서 기업은 노동자의 생산성을 높여 이윤을 극대화하기 위해 노동시장의 **균형실질임금보다 높은 수준에서 실질임금**을 지급하게 된다. 그 결과 노동시장에는 초과공급이 초래되어 실업이 발생한다. 〈그림 5-5〉에서 기업이 노동시장의 균형실질임금(w^*)수준보다 더 높은 수준의 실질임금($\bar{w}$)을 지급하면, 노동의 수요는 L_1이고, 노동의 공급은 $\bar{L}_F$이므로 노동시장은 청산되지 않고 $L_1\bar{L}_F$만큼의 실업이 발생하게 된다.

이처럼 균형실질임금보다 더 높은 실질임금을 지급하여 실업이 발생하지만, 이 상태에서 더 낮은 임금을 받아들이려는 노동자들이 존재하더라도 실질임금은 하락하지 않는다. 왜냐하면 현재의 실질임금이 기업의 이윤을 극대화하는 수준이고, 또한 노동자의 생산성에 실질임금이 영향을 미치기 때문에 기업들은 실질임금을 내리지 않는다. 만약 기업이 실질임금을 낮출 경우, 기업의 부담은 감소하지만 동시에 노동자의 생산성이 낮아져서 오히려 기업의 이윤은 축소된다. 따라서 기업의 실질임금은 균형수준보다 더 높은 수준에서 경직적으로 유지되기 때문에 실업이 발생하게 된다.

그렇다면 노동자들의 생산성은 왜 실질임금과 정(+)의 상관관계를 가지게 될까? 즉 **실질임금이 높을수록 생산성이 높아진다고 보는 근거**는 무엇일까? 우선 실질임금수준이 높을수록 노동자의 영양상태(nutrition)가 양호하게 유지될 수 있어서 노동자가 더 생산적일 수 있다. 그러나 이 설명은 저개발국에 적용될 수 있는 설명으로 고도화된 자본주의 경제에서는 별로 설득력이 없다. 그래서 최근에는 균형실질임금보다 높은 수준의 효율성임금이 안정적으로 유지될 수 있는 근거로 다음과 같은 세 가지 모형이 제시되고 있다.

첫째, 높은 실질임금이 노동자의 이직률을 낮추어 생산성을 높일 수 있다는 **노동이직모형**(labor turnover model)이다. 노동자들은 여러 가지 이유, 즉 다른 기업의 보다 나은 제안을 받아들이거나 직업을 바꾸기 위해 직장을 이직한다. 이 때 기업의 입장에서는 숙련 노동자들의 이직률이 높아지면 많은 비용이 발생한다. 즉 새로운 노동자를 고용하고 교육 훈련을 시키는데 많은 비용이 들기 때문이다. 이와 같은 노동이직비용(turnover cost)을 최소화하기 위해서 기업은 시장에서 결정된 균형임금보다 높은 수준의 임금을 지급하여 노동자의 이직 유인을 감소시키려 한다는 것이다.

둘째, 높은 실질임금이 노동자의 태업을 방지함으로써 생산성을 높일 수 있다는 **태업방지모형**(slow-down shirking model)이다. 기업은 노동자의 작업 노력을 완전하게 감독할 수 없기 때문에 노동자는 근무를 태만히 할 유인을 갖는다. 이때 기업은 어떻게 하면 노동자의 태업을 방지할 수 있을까? 기업은 작업시간 내내 감시할 수 없기 때문에 태업이 적발된 노동자는 해고시키는 원칙을 정할 수 있다. 노동자의 입장에서 해고로 초래되는 손실은 바로 현재 받고 있는 임금이다. 따라서 현재 기업에서 높은 임금을 지급할수록 해고당할 때 노동자의 손실도 커진다. 그래서 기업이 시장균형수준보다 높은 실질임금을 지급한다면 노동자가 태업하지 않고 열심히 일하도록 하여 생산성을 증대시킬 수 있다. 결국 효율성 임금이 노동자의 도덕적 해이(moral hazard)를 방지하기 위한 유인체계로 작용한다고 본다.

셋째, 노동자의 생산성에 대한 정보가 비대칭적으로 존재할 때 효율성임금이 노동자의 평균적 자질을 높여줌으로써 생산성을 향상시킬 수 있다는 **역선택모형**(adverse selection model)이다. 노동자의 평균적인 자질은 기업이 지급하는 실질임금 수준에 의존한다고 본다. 만약 어떤 기업이 실질임금수준을 낮출 경우, 새로운 실질임금수준 이상의 자질을 지닌 노동자는 그 기업을 떠날 것이고, 다른 기업으로 옮길 수 없는 새로운 실질임금수준보다 낮은 자질을 가진 노동자만 해당 기업에 남게 되는 역선택현상이 발생한다. 따라서 정보의 비대칭성이 존재하는 경우 기업이 균형실질임금보다 높은 효율성 임금을 지급해야만 역선택을 방지하고 양질의 노동자를 확보하여 생산성을 증대시킬 수 있다는 것이다.

위의 세 가지 효율성임금모형이 시사하는 공통점은 다음과 같다. 기업이 노동자에게 높은 임금을 지급할 경우 노동자의 생산성이 높아지므로 노동시장에서 수요와 공급을 일치시키는 균형실질임금 수준보다 높은 실질임금을 유지하는 것이 이익이 된다는 점이다. 그래서 효율성임금은 균형실질임금보다 높은 수준에서 경직적으로 유지되고, 그 때문에 노동시장에서는 초과공급으로 인해 실업이 발생하게 된다는 점을 시사한다.

2) 내부자-외부자 모형

실질임금 경직성의 또 다른 원인은 **노동조합의 독점권**이다. 이를 설명하는 이론은 **내부자-외부자 모형**(insider-outsider model)이다. 여기서 **내부자**(insider)는 기업 내부의 취업자로 기업과 임금협상을 할 수 있는 노동자들을 말하며, **외부자**(outsider)는 취업하지 못하고 기업 외부에서 실업자로 남아 있는 노동자로서 기업과 임금협상을 할 자격이 없는 사람들을 말한다.

노동조합이 존재하는 기업의 경우 노동자들의 임금은 노동시장의 수요와 공급에 의해 결정되는 것이 아니라 노동조합과 기업 사이의 **단체교섭**(collective bargaining)에 의해 결정된다. 노동조합이 단체교섭을 통해 임금협상을 할 때 외부 노동자의 이해를 고려할 필요가 없기 때문에 균형임금보다 높은 실질임금을 기업에 요구할 것이다. 이때 기업은 더 낮은 임금으로도 취업하고자 원하는 외부자, 즉 실업자가 존재함에도 불구하고 실질임금을 낮게 책정하지 않고, 노동조합의 요구대로 내부자에게 균형임금보다 높은 실질임금을 지급한다. 기업이 노동조합이 요구하는 수준의 높은 실질임금을 지급하는 이유는 효율성 임금가설의 노동이직모형에서 설명하였던 노동이직비용을 고려하여 내부자와 고용관계를 계속 유지하는 것이 유리하기 때문이다.

결과적으로 기업들은 균형임금보다 높은 임금을 기준으로 얼마나 많은 노동자를 고용할 것인가를 결정한다. 이와 같이 실질임금이 균형실질임금보다 높아지면 〈그림 5-5〉에서와 같이 실업이 발생하게 된다. 이처럼 노동시장이 내부노동자와 외부노동자 사이에 분단되어 있는 경우, 외부자들은 내부자가 받는 실질임금보다 낮은 실질임금 수준에서도 일할 의사가 있음에도 불구하고 고용되지 못하기 때문에 노동시장의 불균형, 즉 실업은 지속된다.

5장 주요 개념

경기적 실업, 구조적 실업, 마찰적 실업, 계절적 실업, 자발적 실업, 비자발적 실업, 탐색모형, 실직률, 구직률, 자연실업률, 실질임금 경직성, 효율성 임금가설, 내부자-외부자 모형

5장 복습 문제

01 마찰적 실업과 구조적 실업의 차이는 무엇인가?

02 고전학파에서는 왜 비자발적 실업은 존재하지 않는다고 하는가?

03 노동시장이 균형상태에서도 실업이 발생하는 이유는 무엇인가?

04 탐색모형에 의하면 자연실업률은 무엇에 의해 결정되는가?

05 자연실업률에 영향을 주는 외부적 요인과 정부 정책은 어떤 것들이 있나?

06 한 경제 내에서 실업률을 0%로 만드는 것이 불가능한 이유는 무엇인가?

07 케인즈학파에서 노동시장의 불균형과 비자발적 실업이 존재한다고 주장하는 근거는 무엇인가?

08 노동시장에서 실질임금의 경직성이 존재하는 이유는 무엇인가?

PART

3

경제성장이론

제3편에서는 왜 실질 GDP가 증가하는지, 그리고 왜 국가별로 경제성장 속도가 다른지를 알아보기 위해서 경제성장의 요인과 동태적인 성장과정을 설명한다. 제6장에서는 솔로우 성장모형을 이용하여 자본축적과 경제성장의 관계를 설명하고, 제7장에서는 인구증가와 기술진보가 장기적으로 총생산과 경제성장에 어떤 영향을 미치는지 살펴본다.

CHAPTER

06

경제성장 I
: 자본축적

제6장에서는 솔로우 성장모형(Solow growth model)을 이용하여 자본축적이 경제성장에 미치는 영향을 살펴볼 것이다. 솔로우 성장모형의 핵심을 이해하기 위해 노동인구와 기술수준이 고정되어 있는 경제(인구증가와 기술진보가 없는 기본모형)를 가정한다.

제 1 절 솔로우 성장모형의 기초

1 생산물의 공급(총생산)과 생산함수

솔로우 성장모형의 기본 구성요소인 생산물의 총공급과 총수요에 대해 알아보고, 생산함수와 소비함수가 어떻게 자본축적을 결정하는지 살펴본다.

솔로우 성장모형에서는 한 국가경제의 총생산량(Y)이 두 가지 생산요소(즉, 자본과 노동)와 기술(technology)에 의해 결정되는 것으로 가정한다. 두 가지 생산요소와 기술 및 총생산의 관계를 **콥-더글러스**(Cobb-Douglas) **생산함수**를 이용하여 나타낸다.

$$Y = A \cdot F(K, L) \qquad (6.1)$$

여기서 Y는 **총생산량(즉 실질 GDP)**이고, A는 **기술수준**, K와 L은 자본량과 노동량을 나타내는 기호이다. 솔로우의 성장모형을 단순화하기 위해 우선 (6.1)식의 생산함수에서 기술수준(A)은 일정하다고 가정한다. 기술수준(A)을 상수로 처리하여 생략하고 다음과 같은 생산함수를 이용한다.[1]

$$Y = F(K, L)$$

솔로우 성장모형에서 이용하는 콥-더글러스 생산함수는 몇 가지 특성을 갖는다. 첫째, 생산함수가 **규모에 대한 수익 불변**(constant returns to scale)의 특성을 갖는다. 이런 특성을 갖는 생산함수를 **1차 동차생산함수**라고 부른다. 규모에 대한 수익 불변인 1차 동차생산함수인 경우, 생산요소인 자본과 노동의 투입량을 각각 λ배만큼 증가시키면 생산량도 λ배만큼만 증가하는 특성을 갖는다. 이를 수식으로 표현하면 다음과 같다.

$$\lambda Y = F(\lambda K, \lambda L) \qquad (6.2)$$

1) 7장에서 기술수준이 변하는 경우, 즉 기술진보를 모형에 포함하여 분석하도록 한다.

규모에 대한 수익 불변의 특성을 이용하면 생산함수를 1인당 생산량과 1인당 자본량의 관계로 나타낼 수 있다. (6.2)식에 $\lambda=1/L$을 대입하면 다음과 같이 변한다.

$$Y/L = F(K/L, 1) \qquad (6.3)$$

노동자 1인당 생산량(Y/L)은 y, 1인당 자본량(K/L)은 k로 표기하면, 1인당 생산량과 1인당 자본량 사이의 관계는 다음과 같은 **1인당 생산함수**로 변환할 수 있다.

$$y = f(k) \qquad (6.4)$$

(6.4)식의 1인당 생산함수에 의하면, 한 경제의 **1인당 생산량(y, 실질GDP)**은 전적으로 1인당 자본량(k)에 의해 결정된다. 1인당 자본량(k)이 증가하면 1인당 생산량(y)은 증가한다.

둘째, 콥-더글러스 생산함수는 생산요소의 **한계생산**(marginal product)이 **체감**하는 특성을 갖는다. 예컨대 생산함수에서 자본의 투입량을 1단위씩 추가적으로 증가시킬수록 그에 따른 추가적인 생산량의 증가분(즉 자본의 한계생산, MP_K)이 점점 줄어들게 된다는 것이다.

〈그림 6-1〉은 1인당 생산함수 y=f(k)를 그림으로 나타낸 것이다. 1인당 생산함수의 기울기는 **자본의 한계생산**(MP_K)을 의미한다. 1인당 자본량(k)이 증가함에 따라 생산함수 기울기는 점점 완만해진다. 이것은 자본의 한계생산(MP_K)이 체감하기 때문이다. 왜냐하면 k_1처럼

그림 6-1 (1인당) 생산함수

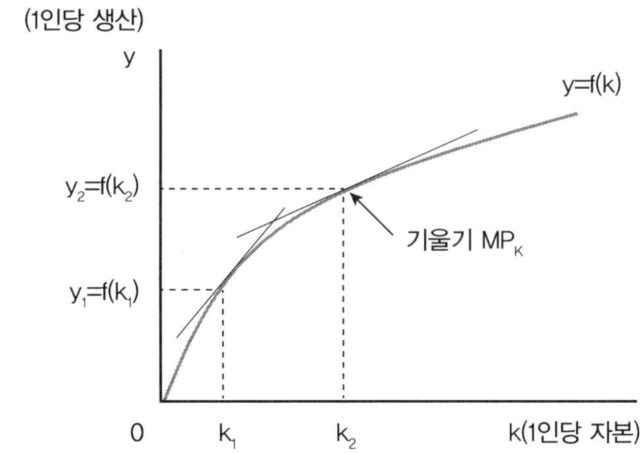

1인당 자본량(k)이 적은 경우, 노동자들이 상대적으로 적은 자본을 갖고 있어서 추가적으로 투입되는 자본 1단위가 매우 유용하므로 상대적으로 많은 생산량이 추가적으로 생산된다. 반면에 k_2처럼 1인당 자본량(k)이 많은 경우, 노동자들이 상대적으로 많은 자본을 갖고 있어서 자본 1단위가 추가적으로 투입되더라도 생산량은 상대적으로 적게 증대될 뿐이다.

2 생산물에 대한 수요(총수요)와 소비함수

솔로우 모형에서 생산물에 대한 총수요는 소비(C)와 투자(I)로만 구성된다. 즉 폐쇄경제를 전제로 하되 정부부문은 고려하지 않는다.

국민소득계정 항등식에 의하면 한 경제의 총생산(Y)과 총소득은 항상 같고, 총수요(C+I)와 항상 같다.

$$\text{총생산}(Y \equiv \text{총소득}) \equiv \text{총수요}(C + I)$$

위 국민소득계정 항등식을 1인당 생산량과 1인당 소비와 투자로 변환시키면, 1인당 생산량(y)이나 소득(y)도 1인당 소비(c)와 1인당 투자(i)의 합계와 같게 된다.

$$y \equiv c + i \qquad (6.5)$$

한편 솔로우 모형에서 저축률(s)은 일정하다고 가정한다. 사람들이 매년 소득(y)의 일정한 부분(즉 sy)만큼 저축하고, 나머지 부분 (1−s)y는 소비한다. 이 경우 **1인당 소비함수**(consumption function)는 다음과 같이 나타낼 수 있다.

$$c = (1-s)y \qquad (6.6)$$

여기서 저축률 s는 0과 1 사이의 값을 갖는다. 당분간 분석모형을 단순화하기 위해 저축률(s)은 외생적으로 일정하게 주어져 있다고 간주한다.

저축과 투자의 관계를 알아보기 위해 (6.5)식의 국민소득계정 항등식에서 c대신 (6.6)식의 소비함수 (1−s)y를 대입하고 정리하면 다음과 같이 된다.

$$y \equiv (1-s)y + i \quad \Rightarrow \quad i \equiv sy \qquad (6.7)$$

(6.7)식은 저축과 투자의 관계를 나타내는 식이다. (6.7)식에 의하면 **1인당 투자(i)는 1인당 저축(sy)과 항상 같다**. 그렇기 때문에 저축률(s)은 투자(i)로 배분되는 생산량(즉 소득, y)의 비율을 나타낸다.

지금까지 솔로우 모형의 두 가지 구성요소, 즉 일정시점에서의 경제를 나타내는 생산함수와 소비함수를 살펴보았다. 한 경제에서 1인당 자본량(k)이 주어지면 생산함수 y=f(k)에 의해 1인당 생산량(y)이 결정되고, 그리고 생산량(y)은 저축률(s)에 의해 소비(c)와 투자(i)로 배분되는 비율이 결정된다.

〈그림 6-2〉는 주어진 자본량(k)에 대해 생산량(y)이 생산함수 y=f(k)에 의해 어떻게 결정되고, 생산량(y)이 저축률(s)에 의해 소비(c)와 투자(i) 사이에 어떻게 배분되는지 보여주고 있다. 1인당 자본량이 k_1으로 주어지면 생산량은 $y_1=f(k_1)$가 되고, 투자는 $i_1=sf(k_1)$가 되고, 소비는 (y_1-i_1)가 된다.

그림 6-2 생산, 소비, 투자의 관계

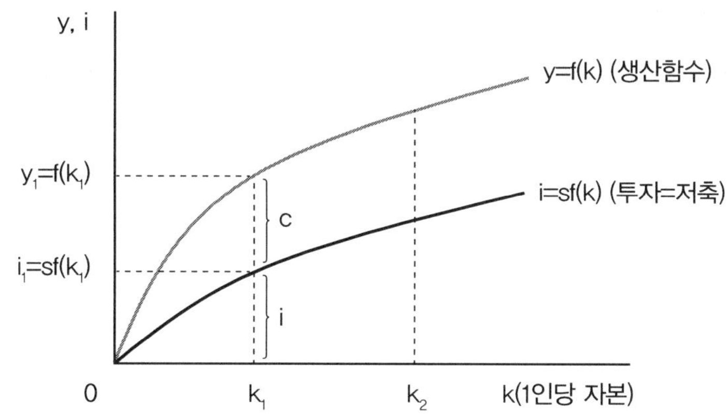

제 2 절 자본축적과 균제상태

1 자본축적 : 솔로우 기본방정식

1) 투자와 감가상각

한 경제의 인구는 일정하다고 가정하고, 인구증가가 없는 경우의 자본축적 기본방정식을 도출하고자 한다. 솔로우 모형에서는 한 경제의 자본량(k)이 생산량(y)을 결정하는 주요한 요소가 된다. 한 경제의 자본량은 시간이 경과함에 따라 변화하고, 이러한 자본량의 변화가 생산량의 변화(즉 경제성장)로 이어진다. (6.4)식의 생산함수 y=f(k)에 따르면 생산량의 증가율(즉 경제성장률)은 자본량(k)의 증가율에 의존한다. 따라서 자본량(k)이 시간의 경과에 따라 어떻게 변하는지를 알아볼 필요가 있다.

한 경제에서 **자본량의 변화는 투자와 감가상각**에 의해 영향을 받는다. **투자**(investment; i)는 새로운 공장과 설비에 대한 지출을 의미하며 자본량을 증대시킨다. 반면에 **감가상각**(depreciation)은 기존 자본재의 마모를 나타내며 그만큼 자본량을 감소시킨다.

(6.7)식에서 살펴본바와 같이 **투자(i)**는 저축(sy)과 항상 같다. (6.7)식에서 y 대신에 생산함수 f(k)를 대입하면 **1인당 투자(i)**는 1인당 자본량의 함수로 다음과 같이 나타낼 수 있다.

$$i = s \cdot f(k) \qquad (6.8)$$

이 식은 현재의 자본량 k와 새로운 자본축적인 투자(i)를 연계시키고 있다.

한편 기존의 자본량은 매년 일정부분 마모되어 소멸된다. 그래서 기존 자본량은 매년 일정한 비율(즉 **감가상각률**, δ)만큼 마모되어 소멸된다고 가정한다. 그런데 자본의 감가상각률(δ)은 일정하다고 가정한다. 예를 들어 자본을 평균 20년 동안 사용할 수 있다면 감가상각률은 매년 5% (δ=0.05)가 되고, 매년 일정한 비율, 즉 5%씩 마모되거나 닳아서 못쓰게 된다는 것이다. 따라서 매년 감가상각되는 자본량의 크기(즉 감가상각분)는 **δk**가 된다. 〈그림 6-3〉은 감가상각이 자본량에 어떻게 의존하는지를 보여준다. 자본의 감가상각률(δ)이 일정하기 때문에 감가상각되는 자본량(즉 δk)은 자본량의 크기에 비례한다.

그림 6-3 감가상각

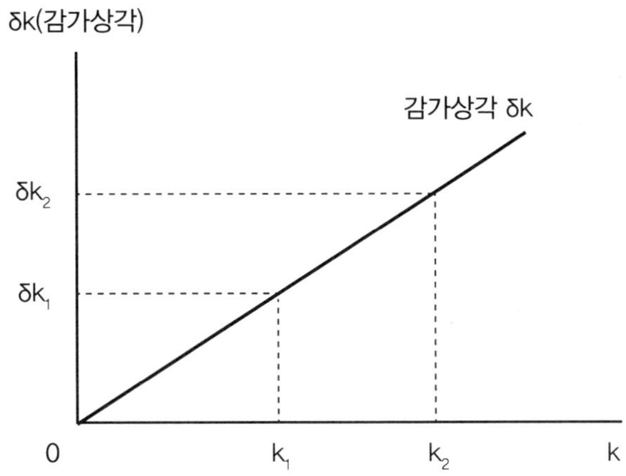

2) 자본축적식 : 솔로우 기본방정식

투자와 감가상각 및 자본량의 변화는 다음과 같은 관계식으로 나타낼 수 있다.

$$\Delta k = i - \delta k \qquad (6.9)$$

결국 (1인당) 자본량의 변화(Δk)는 투자량(i)에서 감가상각분(δk)을 뺀 값과 같다. 여기서 Δk는 두 연도 사이의 자본량의 변화분(즉, 자본축적)을 의미한다. 투자(i)는 (6.8)식에서 저축 sf(k)와 같으므로 이것을 (6.9)식에 대입하여 정리하면, 자본량의 변화, 즉 **자본축적**(accumulation of capital)은 다음과 같은 관계식으로 표현된다.

$$\Delta k = sf(k) - \delta k \qquad (6.10)$$ **(솔로우 기본방정식 = 자본축적식)**

(6.10)식은 인구에 변화가 없는 경제(인구증가율=0)의 자본축적식이 된다. 위 식에서 우변의 첫째 항은 1인당 투자와 저축을 나타내고, 두 번째 항은 감가상각을 나타낸다. 감가상각은 다른 한편으로 자본량을 일정하게 유지하기 위해서 필요한 최소한의 투자를 의미하기도 한다. 위 식에 따르면 1인당 투자가 감가상각(즉 자본량을 일정하게 유지하는데 필요한 최소한의 투자규모)보다 많아야 1인당 자본량이 증가하게 된다.

위 (6.10)식의 자본축적식에 의하면 다음과 같은 관계가 성립한다.

> $sf(k) > \delta k$이면 $\Delta k>0$으로 k는 증가
> $sf(k) = \delta k$이면 $\Delta k=0$으로 k는 일정 불변
> $sf(k) < \delta k$이면 $\Delta k<0$으로 k는 감소

2 균제상태와 자본축적의 균형경로

1) 균제상태

자본량(k)이 변화할 때 자본축적(Δk)이 어떻게 달라지는지를 그림으로 알아볼 수 있다. 〈그림 6–4〉는 1인당 자본량(k)에 대한 투자(i)와 감가상각(δk)의 관계를 그림으로 나타낸 것이다. 그림에서 보면 각각의 주어진 자본량(k_1, k^*, k_2)수준에서 투자량 sf(k)와 감가상각(δk)의 차이가 자본량의 변화(Δk)를 가져온다는 것을 보여준다. 자본량이 증가할수록($k_1 \rightarrow k^* \rightarrow k_2$), 투자(=저축)량이 증가하지만, 감가상각 δk도 역시 증가한다.

〈그림 6–4〉에서 보면 자본량 k^*에서 투자량과 감가상각이 같아진다. 한 경제가 k^*의 자본량을 갖고 있는 경우, 투자량과 감가상각이 똑같아지기 때문에 자본량은 시간이 경과하더라도 변하지 않는다. 자본량 k^*에서 자본량의 변화가 없으므로(즉 $\Delta k=0$) 1인당 생산량도 $y^*= f(k^*)$수준에서 일정하며, 1인당 저축과 투자도 sy^*로 일정하다. 이처럼 자본량의 변화가 없는 경우(즉 $\Delta k=0$), 자본량, 생산량, 저축과 투자 등 모든 변수들이 시간이 경과하더라도 성장하거나 축소되지 않고 일정한 수준에서 안정적이게 된다. 이와 같이 투자량과 감가상각이 일치되어 자본축적이 더 이상 이루어지지 않아서 한 경제의 자본량, 생산량, 저축과 투자 등이 일정한 수준에서 안정되어 변화하지 않는 상태를 **균제상태**(steady–state)라 부른다. 그리고 균제상태에서의 자본량인 k^*를 **균제상태 자본수준**(capital leve of steady–state)이라고 부른다.

2) 자본축적의 균형경로

솔로우 모형에서는 초기의 자본량 수준에 관계없이 경제는 최종적으로 균제상태에 도달하게 된다. 균제상태에 있는 경제는 그 상태를 유지할 것이며, 균제상태에 있지 않은 경제

그림 6-4 균제상태와 자본축적의 균형경로

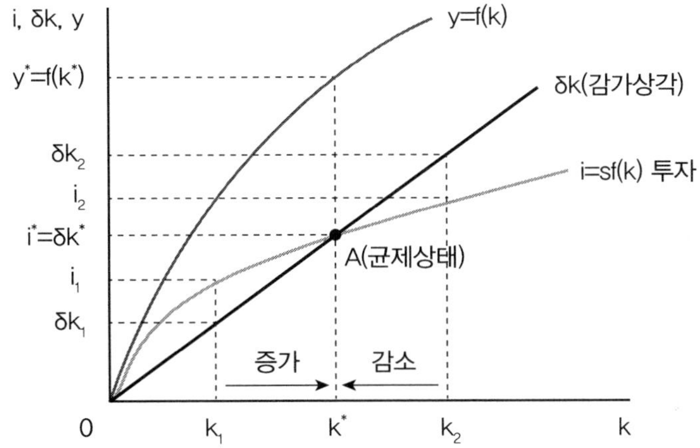

는 결국에는 균제상태로 이동할 것이다. 이런 의미에서 균제상태는 **경제의 장기균형**을 의미한다.

한 경제가 언제나 균제상태에 도달하게 되는 이유를 알아보자. 〈그림 6-4〉는 한 경제가 균제상태에 이르는 동태적 경로를 보여준다. 투자함수를 나타내는 곡선 sf(k)와 감가상각을 나타내는 직선 δk가 만나는 A점에서 바로 **균제상태**의 조건이 충족된다. 한 경제의 현재 자본량이 〈그림 6-4〉에서의 k_1처럼 균제상태의 자본량 k^*보다 적은 수준이라고 생각해보자. 이 경우 투자 sf(k)가 감가상각 δk를 초과하게 되어 $\Delta k>0$이 된다. 그러므로 자본축적으로 인해 1인당 자본량은 k^*에 도달할 때까지 계속 증가하게 된다.

반대로 현재의 1인당 자본량이 k_2와 같이 균제상태의 1인당 자본량 k^*보다 많은 경우라면, 투자(i_2)는 감가상각(δk_2)에도 미치지 못한다. 이 경우 감가상각이 투자를 초과하게 되어 $\Delta k<0$이 된다. 그러므로 자본량이 감소하게 되며, 1인당 자본량은 k^*에 도달할 때까지 계속 감소하게 된다.

결국 k^*수준에서 투자와 감가상각이 같아지고 자본량은 더 이상 변화하지 않게 된다. 따라서 자본량이 오직 k^*수준인 경우에만 균제상태를 달성할 수 있다. 그리고 일단 자본량이 균제상태 수준(k^*)에 도달하면 투자는 감가상각과 일치하게 되므로 자본량의 변화분(Δk)은 0이 된다. 균제상태에서는 자본량이 증가하지도 감소하지도 않는다. 따라서 한 경제의 자본량은 균제상태 수준에서 일정하게 유지되기 때문에 경제의 균제상태는 안정적이라고 할 수 있다.

제 3 절 저축과 경제성장

1 저축률 상승과 경제성장

1) 저축률과 자본량의 관계

앞서 자본량이 경제성장에 있어서 중요한 역할을 한다는 것을 확인하였다. 그렇다면 저축률을 높여 자본을 많이 축적하면 성장률이 높아질까? 우선 저축률이 높아지면 균제상태의 1인당 자본량과 생산량도 증가하게 된다. 다른 조건이 일정할 때 저축을 통해 경제 내의 자본량이 많아지면 1인당 자본량이 많아지게 된다.

이제 〈그림 6-5〉를 이용하여 저축률과 자본량의 관계에 대해 알아보자. 한 국가경제가 현재 저축률이 s_1, 자본량이 k_1^*인 초기 균제상태에 있다고 가정하자. 저축률이 s_1에서 s_2로 상승하면 투자를 나타내는 sf(k)곡선이 $s_1f(k)$에서 $s_2f(k)$로 위쪽으로 이동하게 된다. 저축률이 상승하면 투자는 증가하지만, 감가상각은 변화하지 않는다. 따라서 저축률 상승으로 인해 투자가 감가상각을 초과하게 되어 $\Delta k>0$이 된다. 이 경우 자본이 축적되므로 자본량(k)은 이전의 균제상태 k_1^*보다 더 높은 새로운 균제상태 k_2^*에 도달할 때까지 계속 증가하게 된다. 저축률을 s_1에서 s_2로 높일 경우 균제상태의 자본량은 k_1^*에서 k_2^*로 증가한다.

솔로우 모형에서 저축률은 균제상태의 자본량을 결정하는 가장 중요한 요인이다. 저축률(s)이 높아지면 자본량(k)이 증가하고, 저축률이 낮아지면 자본량이 작아진다.

2) 저축률과 경제성장률 관계

솔로우 모형에서 **저축률과 경제성장(소득 또는 생산량)은 어떤 관계일까?** 저축률(s)이 높으

그림 6–5 저축률 상승과 경제성장

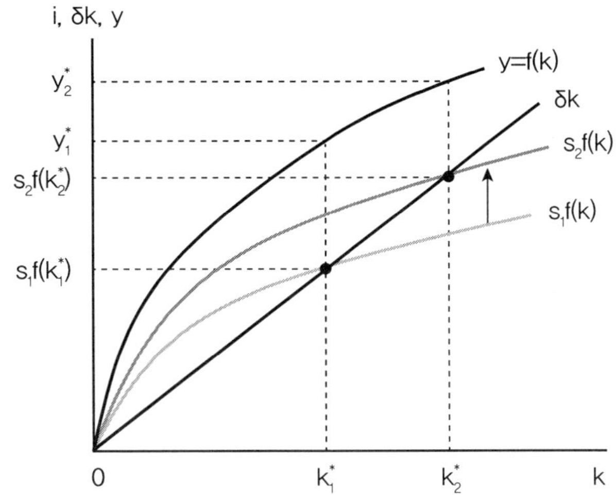

면 자본량(k)이 커지므로 이로 인해 생산량 y=f(k) 수준을 높게 유지할 수 있고, 반면에 저축률이 낮으면 자본량이 작아지므로 이로 인해 생산량 수준을 낮게 유지할 수밖에 없다. 따라서 솔로우 모형에 따르면 다른 조건이 같을 때 저축률이 높은 나라일수록 균제상태의 1인당 자본량이 많아지고 더 높은 경제성장(생산량과 소득의 증가)으로 이어진다.

〈그림 6–5〉에서 저축률이 s_1에서 s_2로 상승하면 균제상태의 자본량이 k_1^*에서 k_2^*로 증가하게 되어 생산량(또는 소득)도 $y_2^*=f(k_2^*)$로 증가한다. 즉 생산량(또는 소득)과 저축률 사이에 양(+)의 상관관계를 가지고 있다. 한편 저축률은 투자율과 동일하므로 1인당 산출량(또는 소득)과 저축률 사이의 양(+)의 상관관계는 1인당 생산량(또는 소득)과 투자율 사이의 양(+)의 상관관계를 의미한다.

한편 솔로우 모형에서 높은 저축률은 경제성장률(즉 생산량의 증가율)을 높이지만, 이는 단지 일시적일 뿐이다. 저축률의 상승이 1인당 생산량의 증가율을 높이는 것은 경제가 새로운 균제상태(steady–state)에 도달할 때까지만 가능하다.

1인당 산출량(y)의 증가율로 정의된 경제성장률은 새로운 균제상태(또는 균형성장경로)에 도달할 때까지만 양(+)의 값을 가질 뿐이고, 새로운 균제상태에 도달하면 결국 0이 된다. 따라서 솔로우 모형에서 저축률의 상승으로 인한 1인당 생산량의 증가(즉 경제성장) 역시 균제상태에 이르는 과정에서 나타나는 일시적 현상일 뿐이다. 아무리 저축률을 높여도 결국 경제는 균제상태(steady-state)에 도달하게 되고, 그리고 균제상태에서는 저축률이 높거나 낮거나에 상관없이 자본량(k)과 산출량(y)의 증가율은 0이 된다. 결과적으로 균제상태에서 1인당 산출량의 증가율로 정의된 경제성장률은 0으로 수렴하게 된다. 즉 저축률을 높일 경우 일시적으로 그 시기의 자본량(k)과 산출량(y)은 높은 수준으로 이동할 수 있지만, 균제상태의 성장률은 높이지는 못한다. 그러므로 저축률을 높여도 경제가 결국에는 균제상태에 도달하는 것은 피할 수 없다.[2)]

결론적으로 한 국가경제가 높은 저축률을 유지할 경우, 자본량과 생산량을 높은 수준에서 유지할 수는 있으나, 계속해서 높은 경제성장률을 유지할 수는 없다.

2 자본축적의 황금률

1) 자본축적의 황금률

지금까지 솔로우 모형을 이용하여 한 국가경제의 저축률과 투자률이 어떻게 자본량과 성장률에 영향을 미치는지 살펴보았다. 한 국가경제의 저축률이 높을수록 자본량과 생산량(소득)이 더 많아진다는 것이다. 앞서의 분석에 따르면 저축률이 높을수록 더 좋은 것으로 추론할 수 있다. 그렇다면 저축률을 가능한 최대 수준까지 높이는 것이 좋지 않을까? 한 국가경제의 저축률이 100%인 경우를 생각해보자. 이 경우 최대의 자본량과 생산량(소득)을 달성할 수 있게 된다. 소득이 높을수록 좋다고 생각할 수 있지만, 소득을 벌어들이는 경제활동의 궁극적인 목적은 소득 그 자체보다는 소득을 가지고 소비를 하는 것이다. 또한 저축만으로는 개인의 효용을 극대화할 수 없다. 왜냐하면 효용은 소득을 벌어서 축적하는 행위 그 자체에서 오는 것이 아니라, 효용은 소비로부터 얻기 때문이다. 그러므로 모든 소득을 저축하고 전혀 소비가 전혀 이루어지지 않는 것은 개인적으로 바람직한 행태는 아니다.

그렇다면 모든 사람들이 만족하는 **최적의 자본축적을 가져오는 저축률 수준은 얼마일까?**

---

2) 총자본량과 **총생산량(Y)의 증가율로 정의된 국가경제의 균제상태 경제성장률**은 외생적으로 주어진 인구증가율(n)과 같게 된다. 장기적으로는 자본축적에 따라 1인당 산출량이 아닌 국가경제 전체 총생산량의 증가율로 정의된 균제상태의 성장률은 인구증가율(n)로 수렴하게 된다. 인구증가와 경제성장 간의 관계에 대해서는 7장에서 살펴볼 것이다.

이제 '자본축적의 황금률'이라는 개념을 이용하여 최적의 저축률과 자본량에 대해 알아보기로 하자.

자본축적의 황금률(golden rule of capital accumulation)이란 모든 사람이 만족하는 최적의 자본축적상태인데, 균제상태에서 1인당 소비를 극대화하는 상태를 말한다. 최적의 자본축적 상태에서는 자본량 또는 생산량이 더 많을수록 좋은 것이 아니라, 소비수준이 극대화되어야 한다는 것이다. 균제상태에서 1인당 소비를 극대화하는 자본량(k)의 값을 **자본의 황금률수준**(golden rule of capital level)이라 한다.

균제상태에 도달하면 1인당 생산량(소득)의 변화는 없게 된다. 그렇다면 균제상태에 도달했을 때 어떤 조건이 만족되어야 자본의 황금률수준이라고 할 수 있을까?

2) 자본축적의 황금률 조건

(1) 소비와 자본량의 관계

균제상태에서 소비를 극대화하는 자본축적의 황금률이 성립하기 위한 조건은 무엇인가? 먼저 균제상태에서 1인당 소비수준이 어떻게 결정되는지를 살펴보자. 균제상태에서 1인당 소비(c^*)는 소득(y^*)에서 저축(sy^*)을 뺀 값으로 결정된다.

$$c^* = y^* - sy^* \qquad (6.11)$$

한편 균제상태에서는 자본량이 변화하지 않으므로(즉 $\Delta k=0$), 투자(=저축)와 감가상각은 똑같다(즉 $sy^*=\delta k^*$). 그래서 소득 y^*대신에 생산함수 $f(k^*)$, 그리고 저축 sy^*대신에 감가상각 δk^*를 각각 대입하면 **균제상태의 소비**(c^*)는 다음과 같이 $f(k^*)$와 $\delta(k^*)$의 차이에 의해 결정된다.

$$c^* = f(k^*) - \delta k^* \qquad (6.12)$$

(6.12)식에 의하면 균제상태의 소비는 생산량에서 감가상각을 뺀 차이이다. 또한 이 식은 균제상태의 자본량(k^*)이 증가하면 소비에 두 가지 상반되는 영향을 준다는 점을 보여준다. 즉 자본량(k^*)이 증가하면, 한편으로는 생산량 $f(k^*)$가 증가하지만, 다른 한편으로는 마모되어 소멸되는 감가상각(δk^*)도 커지게 된다.

그림 6-6 자본축적의 황금률 수준 결정

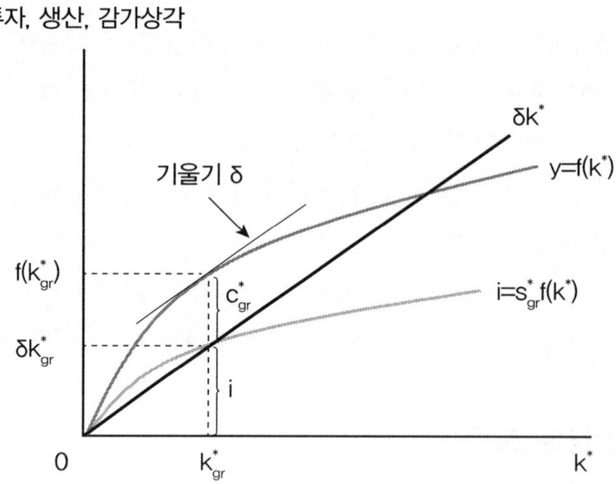

(2) 자본축적의 황금률 조건

(6.11)식에 의하면 저축률(s)을 조정하면 균제상태에서의 소비수준(c*)은 저축률에 따라 달라진다. 그렇다면 저축률(s)을 어떻게 변화시켜야 균제상태에서 소비가 극대화되고, 자본축적의 황금률이 성립할까?

〈그림 6-6〉은 자본량이 황금률수준에 도달하도록 저축률이 설정된 경우의 균제상태를 나타낸다. 균제상태는 $sf(k^*)$곡선과 δk^*선이 만나는 점으로 표현된다. 따라서 균제상태에서의 소비수준은 그림에서 $f(k^*)$와 δk^*의 차이와 같다. 따라서 그림에서 소비수준이 극대화되는 것은 $f(k^*)$와 δk^* 사이의 수직거리가 가장 멀 때이다. 직관적으로 δk^*선의 기울기와 $f(k^*)$선의 기울기가 같을 때 극대화된 소비수준, c^*_{gr}이 된다. 따라서 이렇게 소비수준을 극대화하는 균제상태의 자본량, 즉 k^*_{gr} 이 바로 황금률을 만족하는 자본량(**자본의 황금률수준**)이 된다. 또한 자본량을 황금률수준으로 만드는 저축률, 즉 s^*_{gr}이 바로 **저축률의 황금률수준**(golden rule level of savings rate)이 된다.

〈그림 6-6〉에서 만약 균제상태의 자본량이 k^*_{gr}보다 적은 경우($k^* < k^*_{gr}$), 저축률이 높아지면 자본량과 소비도 증가한다. 그러나 반대로 $k^* > k^*_{gr}$인 경우에는 저축률이 높아지면 자본량은 증가하지만, 소비는 오히려 감소한다. 따라서 균제상태에서 소비수준을 극대화하는 황금률

수준의 자본량 k_{gr}^*은 생산함수 f(k)의 기울기와 감가상각 δk^*의 기울기가 같아지는 수준에서 결정됨을 알 수 있다.

이제부터 자본량이 황금률(k_{gr}^*) 수준이 되기 위해 필요한 조건을 도출해보기로 하자. 생산함수 f(k)의 기울기는 바로 자본의 한계생산(MP_K)이고, δk^*의 기울기는 감가상각률(δ)이다. 그런데 두 선분의 기울기는 자본의 황금률수준에서 같아진다. 그러므로 황금률수준의 자본량 k_{gr}^* 은 다음의 균형조건을 충족하는 값으로 결정된다.

$$MP_K = \delta \qquad (6.13)$$

(6.13)식의 균형조건이 **자본축적의 황금률 조건**이다. 이처럼 자본의 황금률수준에서는 자본의 한계생산과 감가상각률이 같아진다. 다시 말해서 자본의 한계생산이 감가상각률과 같아지는 수준에서 1인당 소비가 극대화된다.[3)]

성장과 분배 : 솔로우 모형과 피케티의 「21세기 자본」

솔로우 모형에서 분배문제는 어떻게 다루고 있는가? 솔로우 모형에서 '소득분배'는 중요한 주제가 아니다. 왜냐하면, 솔로우 모형의 기본가정과 전제에 의해 노동과 자본사이의 분배율은 항상 일정하고, 각 생산요소는 그것이 총생산에 한계적으로 기여한 만큼 분배받으므로 공평한 분배라는 암묵적 함의를 가지고 있기 때문이다. 구체적으로 제6장 1절에서 설명한 바와 같이 솔로우 모형에서는 자본과 노동으로 이루어진 콥-더글러스 생산함수를 이용한다. 그런데 콥-더글러스 생산함수는 규모에 대한 수익이 불변인 특성을 갖는 1차 동차 생산함수이면서, 또한 생산요소의 한계생산이 체감하는 특성을 갖는다.

그리고 솔로우 모형에서도 고전학파의 기본전제인 자원의 완전고용을 가정한다. 즉 노동은 언제나 완전히 고용되고, 저축도 언제나 완전히 투자된다고 가정한다.

3) 한 경제의 인구 증가가 n%라고 하면 자본의 황금률 수준 조건은 $MP_K=(n+\delta)$가 된다.

그래서 제7장 제1절에서 설명하는 바와 같이 인구 증가를 고려하더라도 장기적으로 경제가 균제상태에 도달하게 되면, (7.2)식의 자본축적이 더 이상 이루어지지 않기 때문에 자본량과 생산량의 증가(즉 경제성장)는 0이 된다는 결론을 도출한 바 있다.

한편 한계생산력설에 의하면 솔로우 모형에서 이용한 1차 동차 생산함수의 특성으로 인해, 자본의 한계생산(MP_K)과 노동의 한계생산(MP_L)은 각각 자본수익률(r)과 실질임금(w)과 같게 된다. 즉 각 생산요소는 그것이 한계적으로 총생산에 기여한 몫만큼 분배를 받게 된다. 이 때 자본수익률(r)에 비해 임금이 상대적으로 더 올라가면, 즉 노동의 가격이 자본에 비해 상대적으로 비싸지면, 대체탄력성이 1보다 큰 경우에는 자본이 노동을 대체하게 되어 1인당 자본(즉 자본장비율, k)이 커지므로 자본/소득(k/y) 비율도 올라간다. 그 결과 자본수익률이 하락하는데, 자본/소득 비율의 상승 크기가 자본수익률의 하락 크기를 상쇄하고도 남아서 결국은 자본소득 분배율이 올라가게 된다. 하지만, 솔로우 모형에서 전제하는 콥-더글라스 생산함수에서는 대체탄력성이 1이기 때문에 자본과 노동의 사용량에 변화가 없다. 따라서 노동과 자본사이의 분배율도 역시 항상 변하지 않고 일정하다는 의미이다.

그런데 프랑스 경제학자 피케티(T. Picketty)는 「21세기 자본」에서 자본소득 분배율을 근거로 솔로우 성장모형의 결론과는 전혀 다른 주장을 하고 있다. 피케티는 자본주의의 제1 기본법칙(First Fundamental Law of Capitalism)과 제2 기본법칙을 이용하여 자본소득 분배율이 더 커지고 있다고 주장한다. 그의 주장을 핵심만 요약하면 다음과 같다.

피케티의 자본주의 제1 기본법칙을 나타내는 식은 다음과 같다.

$$\alpha = r \times \beta \qquad (1)$$

여기서 α는 자본소득 분배율이며 r은 자본수익률, β는 자본/소득(k/y) 비율이다. 국민소득에서 자본이 차지하는 비중(k/y)과 자본수익률(r)을 곱하면 자본소득 분배율(α)이 된다는 뜻이다.

한편 소득분배의 불평등을 심화시키는 근본원인으로 제시하고 있는 자본주의 제2 기본법칙을 나타내는 식은 다음과 같다.

$$\beta = s/g \quad (2)$$

여기서 s는 저축률이고 g는 경제성장률이다. 자본/소득 비율인 β가 저축률(s)을 경제성장률(g)로 나눈 값과 같다는 뜻이다. 그런데 이것은 솔로우 성장모형에서 장기적인 균제상태의 성장조건인 g = s/β를 변형한 것이다. 솔로우 모형에서 한 국가의 균제상태 경제성장률(g)은 인구증가율(n)과 항상 같기 때문에 g = s/β가 성립한다. (1)식에 (2)식을 대입하면 다음과 같이 된다.

$$\alpha = r \times \beta = r \times s/g \quad (3)$$

이때 s가 일정하다면 α의 값은 r과 g의 값 중 어느 쪽이 큰가에 따라 증가 혹은 감소한다. 즉 자본수익률(r)이 경제성장률(g)보다 크면 자본소득 분배율(α)은 높아질 것이고, 반대의 경우 α는 낮아진다. 피케티는 21세기에는 인구증가가 정체되고 기술진보에도 한계가 있어 경제성장률(g)의 값이 낮아질 가능성이 크고, s는 일정하다고 하면 β값은 커질 수밖에 없다고 보았다. 따라서 β가 커지면, α(자본소득 분배율)도 계속 커지기 때문에 자본이 자본을 낳는 소위 '세습 자본주의'(patrimonial capitalism)가 도래할 것으로 전망하고 있다. 이러한 암울한 전망에 대해 피케티는 두 가지 해법을 제시하고 있는데, 소득불균형의 완화를 위한 누진적인 소득세율 인상과 국제적인 차원에서 세계 자본세(global capital tax) 도입이다.

참고자료

– 피케티(역 장경덕 외), 『21세기 자본』, 글항아리, 2013
– 이정우, "피케티현상, 어떻게 볼 것인가", 『21세기 자본』 별책 부록, 글항아리, 2013
– 안재욱, 현진권 편저, 『피케티의 21세기 자본 바로 읽기』, 백년동안, 2014 등

6장 주요 개념

솔로우 성장모형, 콥–더글러스 생산함수, 1차 동차생산함수, 자본의 한계생산, 투자, 감가상각, 자본축적, 균제상태, 자본축적의 황금률, 자본의 황금률수준

6장 복습 문제

01 솔로우 성장모형에서 이용하는 콥–더글러스 생산함수의 특성은 무엇인가?

02 솔로우 모형에서 생산량이 생산함수에 의해 어떻게 결정되는가?

03 생산량(소득)은 저축률에 의해 소비(c)와 투자(i) 사이에 어떻게 배분되는가?

04 인구 변화가 없는 경제에서 솔로우의 자본축적식은 무엇을 시사하는가?

05 경제는 초기 자본량 수준에 관계없이 최종적으로 균제상태에 도달하게 되는 이유는 무엇인가?

06 솔로우 모형에서 저축률은 경제성장에 어떤 영향을 미치는가?

07 균제상태에서 자본축적의 황금률이 성립하기 위한 조건은 무엇인가?

CHAPTER

07

경제성장 II : 인구증가와 기술진보

솔로우 기본모형에 의하면 자본축적 자체만으로는 지속적인 경제성장을 설명할 수 없다. 제7장에서는 많은 나라에서 경험하고 있는 지속적인 경제성장을 이해하기 위해 솔로우 기본모형에 인구증가와 기술진보와 같은 성장요인을 포함시켜 설명한다.

제1절 인구증가와 경제성장

1 인구증가와 자본축적

1) 인구증가와 자본축적

인구증가는 경제의 자본축적과 경제성장에 어떤 영향을 미칠까? 인구증가가 자본량의 변화와 경제성장에 미치는 영향에 대해 살펴보자.

한 경제의 인구가 매년 n%씩 증가한다고 가정하면, 투자와 감가상각 및 자본량의 변화의 관계를 나타내는 제6장 (6.10)식의 자본축적식은 (7.1)식과 같이 변환된다. 여기서 k는 1인당 자본량이고, s는 저축률이며, f(k)는 생산함수로서 1인당 생산량(y)이며, δ는 자본의 감가상각률, n은 인구증가율을 나타낸다.

$$\Delta k = i - (n+\delta)k \qquad (7.1)$$

제6장에서 살펴본 바와 같이 투자는 항상 저축과 같으므로 i=sf(k)를 위 식에 대입하면, **인구증가를 고려한 자본축적식**은 다음과 같이 된다.

$$\Delta k = sf(k) - (n+\delta)k \qquad (7.2)$$

(7.2)식은 투자, 감가상각, 인구증가가 1인당 자본량의 변화에 미치는 영향을 나타내고 있다. 6장에서 이미 살펴본 바와 같이 한 경제에서 저축과 투자(i)는 자본량을 증가시키지만, 감가상각은 자본량을 감소시킨다. 그리고 인구가 증가하게 되면 1인당 제공되는 자본량이 줄어들기 때문에 1인당 자본량인 k는 감소하게 된다. 따라서 **(n+δ)k**는 1인당 자본량을 일정하게 유지하기 위하여 필요한 자본이라고 할 수 있다. **δk**는 기존 자본의 감가상각분이고, **nk**는 인구증가로 유입된 새로운 노동력에 제공하기 위해 필요한 자본량이 된다.

인구증가율(n)을 포함한 (7.2)식의 자본축적식에 따르면, 자본량의 변화(Δk, 자본축적)는 저축과 투자를 통해 축적된 자본량인 sf(k)에서 감가상각되는 자본량 δk와 새로운 인구에게 배분해 주는 자본량 nk를 빼주는 것과 같다.

그림 7-1 인구증가와 자본축적 : 솔로우 모형

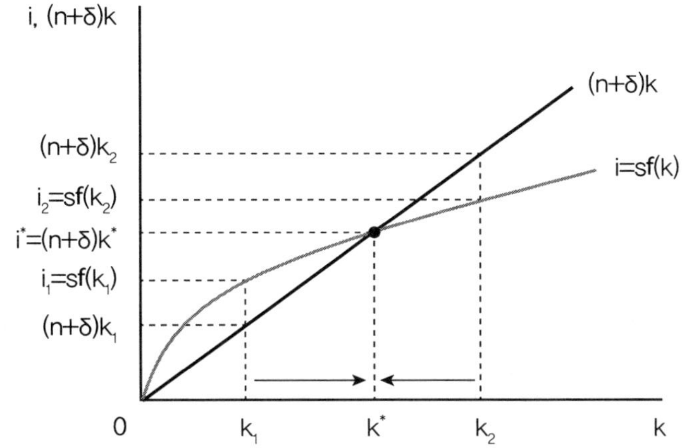

그런데 저축과 투자를 통해 축적된 자본량 sf(k)에서 감가상각되는 자본량(δk)뿐만 아니라 새로운 인구에게 배분해야 할 자본량(nk)을 추가적으로 빼주는 이유는 무엇일까? 그 이유는 인구가 증가하는 경우 경제 내의 1인당 자본량을 유지하기 위해서 새로운 인구에게 배분할 자본이 필요해지기 때문이다. 따라서 인구가 증가하는 경우에는 감가상각되는 자본량과 새로운 인구에게 분배해야 할 자본량의 합계인 (n+δ)k보다 축적되는 저축량이 많아야 1인당 자본량은 증가한다. 결국 인구증가를 고려한 솔로우 모형인 (7.2)식의 자본축적식에 의하면 다음과 같은 관계가 성립한다.

sf(k) > (n+δ)k이면 Δk>0으로 k는 증가
sf(k) = (n+δ)k이면 Δk=0으로 k는 일정 불변
sf(k) < (n+δ)k이면 Δk<0으로 k는 감소

2) 인구증가를 고려한 균제상태

이제 한 경제에 인구가 증가하는 경우 구체적으로 자본량(k)의 변화가 어떻게 일어나는지 살펴보자. 〈그림 7-1〉은 솔로우 기본모형을 확장하여 인구증가의 효과를 포함하여 나타낸

것이다. 한 경제의 균제상태에서 자본량은 k^*이지만, 현재 1인당 자본량이 k^*보다 적은 경우와 많은 경우를 생각해보자.

먼저 초기 1인당 자본량이 k_1수준으로 시작한 경제에서 자본량이 축적되어 가는 과정을 살펴보자. (7.2)식의 자본축적식을 통해 감가상각분과 인구증가분으로 배분되는 자본량 $(n+\delta)k$와 저축량 $sf(k)$의 차이가 자본량의 변화(Δk)를 가져온다는 것을 알 수 있다. 〈그림 7-1〉에서 k_1수준에서는 $sf(k_1)>(n+\delta)k_1$이므로 1인당 자본량의 변화가 0보다 더 크기 때문에(즉 $\Delta k>0$), 1인당 자본량은 점점 늘어날 수 밖에 없게 된다. 반면에 k_2수준에서는 $sf(k_2)<(n+\delta)k_2$이므로 1인당 자본량의 변화가 0보다 더 작기 때문에(즉 $\Delta k<0$), 1인당 자본량은 점점 줄어들게 된다. 따라서 1인당 자본량의 변화가 0이 되는 자본량인 k^*수준에 도달하면 경제 내의 1인당 자본량이 결정되고, 더 이상의 변화가 없게 된다. 1인당 자본량이 k^*수준에서 자본량의 변화가 없고 자본량이 일정해지는 경제의 균제상태(steady-state)가 된다. 경제의 균제상태에서는 새로운 투자로 인한 자본량의 증가(+)효과가 감가상각과 인구증가로 인한 자본량의 감소(−)효과에 의해 모두 상쇄된다. 즉 1인당 자본량이 k^*가 되면 $\Delta k=0$가 되고, $i^*=(n+\delta)k^*$가 된다. 따라서 인구가 증가하는 경우에도 **경제의 균제상태**에서는 1인당 자본량과 생산량(소득)의 증가는 0이 된다.

2 인구증가율과 경제성장

1) 인구증가율의 상승과 경제성장

인구증가는 지속적인 경제성장을 가져올 수 있을까? 인구증가율의 변화가 균제상태의 경제성장률에 미치는 영향을 알아보자. 예를 들어 인구증가율이 n_1에서 n_2로 상승하였다고 하자. 인구증가율이 상승하는 경우 균제상태의 1인당 자본량(k^*)과 생산량(y^*) 수준은 감소한다. 왜냐하면 다른 조건이 일정한 상태에서 새로 증가한 인구가 많을수록 경제 내에서 자본을 배분해 주는 과정에서 1인당 돌아가는 자본량이 감소하기 때문이다.

〈그림 7-2〉는 인구증가율이 n_1에서 n_2로 상승했을 때 균제상태 자본량의 변화를 보여준다. 인구증가율이 n_1에서 n_2로 상승하게 되면 **$(n+\delta)k$선**(즉 1인당 자본량을 일정 수준으로 유지하기 위해 요구되는 자본량을 나타내는 선)이 $(n_1+\delta)k$에서 $(n_2+\delta)k$로 위쪽으로 이동하게 된다. 이로 인해 균제상태의 1인당 자본량은 k_1^*에서 k_2^*로 감소하고, 1인당 생산량(즉 소득)도 $y_1^*=f(k_1^*)$에서

그림 7-2 인구증가율의 상승과 경제성장(1인당)

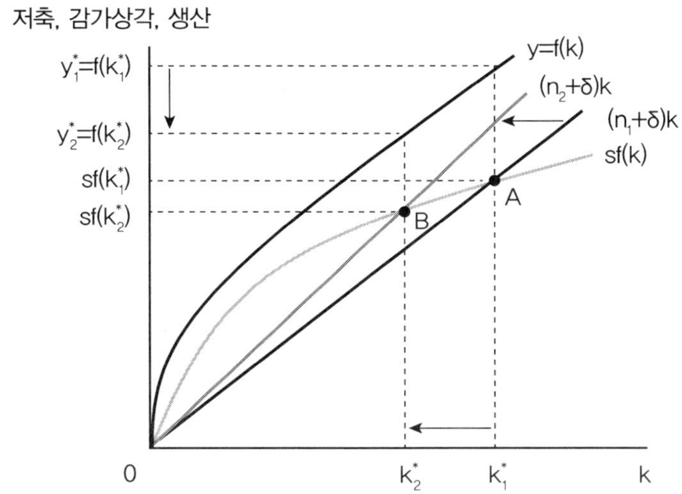

$y_2^*=f(k_2^*)$로 감소한다. 그러므로 1인당 생산량(또는 소득, y)과 인구증가율(n) 사이에 부(−)의 상관관계가 성립한다. 솔로우 모형에 의하면 인구증가율이 저축률보다 상대적으로 높아지면 1인당 자본량이 감소하고, 이로 인해 1인당 생산량(소득)도 줄어들게 된다.

또한 1인당 생산량 수준이 감소하는 과정에서 일시적으로 음(−)의 경제성장이 나타난다. 왜냐하면 인구가 증가하면 실제 1인당 투자가 자본량을 일정 수준으로 유지하기 위해 요구되는 $(n_2+\delta)k$보다 작아지기 때문이다. 그래서 새로운 균제상태에 도달할 때까지 1인당 자본량과 생산량이 감소한다. 그러나 일단 새로운 균제상태에 도달하면 1인당 자본량과 생산량의 변화는 다시 0이 된다.

한편 1인당 자본량과 생산량(소득)의 변화는 0이지만, 인구증가율(n)이 상승하면 한 **국가경제 전체**의 균제상태 경제성장률은 상승한다. 왜냐하면 한 경제의 총자본량(K)과 총생산량(Y)의 증가률은 외생적으로 주어진 인구증가율(n)과 같아지기 때문이다.

2) 인구증가를 포함한 솔로우 성장모형의 의의

첫째, 인구증가를 고려할 경우, 솔로우 성장모형은 한 국가경제의 지속적인 경제성장을 설명할 수 있다. 그러나 인구증가를 고려하더라도 균제상태에서는 1인당 자본과 1인당 생산량이 일정수준에서 불변이기 때문에 **1인당 생활수준**(소득, y)이 지속적으로 향상되는 이유는 설명할 수 없다. 그렇지만 인구가 n% 비율로 증가하면 이에 따라 국가경제 전체의 총자본량(K)과 총생산량(Y)은 n% 비율로 증가하게 된다. 따라서 솔로우 성장모형을 확장하여 인구증가율을 포함하면 한 **국가경제**의 지속적인 경제성장은 지속적인 인구증가로 설명할 수 있다.

둘째, 인구증가를 고려할 경우, 왜 일부 국가는 부유한데 비해 다른 국가는 빈곤한지를 설명할 수 있다. 앞서 〈그림 7-2〉에서 인구증가율과 1인당 생산량 사이에 부(-)의 상관관계가 있다는 것을 살펴본 바 있다. 인구증가율이 n_1에서 n_2로 상승하게 되면, 이로 인해 균제상태의 1인당 자본량은 k_1^*에서 k_2^*로 감소하게 되고, 1인당 생산량(즉 소득)도 $y_1^*=f(k_1^*)$에서 $y_2^*=f(k_2^*)$로 작아진다. 따라서 솔로우 성장모형에 의하면 인구증가율(n)이 높은 국가들일수록 1인당 생산량(즉 소득)수준이 낮아진다는 사실을 알 수 있다.

제 2 절 기술진보와 경제성장

1 외생적 기술진보와 경제성장

1) 솔로우 성장모형 : 기술진보와 생산함수

솔로우 성장모형은 경제성장의 동인으로서 기술진보(technical progress)에 대하여 어떠한 결론을 내리는가? 솔로우 성장모형에서 인구증가와 저축률의 상승이 1인당 자본량과 생산량을 지속적으로 증가시키지 못하는 것은 기본적으로 자본에 대한 한계생산체감(수확체감)의 법칙 때문이다. 생산함수가 한계생산(수확)체감의 법칙을 따른다면 저축률의 상승이나 인구증가율의 하락은 경제가 새로운 균제상태에 이르기까지만 일시적으로 1인당 자본량과 소득을 증가시킬 뿐이고, 균제상태에 이르면 1인당 자본량과 생산량(소득)의 증가률은 결국 0이 된다. 따라서 솔로우 모형에서 지속적인 경제성장은 장기적으로 한계생산(수확)체감이 존재하지 않을 때에만 가능하다. 솔로우 성장모형에서는 한계생산체감을 극복하고 1인당 소득과 자본량이 지속적으로 증가하기 위해서는 지속적인 기술진보가 있어야만 한다는 것을 시사한다.

솔로우 성장모형에서는 **일정한 수준의 기술진보가 외생적으로 주어진다**고 가정한다. 솔로우 성장모형에서는 **외생적 기술진보**(exogenous technical progress)가 경제성장과정에서 다른 변수들과 어떻게 상호작용하는지를 보여준다. **기술**(technology)수준을 1인당 생산함수에 포함시켜 보자. 솔로우 모형에서는 현재의 기술수준이 외생적으로 A로 주어진다고 가정한다. 그러므로 기술수준을 고려한 1인당 생산함수는 다음과 같이 표현된다.

$$y = A \cdot f(k) \qquad (7.3)$$

솔로우 확장모형의 1인당 생산함수에서 **기술진보**는 A값의 상승으로 나타나는데, 매년 일정한 비율의 기술진보가 이루어진다고 간주한다.

2) 외생적 기술진보와 경제성장

〈그림 7-3〉은 외생적인 기술진보와 경제성장의 관계를 나타낸다. 여기서 외생적인 기술진보는 1인당 생산함수, $y=A \cdot f(k)$를 위쪽으로 이동시키고, 이로 인해 저축(투자), $sA \cdot f(k)$ 선은 역시 위쪽으로 이동한다. 그러나 기술진보로 인해 1인당 생산함수가 위쪽으로 이동하더라도 자본의 한계생산이 체감하는 한 생산함수의 오목한 형태는 그대로 유지된다.

이제 기술수준(A)이 장기적으로 매년 일정비율, g로 진보한다고 가정하자.

$$A_{t+1} = (1+g)A_t \quad (g>0, \text{기술진보율}) \qquad (7.4)$$

장기적으로 매년 g만큼의 비율로 기술이 진보한다는 것은 1인당 생산함수를 지속적으로 위쪽으로 이동시키는 것을 의미한다. 그러므로 〈그림 7-3〉에서와 같이 균제상태의 1인당 자본량(k^*)과 생산량(y^*)이 **기술진보율**(g)에 비례하여 지속적으로 증가할 것이다. 즉 기술수준이 $A_1 \rightarrow A_2 \rightarrow A_3$로 진보하면, 이에 따라 균제상태의 1인당 자본량은 $k_1^* \rightarrow k_2^* \rightarrow k_3^*$로 증가하게 되고, 1인당 생산량은 $y_1^* \rightarrow y_2^* \rightarrow y_3^*$로 증가하게 된다.

이처럼 외생적 기술진보를 포함한 솔로우 확장모형에 의하면, 기술진보를 통해 1인당 생산량(소득)이 지속적으로 증가할 수 있다. 6장의 솔로우 기본모형에서 배운 바와 같이 저축

그림 7-3 외생적 기술진보와 지속적인 경제성장 : 솔로우 모형

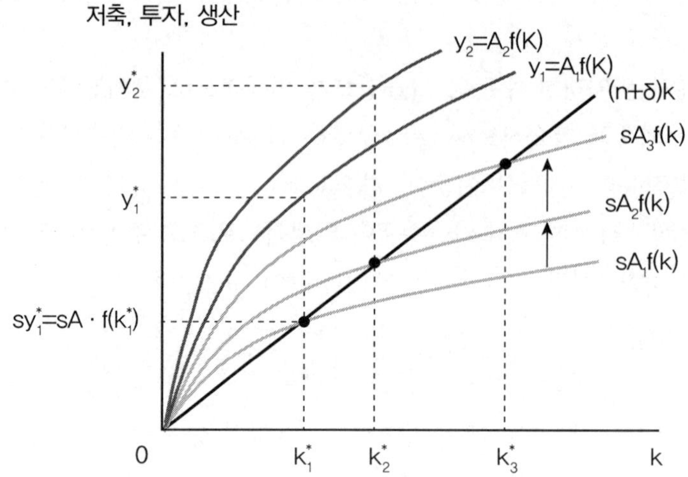

률의 상승은 경제가 균제상태에 도달할 때까지만 1인당 자본량과 생산량을 증가시킨다. 그렇지만 경제가 균제상태에 도달하면 1인당 자본량과 생산량은 변화하지 않는다. 따라서 솔로우 확장모형에 의하면 한 경제가 균제상태에 도달한 경우 1인당 자본량과 생산량(소득)은 단지 기술진보에 의해서만 증가할 수 있다는 것을 알 수 있다. 따라서 솔로우 확장모형에 의하면 오직 지속적인 **기술진보**(technical progress)만이 지속적인 경제성장과 생활수준의 향상을 가능하게 한다는 것을 알 수 있다.

2 내생적 기술진보와 경제성장

1) 내생적 성장이론의 의의

내생적 성장이론은 솔로우 모형의 한계를 극복하려는 과정에서 나타났다. 솔로우 모형의 핵심은 노동과 자본의 증가만으로는 지속적인 경제성장을 이룰 수 없고, 외생적인 기술진보가 장기적인 성장의 중요한 요인이라는 것이다. 그러나 솔로우 모형에서는 기술진보가 외생

적으로 주어진다고 가정하고 있을 뿐이다. 어떤 요인이 지속적인 기술진보를 가져오는가에 대한 설명은 제시하지 않고 있다. 이러한 솔로우 모형의 한계는 기술진보(technical progress)라는 성장원동력을 단지 외생변수로 취급해버린 데 있다. 이러한 한계를 극복하기 위해 1980년대 이후, 솔로우 모형에서 외생변수로 취급했던 기술진보가 내생적으로 결정되는 성장이론들이 등장하였다. 이러한 성장이론들을 통틀어 **내생적 성장이론**(endogenous growth theory)이라고 한다. 지속적인 경제성장을 위해서는 기술진보가 중요한데, 기술진보가 외생적으로 주어졌다고 가정하기보다는 무엇이 내생적으로 기술을 발전시키고 축적해 나가는지를 설명하는 것이 **내생적 성장이론**이다.

따라서 솔로우 성장모형의 한계를 극복하기 위한 방안은 크게 두 가지로 나눌 수 있다. 첫 번째 방법은 솔로우 모형과 같이 한계생산체감의 법칙을 인정하면서, 기술진보가 내생적, 지속적으로 유도되는 모형을 구성하는 것이다. 이 방법에 따르면 원점에 대해 오목한 1인당 생산함수가 모형 내 변수들의 상호작용에 의해 지속적으로 위쪽으로 이동하게 된다.

두 번째 방법은 솔로우 모형과 같이 경제성장의 원동력으로 자본축적을 인정하되, 균제상태에서 한계생산체감이 발생하지 않도록 모형을 구성하는 것이다. 한계생산체감이 발생하지 않도록 하는 대표적인 방법은 자본의 개념에 전통적인 실물자본 외에도 인적자본(human capital)이나 지식자본(knowledge capital) 등을 포함시켜, 인적자본과 실물자본의 동시축적으로 균제상태에서 자본의 한계생산성이 체감하지 않도록 하는 것이다.

2) R&D 모형

먼저 기본적인 내생적 기술진보모형인 R&D 모형에 대해 알아보기로 한다. R&D(research and development) 모형에서는 한 경제의 기술수준이 외생적으로 주어진 것이 아니라 자본과 노동의 투입에 의해 **내생적**으로 결정된다. R&D 모형은 재화를 생산하는 부문 외에도 기술을 개발하는 연구개발(R&D)부문을 명시적으로 고려한다. 즉 한 경제가 재화의 생산부문과 R&D(연구개발)부문으로 구성된다고 가정한다.

로머(P. Romer), 아기온(P. Aghion)과 하윗(P. Howitt) 등에 의해 개발된 R&D 모형에서 재화생산부문의 1인당 생산함수는 (7.5)식과 같이 솔로우 모형과 똑같다. 여기서 A는 한 경제에 존재하는 총지식 스톡, 즉 기술수준을 나타낸다. (7.6)식은 기술진보율을 나타내고, (7.7)식은 총노동력이 생산노동과 연구인력으로 나누어져 있는 것을 나타낸다.

1인당 생산함수	$y_t = A_t f(k_t)$	(7.5)
기술진보의 속도	$\dfrac{A_{t+1} - A_t}{A_t} = g(L_{At}, K_{At}) \quad (g_{Lt}>0,\ g_{Kt}>0)$	(7.6)
총노동력	$\bar{L} = L_A + L_y$	(7.7)

여기서 경제 전체의 노동력은 $\bar{L}$로 고정되어 있고, 각각 두 가지 부문에서 생산에 기여한다. 첫째, (L_y)는 실제의 생산에 투입된 노동력이라고 정의할 수 있다. 따라서 (L_y)는 직접적으로 1인당 생산량 y의 크기를 결정한다. 둘째, (L_A)는 기술진보(A)를 위해 연구개발에 투입된 노동력이라고 정의할 수 있다. 이는 기술개발을 통해 간접적으로 y를 증가시킨다.

이제 이 모형에서 기술수준은 외생적으로 증가하는 것이 아니라 노동력과 자본 중에서 일부를 투입해야만 증가한다. 이 모형에서도 생산함수 $f(k_t)$는 한계생산체감의 법칙을 따른다. 그렇지만 R&D 부문에 기술개발을 위해 투입된 최적 노동(L_{At})과 자본(K_{At})의 크기에 의해 기술수준의 크기가 내생적으로 결정된다. 이와 같이 기술수준의 크기가 내생적으로 결정되기 때문에 이 모형을 **내생적 성장모형**이라 부르는 것이다.

한편 위 모형에서 $g(L_{At}, K_{At})$는 기술진보(A)의 속도를 의미한다. 따라서 $g(L_{At}, K_{At})$의 크기에 따라 연구 인력과 자본이 얼마나 기술수준 A를 빨리 증가시키는지를 결정한다. 일반적으로 이러한 기술진보의 속도인 $g(L_{At}, K_{At})$는 경제의 여건에 따라서 다르다.

R&D 모형이 시사하는 바는 다음과 같다. 연구인력이 늘어나면서 지속적으로 기술을 개발하여 한 경제의 기술진보의 속도 $g(L_{At}, K_{At})$가 일정 수준을 유지하게 된다면, 기술수준인 A가 지속적으로 상승할 수 있으므로 지속적인 경제성장을 유지할 수 있다는 것을 시사한다. 이러한 상황은 이미 〈그림 7-3〉을 통해 간접적으로 살펴보았다. 한계생산체감의 법칙과 경제성장의 원동력으로서 기술진보를 인정하는 것은 솔로우 모형과 같다. 다만 R&D 모형은 기술진보를 경제 내에서 결정되는 내생변수로 본다는데 차이가 있다.

3) AK 모형

AK 모형은 경제의 균제상태에서 **자본의 한계생산**이 체감하지 않는 모형이다. 외생적이거나 내생적인 기술진보에 의하지 않고 자본의 축적만으로 경제가 지속적으로 성장할 수 있다는 것을 설명하는 모형이다.

AK 모형에서는 내생적 성장을 설명하기 위해 자본의 한계생산이 체감하지 않는 다음과 같은 단순한 선형생산함수를 가정한다.

$$Y = AK \qquad (7.8)$$

Y는 총생산, K는 실물 자본뿐만 아니라 인적 자본도 포함하는 광의의 자본이다. A는 자본 1단위에 대해 산출되는 생산량, 즉 자본의 생산성(즉 기술수준)을 나타내는 상수이다. AK 모형은 경제성장의 원동력이 자본축적이라는 것을 강조하기 위해 A를 상수로 처리하고 있다. 이 생산함수는 자본에 대해 수확체감하는 특성을 갖고 있지 않다. 따라서 얼마나 많은 자본이 이미 투입되어 있는지에 관계없이 자본 1단위가 추가적으로 투입되면 생산량 A단위가 추가적으로 산출된다. 자본에 대한 수확체감이 존재하지 않는다는 사실이 AK 모형이 솔로우 모형과 구별되는 가장 주요한 특징이다.

위의 생산함수가 경제성장에 관해 무엇을 의미하는지 생각해보자. AK 모형은 솔로우 기본모형처럼 소득(Y)의 일정비율(s)만큼 저축되고 투자된다고 가정한다. 그렇기 때문에 **자본축적식**은 솔로우 모형에서 사용한 방정식과 똑같다.

$$\Delta K = sY - \delta K \qquad (7.9)$$

위 식에 의하면 자본량의 변화(ΔK)는 투자(sY)에서 감가상각분(δK)을 뺀 것과 같다. (7.9)식에 (7.8)식의 생산함수 Y=AK를 대입하고, 양변을 자본량 K로 나누면 다음과 같은 관계식을 도출할 수 있다.

$$\Delta K = sAK - \delta K \qquad (7.10)$$

$$\frac{\Delta K}{K} = sA - \delta \qquad (7.11)$$

이때 $sA - \delta > 0$이면 자본축적의 증가율이 감소하지 않는다. 한편 자본축적의 증가율과 경제성장률이 같으므로($\frac{\Delta K}{K} = \frac{\Delta Y}{Y}$), 자본축적의 증가율만큼 지속적인 성장이 가능하다. 따라서 AK 모형에서 **균제상태의 경제성장률**은 다음과 같다.

$$\frac{\Delta Y}{Y} = sA - \delta = \frac{\Delta K}{K} \qquad (7.12)$$

그림 7-4 AK 모형

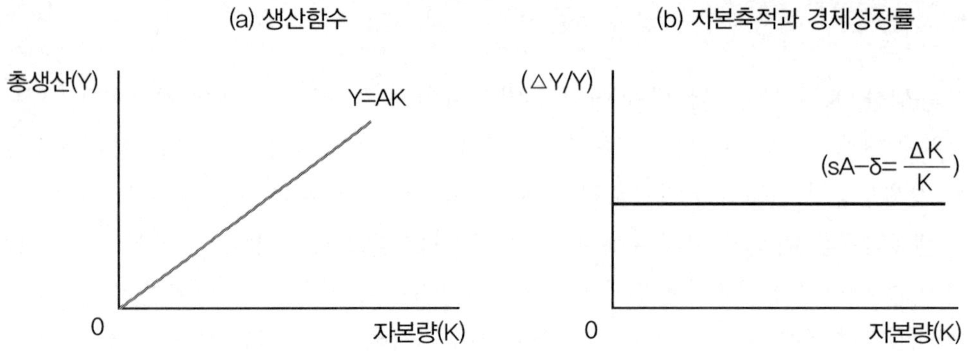

(7.12)식은 경제성장률과 기술진보의 관계를 보여주고 있다. 이 식을 통해 sA>δ인 동안에는 외생적인 기술진보가 없더라도 일정한 비율의 자본축적($\frac{\Delta K}{K}$) 만으로도 한 경제의 총생산(소득, Y)은 지속적으로 성장한다는 것을 알 수 있다.

솔로우 모형의 생산함수에서는 1인당 자본이 축적됨에 따라 자본의 한계생산이 체감하는 것을 보았다. 그러나 AK 모형에서는 생산함수식이 Y=AK의 형태로 이루어져 있기 때문에 자본의 평균생산(Y/K)이 기술수준(A)과 같아져 자본량이 증가하더라도 자본의 한계생산이 감소하지 않는다. 따라서 이 모형에서는 sA>δ라는 조건이 성립하는 한 외생적인 기술진보에 대한 가정이 없어도, 즉 기술수준(A)이 항상 일정하다고 하더라도 한 경제의 총생산이 지속적으로 성장할 수 있다는 점을 알 수 있다.

〈그림 7-4〉 (a)는 AK 모형에서 생산량과 자본량의 관계를 나타낸 것이다. 그림 (a)에서는 생산함수의 기울기가 A로 일정하므로 자본축적에 따른 생산량의 증가가 체감하지 않는 것을 보여준다. 그림 (b)는 자본량과 경제성장률의 관계를 나타낸 것이다. 자본의 한계생산이 체감하지 않는 특징으로 인해 일정한 조건(sA>δ)하에서 한 경제의 지속적인 성장이 가능하다는 것을 보여주고 있다.

기술진보의 특성

솔로우 모형의 생산함수에서는 A를 기술수준이라고 하였다. 그러나 내생적 성장이론에서 기술은 여러 가지 개념을 포함하고 있다. 자본은 유형의 물질(object)이지만, 기술은 무형의 아이디어로서 **지식**(knowledge)을 말한다. 이것은 생산기술(technology)이라는 개념보다 더 넓은 의미라고 할 수 있다. 즉 생산에 영향을 미치는 생산기술뿐만 아니라 사유재산권제도, 기업의 경영방식, 경제체제 등도 모두 포함한다.

한편 기술진보는 어떤 특성을 갖는가? **기술진보**란 동일한 수량의 자본과 노동을 투입하더라도 종전보다 더 많은 산출량의 생산을 가능케 하는 지식(knowledge)의 축적을 의미한다. 여기서 기술지식은 비경합성과 배제성, 수확체증이라는 특성을 갖는다.

첫째, 기술은 한 번 개발되어 공개되면 모든 기업들이 제한 없이 동시에 동일한 기술을 사용할 수 있는 소비의 **비경합성**(non-rivalry)을 갖는다. 사용할 수 있는 횟수나 수량이 무제한이기 때문에 다른 기업이 사용한다고 해서 또 다른 기업의 사용량이 줄어들거나 제한되지 않는다. 예를 들어 한 기업이 공개된 수학 공식이나 기술을 사용한다고 해서 동시에 다른 기업들이 사용할 수 없는 것은 아니다. 따라서 기술은 지식이 한 번 공개되면 그것을 공유하는 데 비용이 들지 않고, 모두가 동시에 사용이 가능하다는 공동소비의 특징을 갖는다.

둘째, 기술 또는 지식은 재산권이나 특허법 등의 제도적 장치에 의해 대가를 지불하지 않는 경우 그 사용을 일정부분 배제할 수 있는 소비의 **배제성**(excludability)을 갖는다. 예를 들어 MS의 윈도우 프로그램의 경우 사용료를 내지 않으면 사용할 수 없다. 이처럼 지적재산권이나 특허권에 의해 기술의 사용을 배제할 수 있기 때문에 지대를 추구하는 경제주체들에 의해 지식축적(기술진보)이 빠르게 진행될 수 있다. 즉 배제가 가능하다면 대가를 받고 비용을 회수하여 이익을 누릴 수 있기 때문이다.

셋째, 개발된 기술은 많이 생산할수록 평균비용이 감소하고, 투입요소 한 단위당 생산성이 점점 많아지는 **수확체증**의 특성을 갖는다. 기술개발의 경우 초기 개발에 들어가는 고정비용은 매우 크지만, 추가 생산에 따른 한계비용은 매우 적기 때문이다.

지식의 이러한 특성으로 기술진보가 경제 내의 R&D부문에서 이루어지면, 재화생산부문의 1인당 생산함수가 지속적으로 상방이동하기 때문에 1인당 자본량과 소득의 지속적 증가가 가능해진다.

7장 주요 개념

인구증가율, 한계생산체감, 기술진보, 지식자본, 내생적 기술진보, 내생적 성장이론, R&D 모형, AK 모형

7장 복습 문제

01 한 경제의 인구 증가가 자본량의 변화와 경제성장에 어떤 영향을 미치는가?

02 왜 일부 국가는 매우 빠른 속도로 성장하는 반면 다른 국가들은 느리게 성장하는가?

03 인구 증가는 지속적인 경제성장을 가져올 수 있는가?

04 인구 증가를 포함한 솔로우 성장모형이 시사하는 점은 무엇인가?

05 솔로우 성장모형은 경제성장의 동인으로서 기술진보에 대하여 어떠한 결론을 내리는가?

06 솔로우 성장모형의 한계는 어떻게 극복할 수 있는가?

07 솔로우 모형과 내생적 성장모형(즉 R&D 모형과 AK 모형)의 공통점과 차이점은 무엇인가?

PART

4

거시경제의 단기분석

단기적으로 국가경제는 실질 GDP의 장기적 추세를 중심으로 상승과 하락이 반복되는 경기변동을 경험한다. 제4편에서는 경기변동 현상의 주요 특성을 살펴보고, 경기변동을 설명하기 위한 케인즈학파 거시경제모형과 경제안정화정책의 효과에 대해 살펴본다.

CHAPTER

08

경기변동

국가경제는 경기변동과 경제성장을 동시에 경험하면서 장기적으로 성장한다. 제8장에서는 장기적인 성장추세를 제거한 경기변동과 관련된 현상을 이해하는데 필요한 개념을 제시하고, 경기변동 자료를 통해 경기변동의 특성을 살펴본다.

제 1 절 경기변동의 순환국면

1 경기변동과 경기순환

국가경제는 경제성장과 경기변동을 동시에 나타내는 순환적 성장, 즉 장기적인 성장 추세 위에서 단기적인 변동을 보인다.

〈그림 8-1〉을 통해 알 수 있는 기본적인 사실은 우리나라의 실질 GDP가 장기적으로 꾸준히 증가하여 왔다는 사실이다. 실질 GDP가 증가하는 현상인 경제성장은 장기적으로 꾸준히 일어나지만 〈그림 8-2〉를 통해 알 수 있듯이 매년 경제성장률이 같은 것은 아니다. 즉 어떤 기간에는 실질 GDP가 빠르게 성장하지만, 다른 어떤 기간에는 실질 GDP가 느리게 성장하거나 경우에 따라서는 마이너스 성장을 통해 실질 GDP가 감소하기도 한다.

한편 실질 GDP(즉 실질 국내총생산)가 장기추세선을 중심으로 상승과 하락을 반복하는 현상을 **경기변동**이라고 부른다. 경기변동은 흔히 실질 GDP의 움직임을 통해 이해된다. 하지만 전통적으로 경기변동은 단순히 총생산의 움직임뿐만 아니라 각종 거시경제지표들이 함

그림 8-1 실질 GDP의 변화

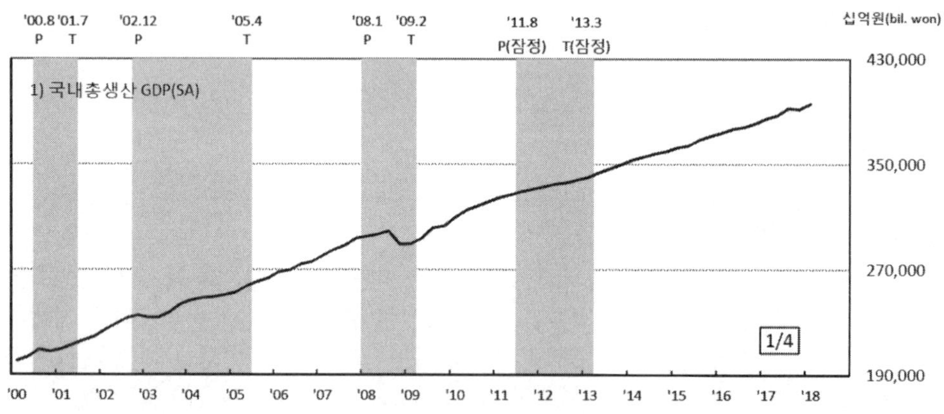

자료 : 통계청, 경기종합지수(2018.7)

그림 8-2 경제성장률 추이

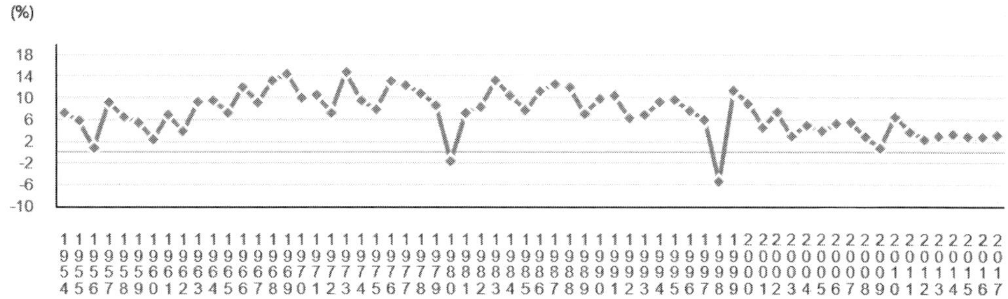

주 : 실질 GDP 2010년 기준. 자료 : 한국은행, 국민계정(2018)

께 움직이는 현상으로 이해되어 왔다.

일반적으로 **경기**(economic activity)는 국가경제의 총체적인 활동수준을 의미하는데, 한 국가경제의 실물부문(생산, 소비, 투자, 고용)과 금융부문(통화량, 이자율, 주가 등), 해외부문(수출과 수입)의 활동을 포함한 거시경제변수들의 총체적인 움직임을 나타내는 용어이다. **경기변동**(economic fluctuation)은 국가경제의 총체적인 활동수준이 경제의 장기성장추세를 중심으로 단기적으로 상승과 하락을 반복하며 변동하는 현상을 말한다. 이처럼 경기변동은 반복적으로 순환하는 특성을 갖기 때문에 **경기순환**(business cycle)이라고도 한다.

그렇지만 경기변동과 함께 변화하는 변수들 중에서 총체적인 경제활동의 변동을 가장 정확히 보여주는 변수는 아무래도 국가경제의 총생산량을 나타내는 **실질 GDP**이다. 국가경제의 실질 GDP의 움직임이 경기변동의 중심적 역할을 한다고 볼 수 있다. 실질 GDP는 한 나라의 전체적인 경제활동수준 뿐만 아니라 산업별 생산활동과 경제주체들의 소비, 투자, 수출 등을 살펴볼 수 있기 때문이다. 그래서 분석의 편의상 실질 GDP가 장기추세선을 중심으로 상승과 하락을 반복하면서 끊임없이 변동하는 현상을 경기변동이라고 부른다.

오늘날 경기변동은 모두에게 중요한 문제이며, 경제주체의 의사결정에 큰 영향을 미친다. 가계나 기업의 경제활동과 정부의 거시경제정책에도 영향을 준다. 경기변동은 고용에 영향을 미쳐 가계의 소득수준과 소비지출에도 직간접적으로 영향을 미친다. 또 경기변동은 기업의 이윤에도 많은 영향을 미치기 때문에 기업은 미래를 위한 투자를 결정할 때 미래의 경기상황을 중요한 요인으로 고려한다. 또 정부는 적절한 경제 안정화정책을 채택함으로써 경기변동으로 인한 사회적 비용을 최소화하려고 한다. 아래에서는 경기변동의 국면에 대해서 살펴보고, 이어서 경기변동 과정에서 실질 GDP를 포함하여 거시경제지표들에 나타난 단기적 경기변동의 몇 가지 특징들을 알아본다.

2 경기변동의 순환과정

1) 경기순환의 국면

〈그림 8-3〉은 전형적인 경기변동의 순환국면을 나타낸 것이다. 그림에서 굵은 점선의 가로선은 경제활동의 **장기성장추세선**이다. 경기변동은 장기성장추세선을 중심으로 실질 GDP 수준이 상승과 하락을 반복하는 현상인데, 이러한 경기변동과정은 4개 국면으로 나누어 볼 수 있다. 경기가 나쁜 상황에서 경기상승의 원인이 되는 충격이 발생하면 경기가 **회복**(recovery)되기 시작하여 장기 추세를 넘는 **확장기**(expansion phase)에 접어들게 된다. 확장기에서는 경제활동이 전반적으로 매우 활발한 모습을 보인다. 소비와 투자뿐만 아니라 고용과 소득이 장기추세수준보다 증가한다. 판매가 늘고 재고는 줄어 기업의 이윤이 증가한다. 물가가 상승하고 이자율과 주식가격도 오른다.

그림 8-3 경기변동의 순환국면

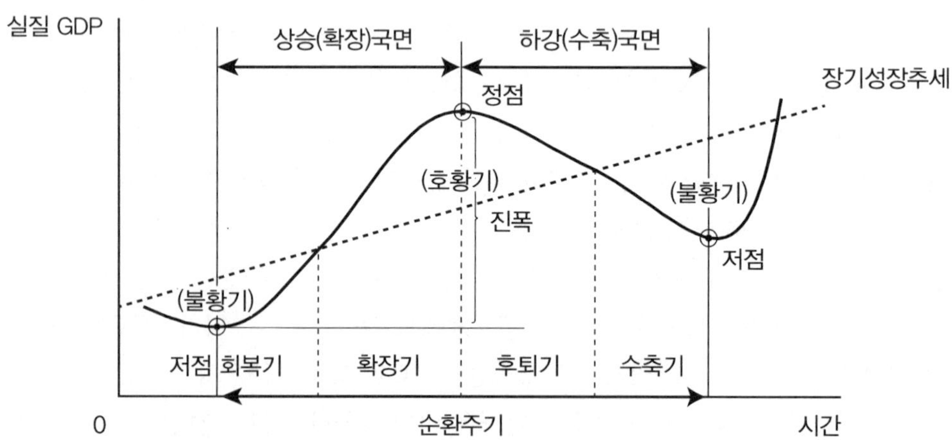

표 8-1 우리나라의 기준순환일 및 국면지속기간

	기준순환일(월)			순환기간(개월)		
	저 점	정 점	저 점	확장기	수축기	전 체
제1순환	1972.3	1974.2	1975.6	23	16	39
제2순환	1975.6	1979.2	1980.9	44	19	63
제3순환	1980.9	1984.2	1985.9	41	19	60
제4순환	1985.9	1988.1	1989.7	28	18	46
제5순환	1989.7	1992.1	1993.1	30	12	42
제6순환	1993.1	1996.3	1998.8	38	29	67
제7순환	1998.8	2000.8	2001.7	24	11	35
제8순환	2001.7	2002.12	2005.4	17	28	45
제9순환	2005.4	2008.1	2009.2	33	13	46
제10순환	2009.2	2011.8	2013.3	30	19	49
제11순환	2013.3	–	–			
평균(제1–10순환)				31	18	49

자료 : 통계청

이와 같은 확장기가 어느 정도 지속되면 경기가 상위전환점(upper turning point)인 **정점**(peak)에 이르게 되고 이후 경제활동이 둔화되기 시작한다.

후퇴기(recession)에는 경제활동의 활기가 점차 약해진다. 소비, 투자, 고용, 소득 등이 모두 둔화되기 시작하고 판매와 기업이윤도 줄어들게 된다. 경기가 계속 후퇴하여 추세선 아래로 내려가면 **수축기**(contraction phase)에 진입하게 된다. 수축기에는 소비, 투자 등이 장기추세수준보다 더 크게 감소하며 실업자가 더 많아지고 소득은 큰 폭으로 줄어든다. 기업은 이윤이 대폭 감소하거나 손실이 발생하여 도산이 늘어난다. 주가가 하락하고 물가상승률과 이자율도 대체로 낮아지는 경향을 보인다. 어느 정도 시간이 지나면 경기가 밑바닥인 **저점**(trough)에 도달하게 된다. 그 저점을 하위전환점(lower turning point)이라고도 한다. 저점을 지나면 다시 **회복기**(recovery phase)에 접어들게 된다.

이와 같이 경기변동의 순환과정은 회복, 확장, 후퇴, 수축 등 4개의 국면으로 나누어 볼 수 있다. 경우에 따라서는 저점부터 정점까지를 상승국면(또는 확장기), 정점에서 저점까지를 하강국면(또는 수축기) 등 2개 국면으로 구분하기도 한다. 그리고 저점에서 다음 저점까지의

하나의 순환기간을 경기의 **순환주기**(cycle period)라고 한다. 또 경기순환의 변동폭을 나타내는 저점에서 정점까지의 높이를 경기의 **진폭**(amplitude)이라고 부른다.

2) 기준순환일 : 경기전환점

경기순환을 현실적으로 파악하고 분석하기 위해서는 경기 정점 및 저점이 정해져야 한다. 경기순환의 국면이 전환되는 정점과 저점이 발생한 구체적인 시점을 **기준순환일**(reference cycle date)이라고 한다. 기준순환일에는 확장국면에서 후퇴국면으로 전환하는 **경기정점**과 수축국면에서 회복국면으로 전환하는 **경기저점**이 있다.

우리나라의 기준순환일은 경기종합지수(composite economic index)를 작성하는 통계청이 결정 · 공표하고 있다. 우리나라의 기준순환일은 1970년 이후의 기간을 대상으로 설정되어 있는데, 현재 2018년 7월 현재 2013년 3월의 경기 저점까지 설정되어 있다. 〈표 8-1〉에 의하면 우리나라의 경기순환주기는 평균 49개월이며 확장기와 수축기가 각각 평균 31개월 및 평균 18개월이다.

제 2 절 경기변동의 정형화된 사실

경기변동의 순환과정에서 나타나는 일반화된 특징적인 현상을 경기변동의 정형화된 사실(stylized facts)이라고 한다. 경기변동은 비슷한 경제현상이 반복되는 순환성, 경기변동과정에서 경제변수들이 함께 변화하는 공행성의 특성을 갖는다.

1 경기변동의 공행성

경기변동과정에서 실물부문과 금융부문을 대표하는 주요 거시경제변수들이 변한다. 경기변동의 움직임과 정확히 같은 형태로 변하지는 않지만, 대부분의 거시경제변수들은 국가경제의 경기변동의 움직임을 대표하는 경제변수인 **실질 GDP의 움직임과 연관성**을 가지고 변화한다. 그렇기 때문에 실질 GDP가 단기적으로 불규칙하게 변동하는 동안 다른 거시경제변수들도 실질 GDP와 강한 규칙성을 보이면서 함께 변동한다. 이렇게 거시경제지표들이 **경기변동과 연관성**을 가지면서 함께 변동하는 현상을 **공행성**(co-movement)이라 부른다.

1) 공행성의 방향

거시경제변수들은 경기변동(실질 GDP의 움직임)과 같은 방향으로 움직이기도 하고 다른 방향으로 움직이기도 한다.

첫째, 어떤 거시경제변수가 경기변동(실질 GDP)의 변화와 대체로 같은 방향으로 변화할 때 **경기순응적 변수**(procyclical variable)라고 한다. 어떤 거시경제변수의 변화가 실질 GDP의 변화와 **정**(+)의 상관관계를 가지고 있는 경우이다. 경기순응적 변수는 경기순환의 확장국면에서는 증가하고, 수축국면에서는 감소하는 경제변수이다.

〈그림 8-4〉는 민간소비지출의 변화를 나타낸 것이다. 소비지출의 변화 모습을 살펴보면 변화의 정도는 차이가 있지만 〈그림 8-1〉을 통해 살펴 본 실질 GDP의 변화 움직임과 대체로 같은 방향으로 움직이고 있음을 확인할 수 있다. 실질 GDP가 증가할 때 소비와 투자도 대체로 증가하며, 실질 GDP가 감소할 때 소비와 투자도 대체로 감소한다. 따라서 실질

그림 8-4 소비지출의 변화

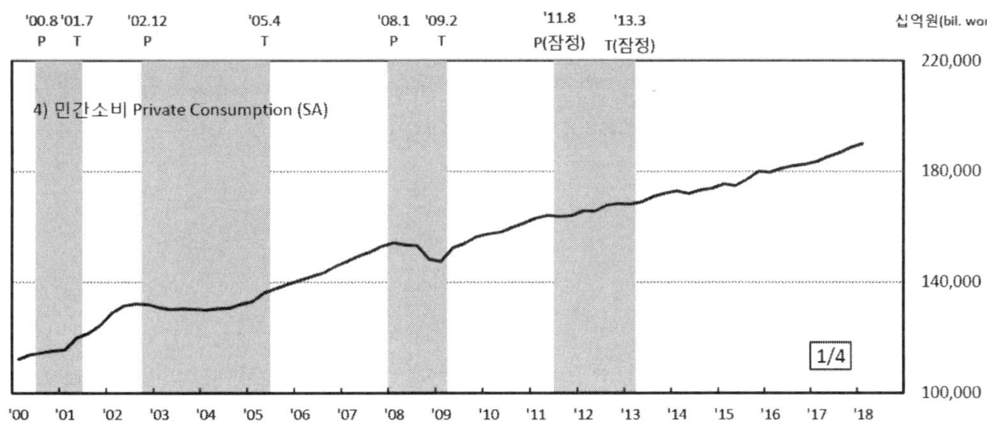

자료 : 통계청, 경기종합지수(2018. 7)

GDP의 움직임이 경기변동을 나타낸다고 볼 때 소비와 투자는 경기순응적인 거시경제변수이다. 또한 수출과 수입, 고용량도 대체로 실질 GDP의 움직임과 같은 방향으로 변화하므로 역시 경기순응적인 변수들이다.

둘째, 어떤 거시경제변수가 전체적인 경기변동(실질 GDP)의 변화와 반대방향으로 움직일 때 **경기역행적 변수**(countercyclical variable)라고 부른다. 즉 어떤 거시경제변수의 변화가 실질 GDP의 변화와 부(−)의 상관관계를 가지고 있는 경우이다. 실업률은 고용량과 반대방향으로 움직이므로 실질 GDP와도 반대방향으로 움직이기 때문에 대표적인 경기역행적 경제변수이다.

2) 공행성의 시점

거시경제변수에 따라서는 전체적인 경기변동의 순환국면이 전환되는 기준순환일(reference cycle date)과 관련하여 변하는 시점이 다른 경우가 있다. 경기변동의 기준순환이 방향을 전환하기 전에 먼저 움직이는 변수들이 있는 반면에, 같은 시점에서 함께 방향을 바꾸거나 나중에 방향을 바꾸는 변수들도 있다. 주요 거시경제변수들은 경기변동의 기준순환일과 동시에 변화하거나 또는 시차(time lag)를 가지고 변한다. 거시경제변수의 변화와 경기변동(실질 GDP의 변동)의 기준순환시점을 비교하여 경기선행적 변수, 경기후행적 변수, 경기동행적 변수로 구분한다. 첫째, 경기변동(실질 GDP의 변동)의 기준순환시점보다 먼저 변화하는 거시경제변수를 **선행변수**(leading variable)라 한다. 주택 투자, 재고 투자, 화폐공급, 주가 등이 선행변수에 해당한다. 둘째, 전체적인 경기변동의 기준순환과 함께 변화하는 거시경제변수를 **동행변수**(coincident variable)라 한다. 산업생산, 소비, 기업 고정투자, 고용 등이 동행변수에 해당한다. 그리고 전체적인 경기변동의 기준순환보다 뒤에 변화하는 거시경제변수를 **후행변수**(lagging variable)라 한다. 소비자물가상승률이나 실질이자율 등이 후행변수에 해당한다.

2 경기변동의 순환성

〈그림 8−5〉는 1970년대 이후 우리나라 경기변동의 순환국면을 보여준다. 그림에서 보는 바처럼 경기변동은 상승국면과 하강국면(또는 호황국면과 불황국면)이 반복적으로 순환된다. 이러한 경기변동의 순환성은 시장경제를 채택하고 있는 모든 나라에 공통적으로 나타나는

그림 8-5 우리나라 경기변동의 순환국면

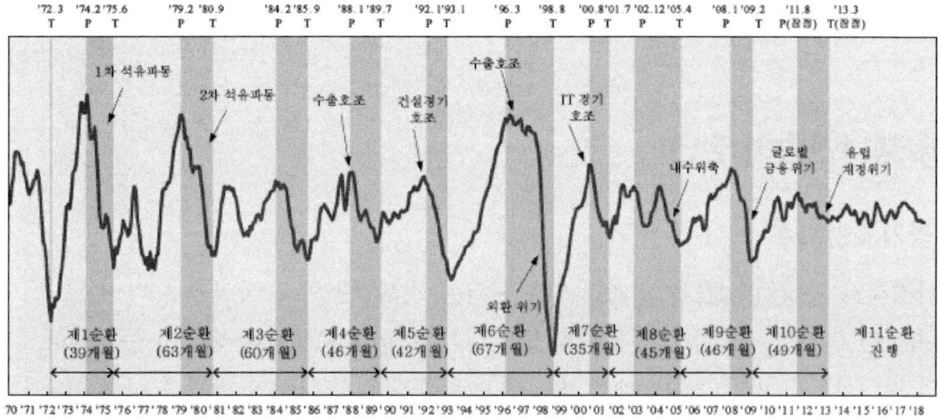

자료 : 통계청, 경기종합지수(2018. 7)

현상이다. 경기변동이 일반적으로 반복적인 순환형태를 보이고 있기 때문에 경기변동현상을 경기순환(business cycle)이라고도 한다.

경기변동의 **순환성**(circularity)과 관련하여 다음과 같은 특징을 갖는다. 첫째, 경기변동은 **불규칙적**(irregular)이다. 경기변동의 불규칙성은 경기변동의 순환주기와 순환진폭이 일정하지 않다는 것을 뜻한다. 어떤 경우에는 경기변동의 순환주기가 2년 정도에 지나지 않지만, 경우에 따라서는 10년 이상이 되기도 한다. 이렇게 경기변동의 순환주기가 불규칙한 현상을 경기변동의 **비주기성**(non-periodicity)이라고 부른다.

또한 경기변동의 순환진폭도 경기변동마다 일정한 것은 아니다. 어떤 경우에는 순환진폭이 크지 않아서 불황기가 가볍게 지나가기도 하지만 경우에 따라서는 순환진폭이 매우 커서 심한 불황기를 경험하기도 한다. 특히 불황이 심한 경우를 공황(경기침체, depression)이라고 부른다.

둘째, 경기변동은 **상승국면과 하강국면**의 지속기간이 **비대칭적**(asymmetric)이다. 〈표 8-1〉에서 볼 수 있듯이 평균적으로 상승국면이 하강국면보다 상대적으로 오래 지속된다. 우리나라의 경우에는 하나의 순환주기는 평균 49개월이고, 그 중에서 확장기는 31개월, 수축기는 18개월인 것으로 나타나고 있다.

제 3 절 경기변동의 진단과 예측

1 경기변동의 진단

1) 경기종합지수

국가경제가 안정적 성장을 지속하기 위해서는 경제활동의 움직임을 보다 빠르고 정확하게 예측하여 적절한 경기대응정책을 적절한 시기에 실시하는 것이 대단히 중요하다. 그래서 현재의 경기상황을 파악하고 장래의 경기를 예측하기 위해 다양한 방법을 사용한다.

산업생산지수나 소매판매액지수와 같이 경기와 관련성이 높은 경제지표들을 개별적으로 살펴볼 수도 있다. 또 경기반영도가 높은 개별 경제지표들을 합성하여 작성된 종합경기지수로 분석할 수도 있다. 개별 경제지표들은 경제활동의 한 측면만을 반영하고 있다. 그래서 한 국가경제의 전반적인 상황을 파악하기 위해 개별경제지표들을 가공, 합성하여 작성하는 종합경기지수를 주로 활용한다. 거시경제변수의 공행성을 이용하여 현재의 경기상태와 미래의 경기상태를 나타내는 경기지수(business index)를 작성한다. 경기변동의 기준순환과 공행성을 보이면서도 경기대응성(conformity)이 매우 높은 경제변수들로 구성된 경기지수를 작성하여 사용한다.

우리나라는 통계청이 1983년 3월 이후 매월 경기종합지수를 작성 · 발표해 오고 있다. **경기종합지수**(composite economic index)는 국가경제의 각 부문별로 경기를 잘 나타내는 경제지표들을 선정하고, 그 다음 계절 및 불규칙 요인의 제거, 진폭의 표준화 등의 가공과정을 거치고 합산하여 하나의 지수로 만든 것이다. 경기종합지수는 지수의 변동 방향으로 경기변동의 방향을 가늠할 수 있고, 또 지수의 변동폭으로 경기변동의 크기를 알 수 있기 때문에 경기흐름을 종합적으로 판단하는 데 매우 유용하다.

경기종합지수는 경기에 대한 선 · 후행 관계에 따라 선행종합지수, 동행종합지수, 후행종합지수로 구분한다.

선행종합지수(composite leading index)는 가까운 미래의 경기변동을 예측하는 데 이용되는 지수이다. 선행종합지수는 실제 경기변동의 기준순환시점보다 3개월 정도 앞서 변동하는 개

그림 8-6 경기지수의 선행, 동행, 후행 관계

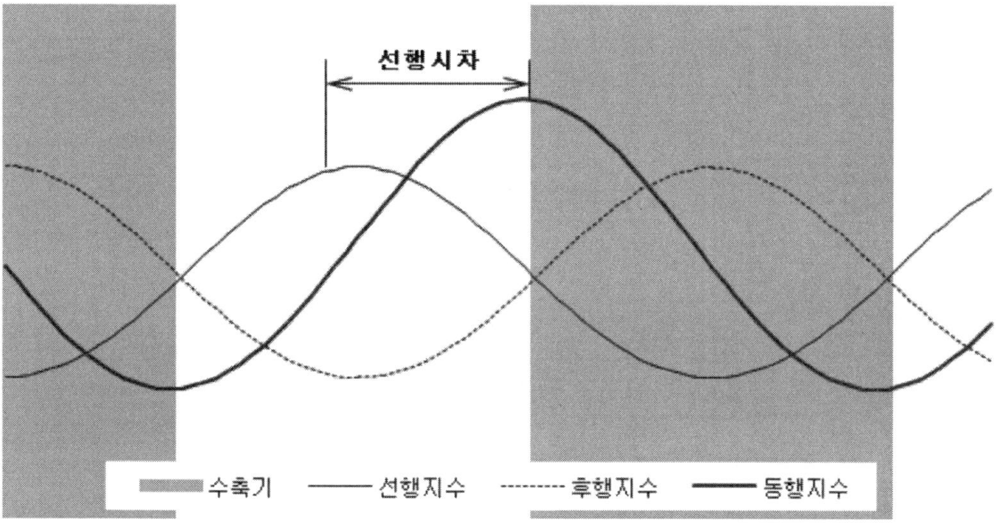

별경제지표(즉 소비자기대지수, 재고순환, 기계류 내수출하지수, 구인구직비율, 건설수주액, 수출입물가지수, 코스피지수, 장단기 금리차 등)를 가공하고 종합하여 만든 지수이다.

동행종합지수(composite coincident index)는 현재의 경기상황을 판단하는데 이용하는 지수이다. 동행종합지수는 실제 경기변동의 기준순환과 함께 변동하는 개별경제지표(즉 광공업 생산지수, 소매판매액지수, 건설기성액, 서비스업 생산지수, 내수출하지수, 수입액, 비농림어업 취업자 등)를 가공하고 종합하여 만든 지수이다.

끝으로 **후행종합지수**(composite lagging index)는 경기변동을 사후에 확인하는 데 활용되는 지수이다. 생산자 제품재고지수, 소비자물가지수 변화율, 소비재 수입액, 취업자 수, 회사채(CD) 유통수익률 등과 같이 실제 경기변동의 기준순환시점보다 3개월 정도 뒤에 변동하는 개별지표를 가공하고 종합하여 만든 지수이다.

〈그림 8-6〉은 경기지수의 선행과 후행의 관계를 나타낸 것인데, 선행지수가 선행시차만큼 앞서서 동행지수의 움직임을 예고해 주는 것을 보여 준다.

그림 8-7 동행지수 및 선행지수 순환변동치

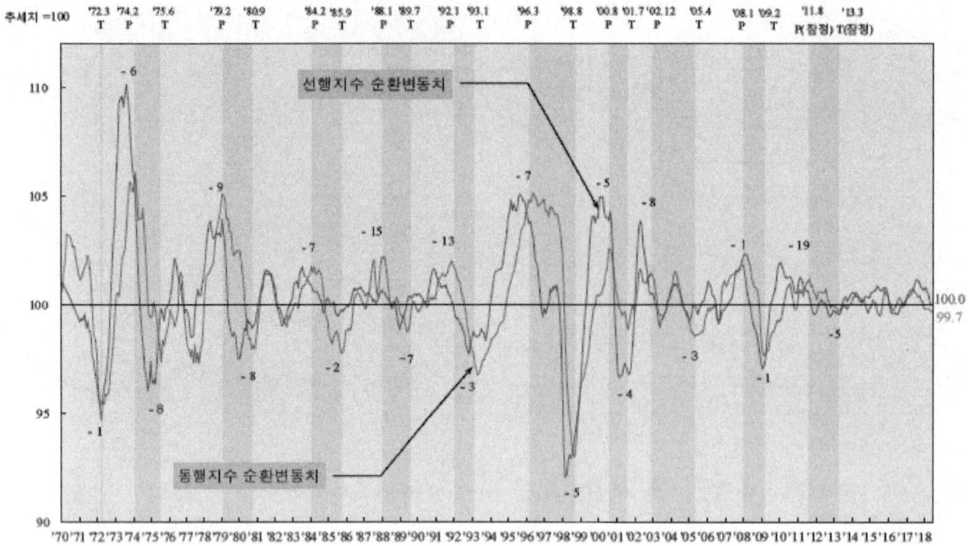

자료 : 통계청, 경기종합지수(2018. 7)

2) 경기상황의 진단

현재의 경기변동의 순환국면과 전환점을 판단하는 데는 동행종합지수에서 추세변동을 제거한 **동행종합지수 순환변동치**(cycle variation value)가 주로 사용되고 있다. 현재의 동행종합지수 값이 하락하였다면 현재의 경기가 과거의 경기에 비하여 나빠졌다는 것을 의미하며, 나빠진 정도는 동행종합지수의 감소 정도에 의하여 파악한다.

〈그림 8-7〉은 동행종합지수 순환변동치가 경기의 확장과 수축을 잘 나타내고 있음을 보여주고 있다. 동행종합지수 순환변동치가 2분기 이상 상승하면 경기 확장기, 2분기 이상 하강하면 경기 수축기로 간주하고, 가장 높을 때를 경기 정점으로, 가장 낮을 때를 경기 저점인 것으로 판단한다.

2 경기변동의 예측

경기변동의 순환과정은 반복적이지만 불규칙적이라는 특성을 갖고 있다. 따라서 현재의 경기상태를 진단하고, 앞으로 어떤 방향으로 진행될 것인지를 예측하는 것은 쉬운 일이 아니다. 그럼에도 불구하고 경제주체들은 경기변동을 예측하려고 한다. 그 이유는 현재의 의사결정을 내리는 데 있어서 현재의 경제상황뿐만 아니라 미래의 경제상황을 미리 아는 것이 도움이 되기 때문이다. 예를 들어 기업이 현재시점에서 투자를 결정하는 경우 그 효과가 발생하는 시점은 미래이므로, 미래의 경제상황이 어떻게 변할지에 대한 예측은 현재의 투자결정에 영향을 미치게 된다. 정부의 입장에서도 정부정책은 현재뿐만 아니라 시차를 두고 미래에도 효과가 나타나므로 미래의 경제상황에 대한 예측을 바탕으로 현재의 경제정책을 수립할 필요가 있는 것이다.

미래의 경기변동을 예측하는 것이 쉬운 일은 아니지만, 선행변수들을 이용하면 미래의 경기변동의 순환국면과 경기순환의 전환점을 어느 정도 예측할 수 있다. 선행변수들의 변동은 전체 경제의 경기변동에 앞서 나타나기 때문에 선행변수들의 움직임을 확인함으로써 경기변동의 방향을 미리 예측할 수 있는 것이다. 예를 들어 선행변수의 움직임이 정점(peak)이나 저점(trough)을 지나갔다면 곧 경기도 정점이나 저점에 도달할 것으로 예측할 수 있다. 그래서 선행변수들의 움직임을 기초로 만들어진 선행종합지수를 이용하여 미래의 경기상태를 예측할 수 있다.

실제 향후 경기변동의 순환국면과 전환점의 예측에는 **선행종합지수 순환변동치**를 이용한다. 선행종합지수는 경기변동의 기준순환시점보다 약 3개월 정도 선행하는 것으로 간주되기 때문에 현재의 선행종합지수 값이 상승하였다면 약 3개월 후의 경기상태가 좋아질 것으로 예측한다. 통상 선행종합지수 순환변동치가 현재까지와 반대방향으로 2분기 이상 연속하여 움직이면, 그 시점을 경기변동의 기준순환을 전환하는 신호로 본다.

경기종합지수 도표 보는 법

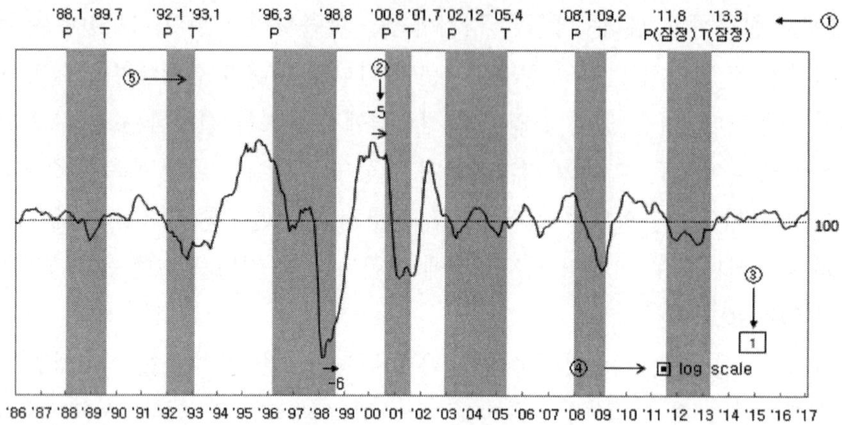

① 기준순환일 – 경기가 수축에서 확장국면으로 전환하는 시점(저점, T)과 확장에서 수축국면으로 전환하는 시점(정점, P)을 연 · 월로 표시한 것이다.

② 기준순환일과의 시차 – 기준순환일과 비교하여 선행(–) 또는 후행(+)하는 개월수를 의미한다. 위의 도표에서 –5는 당해 지표가 기준순환일인 '00. 8월보다 5개월 앞선 '00. 3월에 신호가 나타남을 의미한다.

③ 최종월

④ 로그 눈금간격(Log scale)

⑤ 경기 수축국면 – 음영부분으로 경기 수축국면을 나타낸다.

8장 주요 개념

경기변동, 순환주기, 진폭, 기준순환일, 공행성, 경기순응적 변수, 경기역행적 변수, 선행변수, 동행변수, 후행변수, 순환성, 경기종합지수

8장 복습 문제

01 경기변동이 순환하는 4가지 국면과 각 국면의 특징은?

02 후퇴기 동안 실질 GDP가 감소할 경우 일반적으로 소비, 투자, 실업률에 어떤 현상이 발생하는가?

03 경기변동의 순환과정에서 일반적으로 어떠한 특징적인 현상이 나타나는가?

04 경기변동의 순환성(circularity)과 관련된 두 가지 특징은?

05 경기상황을 진단하고 경기를 예측하기 위해 사용하는 지표와 방법은?

CHAPTER

09

국민소득 결정이론
: 케인즈의 기본모형

제9장에서는 케인즈의 기본모형을 이용하여 단기적으로 무엇이 총생산(실질 GDP)을 결정하는지, 그리고 총수요의 변화에 의한 승수효과에 대해 살펴본다. 케인즈의 기본모형은 물가수준이 단기적으로 경직적이라는 가정 하에서 총수요와 총생산(실질 GDP)의 관계를 설명하는 모형이다.

제 1 절 유효수요와 총수요

1 유효수요

1) 유효수요이론

케인즈(J. M. Keynes)는 「일반이론」(1936)에서 고전학파 이론(즉 자본, 노동, 기술과 같은 총공급을 결정하는 요인들이 국민소득을 결정한다는 주장)을 비판하였다. 케인즈는 한 나라의 국민소득(실질 GDP)이 결정되는 과정을 단기와 장기로 나누고, 단기에서는 가격의 경직성과 같은 마찰적 요인 때문에 국민소득은 **총수요**(aggregate demand)에 의해 전적으로 결정된다고 주장하였다.

한편 케인즈는 한 경제에서 경기후퇴나 불황이 발생하는 것은 바로 총수요의 부족이 원인이라고 보았다. 그리고 케인즈는 한 국가경제의 국민소득(즉 실질 GDP)이 총수요의 크기에 의해 결정된다는 의미에서 총수요를 **유효수요**(effective demand)라고 불렀다. 그래서 유효수요인 총수요의 크기에 의해 균형국민소득이 결정된다는 의미에서 케인즈의 국민소득 결정모형을 **유효수요이론**(theory of effective demand)이라고도 부른다.

2) 기본가정

케인즈의 국민소득(실질 GDP) 결정에 관한 기본모형(이하 케인즈 기본모형)은 위의 논리를 모형화한 것이다. 케인즈는 국민소득(실질 GDP)의 변동 원인을 총수요의 변화에서 찾는다. 그렇다면 국민소득은 왜 총수요에 의해 결정되는 것일까? 한 경제의 수요측면을 중시한 케인즈의 기본모형에서 다음과 같은 가정을 기본적으로 전제하고 있기 때문이다.

첫째, 생산물의 가격, 즉 **물가는 단기적으로는 경직적이어서 일정하다**고 가정한다. 이처럼 물가수준이 변동하지 않는다는 가정에 의하면, 총생산의 증가는 곧 생산량의 증가로 인한 실질 GDP(실질국내총생산)의 증가를 의미한다.

둘째, 한 국가경제는 일반적으로 **유휴자원**(unemployed resource)과 **초과생산능력**(excess production capacity)을 가지고 있다고 가정한다. 즉 경제는 항상 생산능력에 비해서 총수요가 부족한 상태가 일반적인 상태라는 것이다. 따라서 총수요가 증가할 경우 유휴생산설비의 가동으로 어느 정도 총생산량이 늘어날 수 있다는 것이다. 한 국가경제에는 유휴자원과 초과생산능력이 존재하기 때문에 총수요의 크기가 결정되면 총생산이 총수요와 같도록 조절된다고 본다. 만약 총수요가 총생산보다 크다면 총생산이 증가하여 총수요와 같아지는 수준에서 다시 균형으로 회복되고, 총수요가 총생산보다 작다면 총생산이 감소하여 다시 총수요와 같아지는 수준에서 균형으로 회복된다고 본다.

2 총수요(유효수요)의 결정

1) 총수요의 구성요소

케인즈의 기본모형에서 균형국민소득은 단지 유효수요인 총수요의 크기에 따라 결정된다. 균형국민소득이 어떻게 결정되는지를 이해하기 위해 우선 유효수요인 총수요가 어떻게 결정되는지를 살펴보기로 하자.

케인즈의 기본모형에서는 **폐쇄경제**(closed economy)를 가정한다. 국가경제가 폐쇄경제인 경우, **총수요**(aggregate demand; AD)는 가계의 소비(C)수요, 기업의 계획된 투자(I)수요, 정부지출(G) 수요로 구성된다. 따라서 총수요함수는 다음과 같이 나타낼 수 있다.

$$총수요(AD) = C + I + G \qquad (9.1)$$

이제 총수요를 구성하는 소비수요, 계획된 투자수요, 정부지출수요의 결정과정을 구체적으로 살펴보자.

첫째, **소비**(consumption; C)는 가처분소득에 의해 결정된다. 케인즈의 기본모형에서는 현재소비(C)가 가처분소득에 의해 결정된다고 가정한다. **가처분소득**(disposal income; Y_d)은 총소득(Y)에서 세금(T)을 내고 난 후에 남게 되는 소득으로 $Y_d=(Y-T)$의 값과 같다. 현재의 가처분소득이 늘어날수록 현재의 소비도 증가하고, 현재의 가처분소득이 줄어들수록 현재의 소비는 감소하게 된다. 케인즈에 따르면 소비는 현재 가처분소득의 **증가함수**이다. 가처분소득과 소비의 관계를 **소비함수**(consumption function)로 표현하면 다음과 같다.

$$C = C(Y_d) = C_0 + c(Y_d)$$
$$= C_0 + c(Y-T) \qquad (단,\ C_0>0,\ 0<c<1)$$

위의 식에서 Y_d는 가처분소득이고, C_0는 소득이 전혀 없는 경우에도 생존을 위해 반드시 소비해야만 하는 최소한의 소비수준인 **기초소비**(basic consumption)의 크기를 나타낸다. 가처분소득(Y_d)이 0인 경우에도 기초소비는 0보다 작을 수 없으므로 기초소비는 항상 0보다 크다. 그렇기 때문에 $C_0>0$이 성립한다고 가정한다.

한편 소문자 c는 가처분소득이 1단위 증가할 때 추가적인 소비의 증가 비율을 나타내는 **한계소비성향**(marginal propensity to consume; MPC)이다. 소득(Y)이 1단위 증가할 때 그에 대응해서 소비가 얼마나 증가하는지를 나타낸다.

$$한계소비성향(MPC=c) = \frac{소비의\ 변화분}{소득의\ 변화분} = \frac{\Delta C}{\Delta Y}$$

일반적으로 가처분소득(Y_d)이 늘어날 경우 소비도 증가하므로 한계소비성향(c)은 0보다 크다. 하지만 소득이 증가한 것만큼 소비가 증가하지는 않는다. 왜냐하면 증가한 가처분소득이 모두 소비에 사용되는 것이 아니라 일부는 저축으로 사용되기 때문이다. 그러므로 가처분소득의 증가분보다 소비의 증가분이 작아야하기 때문에 한계소비성향(c)은 1보다 작다. 그래서 케인즈의 기본모형에서 한계소비성향은 항상 0보다 크지만 1보다는 작다(즉 $0<c<1$)고 가정한다.

둘째, 총수요의 구성요소 중 계획된 투자수요, 정부지출, 조세는 일정하게 고정되어 있다. 케인즈 기본모형에서는 **계획된 투자수요(I)**는 외생적으로 결정되고 고정되어 있다고 가정한다. 따라서 **투자함수**는 다음과 같이 표현할 수 있다.

$$계획된\ 투자 \quad I = \bar{I}$$

여기서 $\bar{I}$는 모형의 밖에서 외생적으로 주어지는 계획된 투자수요(즉 **독립투자수요**라고 함)이므로 모형 내의 다른 변수들의 영향을 받지 않는다.

또한 **정부지출(G)**, **조세(T)**도 모형 밖에서 외생적으로 주어지고 고정되어 있다고 가정한다. 따라서 외생적으로 주어지는 정부지출과 조세를 다음과 같이 표현한다.

$$\text{정부지출 } G = \bar{G}$$
$$\text{조세 } T = \bar{T}$$

정부는 경제의 여러 상황을 종합적으로 고려하여 정부지출(G)이나 조세(T)의 크기를 결정한다. 따라서 정부지출과 조세의 결정은 모형 내 다른 변수에 의해 결정되지 않고 모형 밖에서 정부에 의해 외생적으로 결정된다는 의미에서 투자수요와 마찬가지로 외생변수로 간주한다.

2) 총수요의 결정 : 총수요함수

위에서 정의한 총수요(AD)의 각 구성요소를 (9.1)식에 대입하면 총수요함수는 다음과 같이 된다.

$$\text{총수요 } AD = C_0 + c(Y-\bar{T}) + \bar{I} + \bar{G} \quad (9.2)$$
$$= \bar{A} + cY \quad (\text{단, } \bar{A} = C_0 - c\bar{T} + \bar{I} + \bar{G})$$

(9.2)식은 케인즈 기본모형에서 핵심적인 역할을 하는 **총수요함수**(aggregate demand function)를 나타내는 식이다. 우변의 첫째 항의 $\bar{A}$는 총수요의 구성요소 중 소득(Y)수준의 변화와는 관계없이 모형 밖에서 독립적으로 주어지는 부분(즉 기초소비, 계획된 투자, 정부지출, 조세)으로 **독립지출**(autonomous expenditure)이라 부른다. (9.2)식에 의하면 총수요(AD)는 소득(Y), 외생변수인 기초소비(C_0), 계획된 투자수요($\bar{I}$), 정부지출수요($\bar{G}$) 및 조세($\bar{T}$)의 크기에 의해 결정된다. 결국 독립지출이 일정한 경우, 소득(Y)이 증가하면 소비(즉 cY)가 증가하게 된다. 따라서 **총수요(AD)**는 **소득(Y)의 증가함수**이다.

〈그림 9-1〉은 소득(즉 실질 GDP)의 증가함수로서의 총수요를 나타낸 것이다. 소득(Y)이 증가하면 소비(C)가 증가하여 총수요도 증가하게 되므로 총수요함수를 나타내는 직선인 **총수요곡선**(AD)은 오른쪽 위로 향하는 형태이다. 총수요곡선의 기울기(즉 $\Delta C/\Delta Y$)는 한계소비성향(MPC=c)을 나타낸다. 한편 총수요곡선이 세로축과 만나는 절편(즉 $\bar{A}$)은 소득이 0일 때 총수요 중 독립지출(즉 $\bar{A}=C_0 - c\bar{T}+\bar{I}+\bar{G}$)의 크기를 나타낸다.

그림 9-1 총수요함수

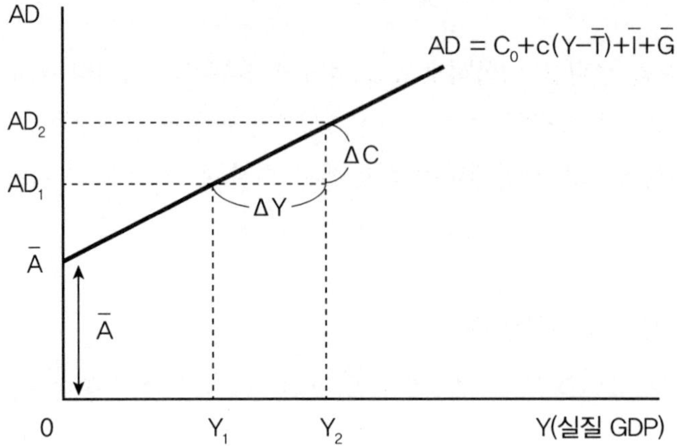

제2절 균형국민소득 결정

1 생산물시장의 균형

1) 생산물시장의 균형조건

케인즈의 기본모형을 이용하면 생산물시장의 균형을 이루는 균형국민소득(실질 GDP)을 구할 수 있다. 케인즈 기본모형에서는 '총생산이 총수요와 같아지도록 조정된다'고 본다. 즉 '총수요의 크기가 총생산을 결정한다'는 **유효수요의 원리**이다. 이 원리는 고전학파의 '공급이 수요를 스스로 창조한다'(supply creates it's own demand)는 **세이 법칙**(Say's law)에 정반대되는 원리이다. 그래서 유효수요의 원리를 **케인즈의 법칙**(Keynes's law)이라고 한다.

케인즈 기본모형에서 생산물시장의 균형은 총생산과 총수요가 같을 때 이루어진다. 그러므로 **생산물시장의 균형조건**은 다음과 같이 표현할 수 있다.

$$Y = AD$$
$$Y = C_0 + c(Y-\bar{T}) + \bar{I} + \bar{G} \qquad (9\text{–}3)$$

(9–3)식에서 유일하게 모형 내에서 내생적으로 결정되는 변수는 총생산(Y) 밖에 없다. (9.3)식의 생산물시장의 균형조건에 의하면, 우변에 있는 총수요(AD)의 크기가 좌변에 있는 한 경제의 총생산(Y, 실질 GDP) 수준을 결정한다.

2) 균형국민소득의 결정

(9–3)식에 의하면 총수요와 총생산이 일치할 때, 한 경제의 단기균형이 성립한다. 경제가 균형일 때, 총생산(Y)이 그 경제의 총수요(AD) 수준에 의해 결정된다는 것을 보여준다. 따라서 **균형국민소득(실질 GDP)은 총수요의 크기에 의해 결정된다.**

〈그림 9–2〉는 균형국민소득이 결정되는 케인즈 기본모형을 그림으로 나타낸 것이다. 경제가 균형상태일 때는 총생산과 총수요가 일치하여 Y=AD가 성립한다. 굵은 점선으로 표시된 **45도 선**은 한 경제의 균형조건을 충족하는 점들을 연결한 선인데, **총생산곡선**을 의미한

그림 9–2 균형국민소득(실질 GDP)의 결정 : 케인즈 기본모형

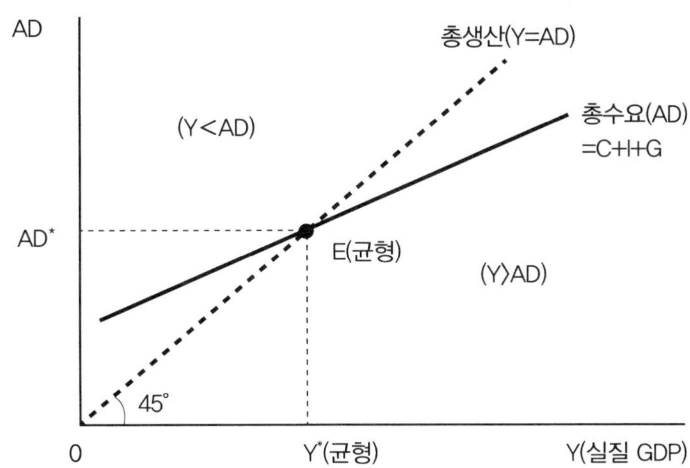

주 : 45°선은 균형조건(Y=AD)을 만족시키는 점들을 연결한 선으로 총생산곡선임.

다.[1] **경제의 균형**은 원점을 지나는 45도 선 상에서 이루어지는데 총수요곡선과 총생산곡선이 교차하는 **E점**에서 이루어진다. 균형인 E점에 대응하는 총수요는 AD^*이며, 이에 대응하는 총생산은 Y^*이므로 $Y^*=AD^*$가 성립하여 균형이 달성된다. 그러므로 **균형국민소득**은 균형점 E점에 대응하는 총생산 수준인 Y^*로 결정된다. 결국 케인즈 기본모형인 **유효수요이론**은 물가수준이나 외생변수(I, G, T)가 주어진 상태에서 총수요의 크기에 의해 균형국민소득(Y, 실질 GDP)이 결정되는 것을 보여준다.

2 생산물시장 균형의 안정성

1) 생산물시장의 불균형과 생산량 조정

케인즈 기본모형에서 경제(즉 생산물시장)을 균형시키는 균형총생산(국민소득)수준을 구해 보았다. 만약 경제가 균형이 아니라면 어떻게 균형에 도달할 수 있을까? 케인즈 기본모형의 가정처럼 물가수준이 고정된 경우에도 경제의 균형은 달성될 수 있을까?

〈그림 9–3〉에서 생산물시장의 균형총생산수준은 Y^*이다. 그런데 이 경제의 현재 총생산 수준이 Y_1이라고 생각해보자. Y_1의 총생산 수준에서는 총생산(Y)이 총수요(AD)보다 많으므로 생산물시장이 초과공급 상태에 있다. 이처럼 생산물시장이 초과공급인 **불균형**상태에 있을 경우, **고전학파** 이론의 가정처럼 물가가 완전 신축적으로 변한다면 물가가 하락하게 된다. 물가가 하락하면 총생산은 감소하고 총수요가 증가하여 다시 균형으로 회복될 것이다. 하지만 케인즈 기본모형에서는 물가수준이 고정되어 있다고 가정하므로 물가의 변화에 의한 조정은 이루어질 수 없다. 그렇기 때문에 **케인즈** 기본모형에서 생산물시장의 균형은 물가의 변화에 의한 조정이 아니라 **생산량의 조정**(재고변동에 대응한 기업의 생산량 변화)에 의해 달성된다.

케인즈 기본모형에서 **재고 변동**(즉 재고의 증가나 감소)은 경제가 균형으로 조정되는 과정에서 중요한 역할을 한다. 경제가 불균형상태에 있을 경우, 기업들은 언제나 **계획하지 않은**

---

1) 45도 선에 있는 모든 점들은 기하학적으로 수평축 값과 수직축 값이 항상 같은 점이다. 〈그림 9–2〉의 45도 선(굵은 점선)은 수평축의 실질 GDP(총생산, Y)와 수직축의 총수요(AD)가 언제나 같은 점들의 궤적을 나타낸다. 45도 선 위쪽의 점들은 AD가 Y보다 많은 초과수요상태를 나타내며, 반대로 아래쪽의 점들은 초과공급상태를 나타낸다.

그림 9-3 거시경제균형으로의 조정과정

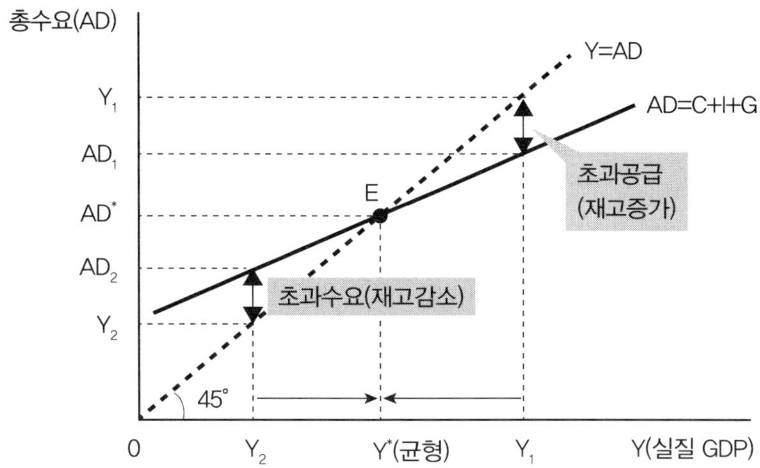

재고 변동을 경험하고, 이에 대응하여 기업은 생산수준을 변화시키게 된다. 이러한 재고 변동이 총생산(Y)과 총수요에 영향을 미쳐 경제를 다시 균형에 도달하게 한다.

2) 거시경제균형으로의 조정과정

〈그림 9-3〉은 경제가 균형으로 조정되는 과정을 나타낸다. 먼저 **Y_1처럼 총생산(실질 GDP)이 균형총생산(Y^*)보다 높은 경우**의 조정과정에 대해 알아보자. 총생산의 규모가 Y_1이라면 이 총생산수준에 대응하는 총수요는 AD_1이다. 총수요인 AD_1은 총생산곡선인 45도 선 아래에 있으므로 총수요는 총생산보다 적게 된다(즉 $Y_1 > AD_1$). 이처럼 총수요인 AD_1이 총생산인 Y_1보다 적기 때문에 기업은 생산한 것보다 적게 판매되어 기업의 생산물에 대한 재고량이 증가하게 된다. 이 경우 재고량은 $(Y_1 - AD_1)$만큼 증가하게 된다. 이와 같은 재고의 증가는 원래 기업이 계획하지 않은 것이다. 기업들은 계획하지 않은 재고의 증가에 대응하여 생산수준을 축소할 것이고, 이에 따라 총생산이 감소할 것이므로 실질 GDP도 감소하게 된다. 이와 같은 총생산의 감소와 실질 GDP의 감소는 재고 증가가 발생하지 않을 때까지, 즉 총생산(Y_1)이 균형총생산(Y^*) 수준에 도달할 때까지 지속된다. 결국 균형총생산(Y^*)수준에서 총생산(Y)은 총수요(AD)와 같아진다.

반면에 **Y_2처럼 총생산(실질 GDP)이 균형국민소득(Y^*)보다 낮은 경우**에는 위와 같은 수량 조정이 반대 방향으로 일어날 것이다. 총생산(Y_2)보다 총수요(AD_2)가 클 경우, 경제가 초과 수요상태에 있으므로 기업들은 계획하지 않은 재고량의 감소를 경험할 것이다. 〈그림 9-3〉에서 보면 재고량은 (AD_2-Y_2) 만큼 감소한다. 이에 대응하여 기업들은 적정수준의 재고량을 유지하기 위해 생산수준을 확대할 것이므로 총생산이 다시 증가하게 된다. 결국 총생산이 총수요수준과 같은 Y^*수준으로 늘어나면 더 이상의 재고 감소는 나타나지 않게 되고 경제는 다시 균형으로 회복된다.

요약하면 케인즈 기본모형에 의하면 생산물시장의 불균형(초과수요나 초과공급)은 생산량(총생산)의 조정에 의해 언제나 균형으로 회복된다. 그렇기 때문에 케인즈 기본모형에서 생산물시장의 균형은 **안정적 균형**(stable equilibrium)이라고 할 수 있다.

표 9-1 거시경제균형으로의 조정과정

경제 상황	재고 상태	생산자 반응	국민소득
총수요 < 총생산	재고 증가	생산 축소	실질GDP 감소
총수요 = 총생산	일정(불변)	생산 불변	균형 실질GDP
총수요 > 총생산	재고 감소	생산 확대	실질GDP 증가

3 경기침체 갭

1) 유휴자원과 경기침체 갭

케인즈의 기본모형에서 총수요와 총생산이 균형일 때 결정되는 균형국민소득(이하 **균형 GDP**)은 완전고용 GDP(이하 **잠재 GDP**) 수준과는 관계없다. 케인즈는 「일반이론」(1936)에서 경제의 균형이 잠재 GDP 수준에 못 미치는 수준에서 이루어지기 때문에 경기침체와 실업을 경험한다고 주장하였다. 이제 케인즈의 기본모형을 이용하여 경기침체가 왜 발생하는지 알아보자. **잠재 GDP**(potential GDP)는 한 국가경제에 존재하는 모든 생산자원이 정상적으로 생산과정에 투입될 때 생산할 수 있는 GDP 수준인데, **완전고용 GDP**라고도 부른다.

그렇기 때문에 한 국가경제의 잠재 GDP는 단기적으로 생산요소를 완전 고용하는 수준에서 일정하게 주어진다. 〈그림 9-4〉에서 잠재 GDP는 Y_F수준으로 주어져 있고, 수직선으로

그림 9-4 경기침체 갭

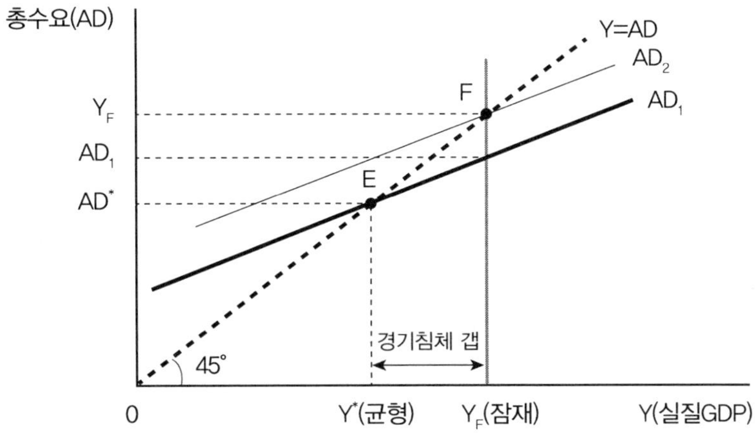

나타난다.

〈그림 9-4〉는 경제의 균형 GDP(Y^*)가 잠재 GDP(Y_F)보다 적은 경우를 보여주고 있다. 총수요곡선과 총생산곡선(45도 선)의 교차점(E점)에 대응하는 균형 GDP가 잠재 GDP 수준보다 적다. 이렇게 한 국가경제의 균형이 잠재 GDP보다 낮은 수준에서 성립하는 것은 총수요가 잠재 GDP 수준에 못 미치기 때문이다. 경제의 균형에서 총수요가 잠재 GDP보다 (Y_F-AD_1) 만큼 부족하다. 이처럼 총수요가 잠재 GDP 수준보다 적을 경우에는 생산자원 중 일부가 생산과정에 투입되지 못하기 때문에 **유휴자원**(unemployed resource)이 존재하게 된다. 예컨대 가동되지 않고 있는 자본재가 존재하거나 일자리를 얻지 못해 실업상태에 있는 노동력이 존재한다. 이렇게 총수요가 상대적으로 잠재 GDP보다 적어서 유휴자원이 존재하는 상태를 **경기침체**(recession)라고 부른다. 균형 GDP(Y^*)와 잠재 GDP(완전고용 GDP, Y_F) 사이의 차이(즉 Y_F-Y^*)가 바로 경기침체의 정도를 나타내 주고 있어, 이 차이를 **경기침체 갭**(recessionary gap)이라고 부른다. 이 경기침체 갭이 클수록 경제가 더 심각한 경기침체 상태에 빠져 있다는 의미이다.

〈그림 9-4〉는 경제가 경기침체에 빠져 있을 때 경기침체 갭을 없앨 수 있을 만큼 총수요의 크기를 증가시켜야 잠재 GDP에 도달하여 **완전고용**(full employment)을 달성할 수 있다는

점을 보여준다. 즉 완전고용을 달성하려면 총수요곡선이 F점에서 총생산곡선인 45도 선과 만날 때까지 위쪽으로 (Y_F-AD_1)만큼 이동해야 한다.

2) 경기침체와 정부의 개입

고전학파 경제학자들은 경기침체 상황이 물가의 신축적인 조정을 통해 자동적으로 해소될 것이라고 주장했다. 고전학파의 주장처럼 물가가 신축적이라면 경기가 침체되면 판매되지 못한 상품이 쌓이면서 재고가 증가하여 물가가 하락할 것이고, 물가가 하락하면 총수요가 증가하여 총수요(AD)곡선이 위쪽으로 이동하게 된다. 물가가 충분히 하락하게 되어 총수요곡선이 F점을 지나게 되면 새로운 균형 GDP가 완전고용상태의 잠재 GDP 수준과 같아질 수 있다.

그러나 케인즈는 단기적으로 물가가 경직적이기 때문에 고전학파의 주장과 같은 물가의 신축적인 조정과정은 쉽게 이루어질 수 없다고 주장하였다. 반면에 물가가 경직적이라면 경기침체 갭은 오랜 기간 지속될 수밖에 없다. 따라서 케인즈는 경기침체에서 벗어나기 위해서는 정부가 경제에 적극적으로 개입하여 총수요를 증가시키는 재정정책을 시행해야 한다고 주장하였다. 경기침체에서 벗어나기 위해 총수요를 늘려야 할 필요가 있다고 할 때, 왜 정부가 적극적으로 나서야 하는가? 총수요의 구성요소인 가계의 소비지출이나 기업의 투자지출이 늘어나면 총수요가 증가할 수 있다. 그러나 현실적으로 경기침체로 소득수준이 낮아진 상황에서는 소비가 늘어나기 어렵다. 뿐만 아니라 기업의 경우에도 재고가 증가되는 상황에서 투자를 대폭 늘릴 것이라고 기대할 수도 없다. 이처럼 민간부문으로부터의 자발적인 수요 증가를 기대할 수 없기 때문에 정부가 적극적으로 경제에 개입할 수밖에 없다. 그래서 케인즈는 정부가 정부지출이나 조세 징수액을 변화시켜 총수요를 증대시키는 재정정책을 적극적으로 시행해야 한다고 주장하였다.

제3절 균형국민소득의 변화 : 승수효과

1 승수효과와 정부지출승수

1) 승수효과

케인즈 기본모형에서 균형국민소득은 총수요의 크기에 따라 결정된다. 지금까지 외생적으로 주어진다고 가정했던 독립지출(즉 $\bar{A}=C_0-c\bar{T}+\bar{I}+\bar{G}$)이 변화하면 균형국민소득은 어떤 영향을 받을까?

먼저 독립지출 중에 정부가 정부지출(G)이나 조세(T)를 변화시킬 때 균형국민소득 수준이 어떻게 변화하는지를 알아보자. 만약 정부가 정부지출을 변화시키면 총수요가 변화하고 국가경제의 균형국민소득도 변화한다. 일반적으로 정부지출이 증가하면 총수요가 증가하므로 균형국민소득도 증가할 것이고, 반면에 정부지출이 감소하면 균형국민소득은 감소할 것이다. 그런데 정부지출의 변화량과 균형국민소득의 변화량은 정확히 일치하지는 않는다. 그 이유는 무엇일까? 그 이유는 바로 승수효과 때문이다.

승수(multiplier)는 총수요의 구성요소 중 독립지출에 해당하는 기초소비(C_0)나 투자지출(I), 정부지출(G), 조세(T) 등의 변화가 균형국민소득의 변화를 가져오는 배수를 말한다. 승수는 독립지출의 변화분에 대한 균형국민소득의 변화분의 비율을 말한다.

$$\textbf{승수} = \frac{\text{균형국민소득의 변화분}}{\text{독립지출의 변화분}} = \frac{\Delta Y}{\Delta \bar{A}} \qquad (9.4)$$

한편 **승수효과**(multiplier effect)는 외생적으로 결정되는 투자지출 또는 정부구매나 조세가 증가 또는 감소할 때 그 변화분(증가분 또는 감소분)에 승수(multiplier)를 곱한 배수만큼 균형국민소득이 변화(증가 또는 감소)하는 효과를 말한다. 균형국민소득을 구하는 (9.3)식을 이용하면, 독립지출의 변화에 따른 균형국민소득의 변화 정도인 승수효과는 다음과 같이 된다.

$$\Delta Y^{*} = \frac{1}{1-c}\,\Delta \bar{A} \qquad (9.5)$$

2) 정부지출승수

정부지출의 1단위 증가가 균형국민소득(실질 GDP)을 증가시키는 배수인 정부지출승수(government expenditure multiplier, $\Delta Y/\Delta G$)는 다음과 같이 나타낼 수 있다.

$$정부지출\ 승수\ \frac{\Delta Y}{\Delta G} = \frac{1}{1-c} \qquad (9.6)$$

케인즈의 기본모형에서 한계소비성향(MPC)은 항상 0보다 크고 1보다 작다(즉 $0<c<1$)고 가정하였기 때문에 정부지출승수($\frac{1}{1-c}$)는 1보다 큰 숫자가 된다. 따라서 균형국민소득의 증가(ΔY)는 정부지출의 증가(ΔG)보다 더 크다는 것을 알 수 있다. 또한 정부지출 승수는 한계소비성향(c)이 커질수록 커진다는 것도 알 수 있다. 한계소비성향(MPC)인 c가 0이면 정부지출의 증가로 인한 총생산의 증가는 모두 저축되기 때문에 정부지출승수는 1이 된다. 반면에 한계소비성향이 1이면 정부지출의 증가로 인한 총생산의 증가가 모두 소비로 이어지기 때문에 정부지출승수는 무한대(∞)가 된다.

〈그림 9-5〉는 정부지출의 변화가 승수효과를 통해 균형국민소득을 변화시키는 과정을 그림으로 나타낸 것이다. 정부지출이 ΔG만큼 증가하는 경우, 정부지출의 증가는 총수요곡선을 AD_1에서 AD_2로 위쪽으로 이동시킨다. 이에 따라 경제의 균형은 E_1점에서 E_2점으로 이동

그림 9-5 정부지출 증가의 승수효과

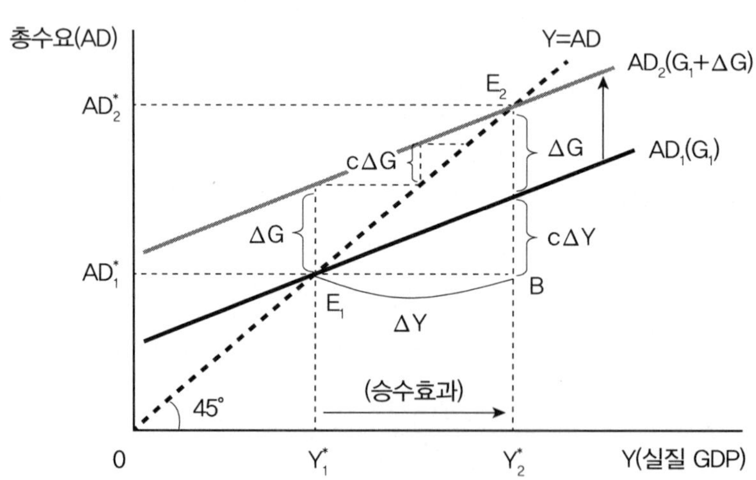

하며, 이에 대응한 균형국민소득은 Y_1에서 Y_2로 증가한다. 그림에서 삼각형 E_1BE_2가 이등변 삼각형이라는 사실로부터 $\Delta Y=\Delta G+c\Delta Y$임을 확인할 수 있다. 이를 정리하면 정부지출의 승수효과는 $\Delta Y=\frac{1}{1-c}\Delta G$와 같다는 것을 알 수 있다.

2 소비, 투자, 조세의 변화와 승수효과

정부지출 이외에도 독립지출을 변화시킬 수 있는 요인들은 무엇이 있을까? (9.2)식에 의하면 정부지출 이외에도 기초소비(C_0), 투자지출(I), 조세(T)가 독립지출에 해당한다. 기초소비, 투자, 조세의 변화도 역시 승수효과를 통해 균형국민소득에 영향을 준다.

1) 소비지출승수

가계의 가처분소득은 변화가 없는데 기초소비(C_0)만 증가한 경우를 생각해보자. 기초소비의 증가(ΔC_0)는 같은 양만큼의 독립지출을 증가시킨다. 따라서 (9.5)식에 따르면 소비지출의 증가에 대한 승수는 정부지출 증가의 경우와 마찬가지로 일반적인 독립지출($\bar{A}$)의 승수와 동일하다. 독립적인 소비지출의 1단위 증가가 균형국민소득을 증가시키는 배수인 **소비지출승수**는 다음과 같다.

$$\text{소비지출승수}(\Delta Y/\Delta C_0) = \frac{1}{1-c} \qquad (9.7)$$

소비지출의 1단위 증가(ΔC_0)는 ($\frac{1}{1-c}$)만큼 균형국민소득의 증가(ΔY)를 가져온다. 따라서 소비지출승수 역시 정부지출승수와 동일하게 1보다 큰 값을 가지며, 한계소비성향(MPC)이 클수록 소비지출승수도 커진다는 것을 알 수 있다.

2) 투자지출승수

기업이 투자지출을 증가시킬 경우에도 독립지출($\bar{A}$)을 같은 양만큼 증가시킨다. 따라서 (9.5)식에 의하면 투자지출의 증가(ΔI)에 대한 승수는 일반적인 독립지출($\bar{A}$)의 승수와 동일하다. 투자지출의 1단위 증가(ΔI)가 균형국민소득을 증가시키는 배수인 **투자지출승수**는 다음과 같다.

$$\text{투자지출승수}(\Delta Y/\Delta I) = \frac{1}{1-c} \qquad (9.8)$$

1단위 투자지출의 증가(ΔI)는 ($\frac{1}{1-c}$)만큼 균형국민소득의 증가를 가져온다. 따라서 투자지출승수 역시 정부지출승수와 동일하게 1보다 큰 값을 가지며($0<c<1$이기 때문임), 한계소비성향(MPC)이 클수록 투자지출승수도 커진다는 것을 알 수 있다.

3) 조세승수

독립적인 조세의 변화도 역시 독립지출($\bar{A}$)의 변화를 초래한다. 그런데 다른 외생변수들과는 달리 조세의 증가는 독립지출을 감소시킨다는 점에 유의해야 한다. 즉 정부의 조세증가(ΔT)는 가계의 가처분소득을 감소시켜 소비를 감소시키게 된다. 이 경우 (9.2)식에 의하면 조세의 1단위 증가는 독립지출($\bar{A}$)을 c비율만큼 감소시킨다. 그리고 (9.5)식에 의하면 독립지출 1단위의 감소는 균형국민소득을 ($\frac{1}{1-c}$)만큼 감소시킨다. 그러므로 조세 1단위의 증가가 균형국민소득을 감소시키는 배수인 **조세승수**는 다음과 같다.

$$\text{조세승수}(\Delta Y/\Delta T) = -\frac{c}{1-c} \qquad (9.9)$$

결국 조세의 1단위 증가(ΔT)는 균형국민소득을 ($\frac{c}{1-c}$)만큼 감소시킨다. 조세승수 앞에 음(−)의 부호가 있는 이유는 조세의 증가가 균형국민소득을 감소시키기 때문이다. 즉 균형국민소득이 조세와 반대로 변화한다는 의미이다.

지금까지 독립지출의 변화는 승수효과를 통해 균형국민소득에 큰 영향을 줄 수 있다는 것을 설명하였다. 총수요를 구성하는 요소들 중에서 독립지출에 해당하는 요소들은 독립적인 소비지출, 투자지출, 정부지출, 조세 등 네 가지이다. 이 중 소비지출과 투자지출은 민간부문에 의해 결정되지만, 정부지출과 조세는 정부가 이용할 수 있는 **재정정책 변수**이다. 정부가 정부지출이나 조세를 적절히 조정함으로써 승수효과를 통해 균형국민소득을 변화시킬 수 있다. 이것이 바로 케인즈가 기본모형을 통해 강조하고 싶었던 정부의 역할이다. 예를 들어 민간부문에서 소비지출이나 투자지출이 감소하여 균형국민소득이 감소하였다고 가정하자. 이 경우 정부는 정부지출을 늘리거나 조세를 줄임으로써 다시 균형국민소득을 원래의 상태로 회복시킬 수 있다는 것이다.

승수효과는 왜 발생하는 것일까?

독립지출 중 정부지출의 변화가 균형국민소득의 변화에 영향을 미치는 동태적 과정을 상세하게 알아보자. 정부지출이 증가하면 이것이 누군가의 소득 증대로 귀결되어 가계 소득이 증가하게 된다. 소득이 증가한 가계는 소비를 증가시킨다. 소비의 증가는 총수요를 또 다시 증가시키고 이는 총생산을 다시 증가시킨다. 하지만 여기서 끝나는 것이 아니다. 소비의 증가로 인한 총생산의 증가는 또 다시 가계의 소득 증가로 귀결되며 이는 또 다시 소비를 증가시킨다. 이런 식으로 소비와 총생산, 그리고 소득은 계속적으로 증가하며 이를 통해 총수요의 증가는 더욱 커진다. 이렇게 최초 일정한 규모의 정부지출 증가는 그것 자체로 총수요를 증가시킬 뿐만 아니라 가계의 소득을 증가시키고, 이를 통해 소비가 계속적으로 증가함으로써 총수요의 전체 증가분은 최초 정부지출의 증가분보다 더 커지게 된다. 정부지출의 증가분을 ΔG로 표기했을 때, 이러한 동태적 과정을 수식으로 나타내면 다음과 같다.

$$\Delta Y = \Delta G + c\Delta G + c^2\Delta G + c^3\Delta G + c^4\Delta G + \cdots \qquad (1)$$

우변의 첫째 항인 ΔG는 최초 정부지출 증가분이다. 정부지출의 증가는 가계의 소득 증가로 귀결되고, 그리고 소득의 증가는 한계소비성향(c, MPC)만큼 소비를 증가시킨다. 따라서 최초의 소비 증가는 둘째 항인 $c\Delta G$가 된다. 이어서 다시 소비 증가분인 $c\Delta G$만큼 소득이 증가하고, 이것은 또 다시 소비를 한계소비성향만큼 증가시킨다. 이것이 셋째 항인 $c^2\Delta G$이다. 이러한 방식으로 소득과 소비는 끊임없이 증가하게 되고, 이러한 소득과 소비의 증가로 인한 균형국민소득의 증가는 (2)식에서와 같이 무한히 반복되는 소비 증가분을 합계하면 계산된다.

(1)식을 정리하면 다음과 같은 간단한 식으로 나타낼 수 있다.

$$\Delta Y = (1 + c + c^2 + c^3 + c^4 + \cdots)\Delta G \qquad (2)$$

무한등비급수(infinite geometric progression) 공식을 적용하여 (2)식을 정리하면 다음과 같은 정부지출승수를 얻게 된다.

$$\frac{\Delta Y}{\Delta G} = \frac{1}{1-c}$$

예컨대, 한계소비성향(c)이 0.75인 경우, 정부지출 승수는 4가 된다.

$$\text{정부지출 승수} = \frac{1}{1-0.75} = 4$$

이것은 정부지출이 1억 증가하면 국민소득이 4억 증가하게 된다는 것을 의미한다.

9장 주요 개념

유효수요, 유휴자원, 독립지출, 총수요함수, 케인즈의 법칙, 경기침체 갭, 승수효과, 정부지출승수, 소비지출승수, 투자지출승수, 조세승수

9장 복습 문제

01 케인즈 기본모형에서 국민소득은 왜 총수요에 의해 결정되는가?

02 케인즈 기본모형에서 균형국민소득(실질 GDP)은 어떻게 결정되는가?

03 경제가 불균형상태에 있을 경우 어떻게 균형으로 조정되는가?

04 케인즈의 기본모형을 이용하여 경기침체가 왜 발생하는지 알아보자.

05 경기침체에서 벗어나기 위해 왜 정부가 적극적으로 나서야 하는가?

06 독립지출(정부지출, 투자, 소비, 조세)이 변화하면 국민소득은 어떻게 변화되는가?

CHAPTER

10

IS-LM 모형

제10장에서는 생산물시장과 화폐시장 사이의 상호작용을 통해 단기적으로 국민소득(실질 GDP)과 이자율이 결정되는 과정을 설명하는 IS-LM 모형을 도출한다. IS는 생산물시장의 균형조건인 투자(I)=저축(S)을 나타내고, LM은 화폐시장 균형조건인 화폐수요(L, 유동성선호)=화폐공급(M)]을 나타낸다.

제 1 절 생산물시장의 균형과 IS곡선

1 생산물시장의 균형 : 케인즈 기본모형의 확장

1) 투자함수 : 이자율과 투자

제9장에서 살펴본 케인즈의 기본모형(균형국민소득 결정모형)은 IS−LM 모형을 도출하기 위한 기초가 된다. 케인즈의 기본모형은 가계, 기업, 정부부문의 총수요가 한 경제의 국민소득(즉 실질 GDP)을 결정하는 과정을 간단하게 잘 설명하고 있다. 그렇지만 기본모형은 지나치게 단순하여 현실에서 중요하게 다루어지는 경제현상들을 무시한 점이 문제로 지적된다. 그 중에서도 가장 심각한 문제는 이자율의 변화가 무시되었다는 점이다.

케인즈의 기본모형에서는 계획된 **투자지출**이 외생적으로 주어져 고정되어 있다고 가정한다. 즉 투자가 소득이나 이자율에 전혀 영향을 받지 않는 독립적인 투자지출이라고 가정하고 있다. 이처럼 케인즈의 기본모형은 투자수요(I)가 외생적으로 주어지고 일정하게 고정되어 있다는 가정($I=\bar{I}$)에 기초를 두고 있어 현실성이 부족하다. 왜냐하면 (제3장에서 논의한 것처럼) 실제 기업의 투자(I)는 이자율(r)에 의존하기 때문이다. 실제로 기업들이 투자를 행할 때 이에 필요한 재원은 보통 금융기관으로부터 차입을 통해 해결한다. 따라서 투자에 따르는 비용은 투자재원을 마련하기 위한 차입에 따른 이자율라고 볼 수 있다. 결국 이자율의 변화는 투자비용에 영향을 주기 때문에 기업의 투자량 결정에 중요한 요인으로 작용한다.

한편 IS−LM 모형에서는 케인즈 기본모형의 문제점을 해결하기 위해 **투자지출이 이자율의 영향을 받는다**고 가정한다. IS−LM 모형에서 이자율(r)과 투자(I)의 관계는 다음과 같은 **투자함수**(investment function)로 나타낸다.

투자함수 $I = I(r)$ (−) (10.1)

여기서 이자율(r)은 투자자금의 조달을 위해 차입하는 비용이다, 따라서 이자율이 상승하면 기업의 투자비용이 증가하므로 계획된 투자지출은 감소하게 된다. 그렇기 때문에 투자(I)는 **이자율(r)의 감소함수**(이자율이 상승하면 투자는 감소)가 되고, 이를 그림으로 나타낸 투자

그림 10-1 투자함수

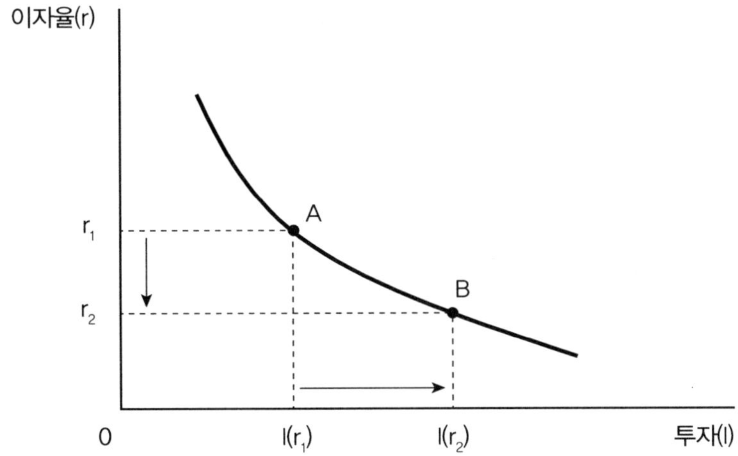

곡선은 〈그림 10-1〉에서와 같이 우하향하는 형태가 된다.

2) 생산물시장의 균형 : 균형국민소득의 결정

투자(investment)가 이자율의 함수인 경우 생산물시장의 총수요는 소득(Y)뿐만 아니라 이자율(r) 수준에도 의존하게 된다. 케인즈 기본모형에서 (9.2)식의 총수요함수는 다음과 같이 변형된다.

$$\text{총수요 (AD)} = C_0 + c(Y-\bar{T}) + I(r) + \bar{G} \qquad (10.2)$$

총수요가 (10.2)식과 같이 변형되면 균형국민소득은 어떻게 결정될까? 한 경제의 균형상태는 총생산이 총수요와 일치할 때 이루어진다. 따라서 IS-LM 모형에서 균형국민소득을 결정하는 **생산물시장의 균형조건식**은 (9.3)식을 변형하여 다음과 같이 나타낼 수 있다.

$$\begin{aligned}\text{총생산(Y)} &= \text{총수요(AD)} \\ &= [C_0 + c(Y-\bar{T})] + I(r) + \bar{G} \qquad (10.3) \\ &= (C_0 - c\bar{T}) + \bar{G} + I(r) + cY\end{aligned}$$

(10.3)식은 두 개의 내생변수, 즉 소득(Y)과 이자율(r)을 갖고 있다. 따라서 생산물시장의 균형조건을 나타내는 (10.3)식 하나만 이용해서는 균형국민소득(Y)을 구할 수 없다. 단지 생산물시장을 균형시키는 국민소득(Y)과 이자율(r)의 관계만 알 수 있다.

2 IS곡선의 도출

1) 이자율의 변화와 균형국민소득의 관계

(10.3)식의 생산물시장의 균형조건은 이자율과 국민소득의 관계를 나타낸다. 그렇다면 실제 이자율(r)이 변화하면 균형국민소득(Y)은 어떻게 변할까? 투자함수와 케인즈의 기본모형을 하나로 결합하면 이자율과 균형국민소득의 관계를 알 수 있다.

(10.1)식의 투자함수에서 투자(I)와 이자율(r)은 부(−)의 관계에 있다. 그렇기 때문에 〈그림 10−1〉에서 이자율이 r_1에서 r_2로 하락할 경우, 계획된 투자는 $I(r_1)$에서 $I(r_2)$로 증가한다. 이자율의 하락으로 인해 계획된 투자가 $I(r_1)$에서 $I(r_2)$로 증가할 경우, 〈그림 10−2〉 (a)에서 총수요함수가 AD_1에서 AD_2로 위쪽으로 이동한다. 이자율의 하락이 총수요를 증가시키는 이유는 이자율 하락이 투자수요를 증가시키기 때문이다. 따라서 총수요(AD)가 증가함에 따라 생산물시장의 균형은 A점에서 B점으로 이동하고, 이에 대응하여 균형국민소득수준은 Y_1에서 Y_2로 증가한다.

결국 이자율이 하락하면 투자수요가 증가하기 때문에 균형국민소득수준이 증가한다. 반대로 이자율이 상승하면 투자수요가 감소하기 때문에 균형국민소득수준은 감소한다. 따라서 이자율(r)과 국민소득(Y)의 관계는 부(−)의 관계임을 알 수 있다.

2) IS곡선의 도출

〈그림 10−2〉는 케인즈 기본모형을 이용하여 IS곡선을 도출하는 과정을 보여준다. 그림 (a)는 케인즈의 기본모형인 균형국민소득(실질 GDP) 결정모형을 나타낸 것이다.

생산물시장의 균형조건식인 (10.3)식에서 이자율이 변화할 때 이에 대응하는 균형국민소득의 변화를 고찰하면 IS곡선을 도출할 수 있다. 〈그림 10−2〉 (b)는 이자율이 변화함에 따라 균형국민소득이 변하는 과정을 별도로 나타낸 것이다. A점과 B점은 그림 (a)의 A점과 B점에 각각 대응하는 점이며, 이자율이 r_1에서 r_2로 하락할 때 균형국민소득은 Y_1에서 Y_2로 증가하는

그림 10-2 IS곡선의 도출

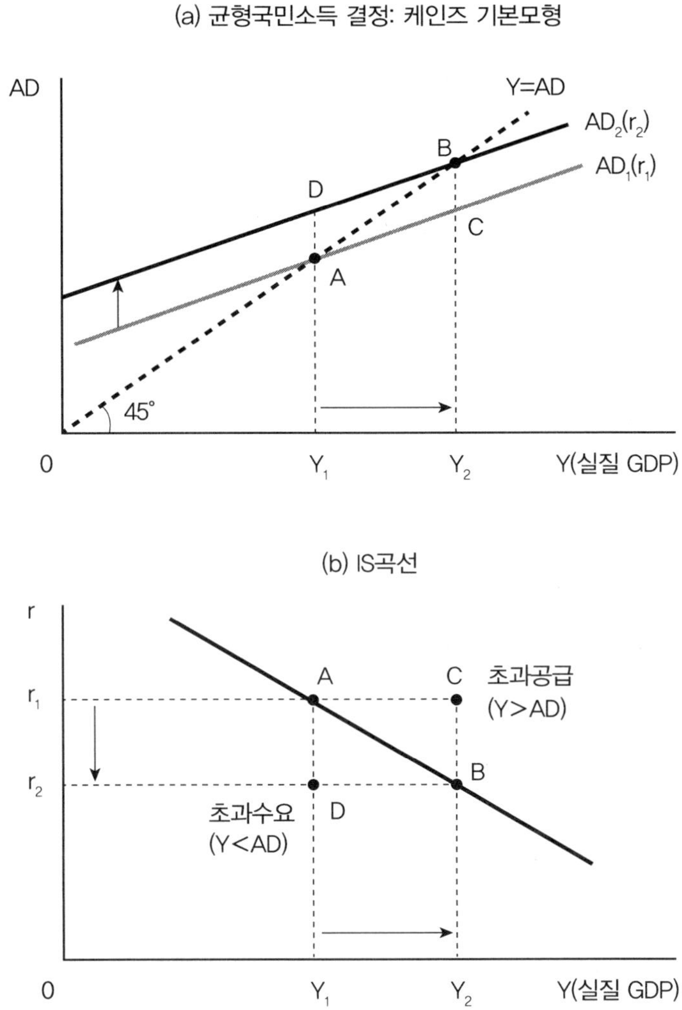

것을 보여준다. 따라서 r_1과 Y_1, 그리고 r_2와 Y_2는 모두 생산물시장을 균형시키는 소득과 이자율의 조합이 된다. 이처럼 생산물시장을 균형시키는 소득과 이자율의 조합은 A점과 B점 이외에도 무수히 많다. 이와 같이 생산물시장을 균형시키는 국민소득(Y)과 이자율(r)의 조합을 연결한 곡선을 **IS곡선**이라 한다. IS곡선은 이자율과 국민소득수준의 관계를 나타낸 것이다.

결과적으로 IS곡선은 투자함수와 케인즈의 균형국민소득 결정모형을 결합한 것이다. 즉 투자함수로 나타낼 수 있는 이자율(r)과 투자(I)의 상관관계와 균형국민소득 결정모형으로 나타낼 수 있는 투자(I)와 소득의 상관관계를 결합시킨 것이다. 그래서 IS곡선 상의 각 점들은 생산물시장의 균형조건을 나타내고, 또한 이자율(r)의 변화에 따라 소득(Y)이 어떻게 변화하는지도 보여준다.

한편 이자율이 상승하면 계획된 투자지출이 감소하여 소득이 감소하기 때문에 IS곡선은 우하향하는 기울기를 갖는다. 〈그림 10-2〉 (b)에서 도출한 IS곡선은 우하향하는 형태를 가지고 있다. 그림 (a)에서 이자율이 하락하면 투자가 증가하여 균형국민소득이 증가한다. 이자율이 낮을수록($r_1 \rightarrow r_2$), 균형국민소득은 증가($Y_1 \rightarrow Y_2$)한다. 이처럼 이자율과 균형국민소득이 부(-)의 관계이므로 그림 (b)에서 이자율과 균형국민소득의 관계를 나타낸 IS곡선은 음(-)의 기울기를 갖는 우하향하는 형태이다.

3 재정정책과 IS곡선의 이동

1) 정부지출의 변화와 IS곡선의 이동

IS곡선은 주어진 이자율(r)에 대해 생산물시장을 균형시키는 균형국민소득(Y)수준을 나타낸다. 균형국민소득결정 기본모형에서 살펴본 바와 같이 총수요(AD)가 증가하면 이자율이 변하지 않더라도 균형국민소득수준은 승수효과만큼 증가한다. 균형국민소득(Y)은 정부의 재정정책 수단인 정부지출(G)과 조세(T)의 변화에 의해서도 영향을 받는다. 그러므로 정부지출과 조세가 변화하면 균형국민소득이 변하기 때문에 IS곡선도 이동하게 된다.

〈그림 10-3〉은 균형국민소득 결정모형을 이용하여 정부지출이 ΔG만큼 증가할 경우 IS곡선이 어떻게 이동하는지를 보여주고 있다. 이자율이 일정한 수준($\bar{r}_0$)에서 고정되어 있기 때문에 계획된 투자(I)가 변화하지 않는 경우이다.

그림 (a)의 균형국민소득 결정모형에 따르면 정부지출이 ΔG만큼 증가할 경우 총수요(AD)가 ΔG만큼 증가하고, 경제(생산물시장)의 균형이 A점에서 B점으로 이동한다. 그리고 균형국민소득도 정부지출의 승수효과에 의해 Y_1에서 Y_2로 증가한다. 즉 균형국민소득이 $(\frac{1}{1-c})\Delta G$ 만큼 증가한다. 이에 따라 그림 (b)에서 IS곡선도 주어진 이자율($\bar{r}_0$)수준에서 균형국민소득이

그림 10-3 정부지출의 증가와 IS곡선 이동

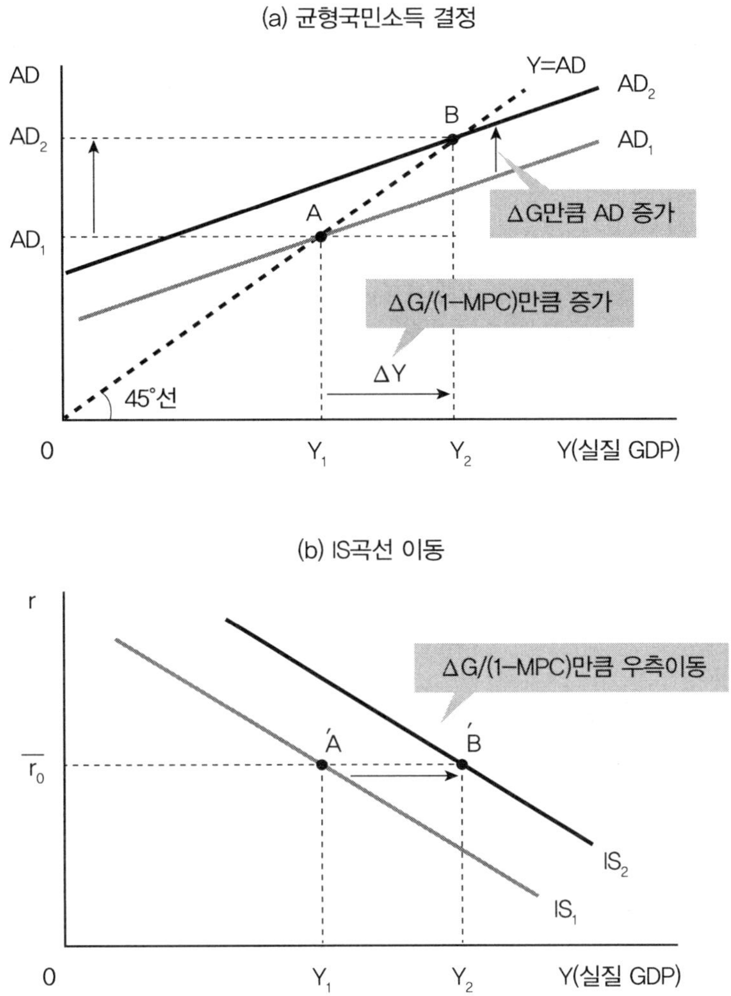

증가한 만큼 오른쪽으로 이동한다.

반면에 정부지출이 감소할 경우에는 총수요가 감소하여 정부지출승수만큼 균형국민소득도 감소한다. 이에 따라 IS곡선도 주어진 이자율수준에서 균형국민소득이 감소한 만큼 왼쪽으로 이동한다.

2) 조세의 변화와 IS곡선의 이동

한편 조세(T)가 변화하는 경우에도 IS곡선이 이동한다. 조세가 ΔT만큼 증가하는 경우에는 가처분소득의 감소에 의해 총수요(AD)가 그만큼 감소하게 된다. 총수요의 감소로 인해 균형 국민소득도 조세승수만큼, 즉 $(\frac{-c}{1-c})\Delta T$만큼 감소한다. 이에 따라 IS곡선은 왼쪽으로 이동하게 된다. 반면에 조세가 감면되는 경우에는 총수요와 균형국민소득이 증가하게 되므로 IS곡선은 오른쪽으로 이동한다.

요약하면 **IS곡선**은 생산물시장의 균형조건을 충족하는 이자율과 소득수준 사이의 관계를 나타낸다. IS곡선은 재정정책(정부지출과 조세)이 일정하다고 가정하고 도출된 것이다. 따라서 재정정책의 변화로 인해 생산물시장의 총수요가 변화할 경우 IS곡선은 이동한다. 총수요를 증가시키는 재정정책의 변화(즉 정부지출 증가, 조세 감면)가 발생할 경우 IS곡선은 승수효과만큼 오른쪽으로 이동한다, 반대로 총수요를 감소시키는 재정정책의 변화(즉 정부지출 감소, 조세 증대)가 발생할 경우 IS곡선은 승수효과만큼 왼쪽으로 이동한다.

제 2 절 화폐시장의 균형과 LM곡선

1 화폐시장의 균형 : 유동성 선호이론

IS곡선은 생산물시장의 균형조건을 충족하는 국민소득과 이자율의 관계를 나타내지만, 두 가지 내생변수의 균형 값을 계산할 수는 없다. 왜냐하면 생산물시장의 균형조건식으로는 소득은 알 수 있지만 이자율은 계산할 수 없기 때문이다. 그래서 여기서는 이자율(r)을 구하기 위해 화폐시장을 거시경제모형에 도입한다.

케인즈는 화폐시장에서 이자율이 결정된다고 생각하였다. 케인즈는 「일반이론」(1936)에서 화폐시장에서의 균형을 통해 이자율이 결정되는 과정을 설명하는 **유동성 선호이론**(theory of liquidity preference)을 제시하였다. 케인즈는 유동성 선호이론을 통해 화폐에 대한 수요(money demand)가 결정되는 원리를 설명하고, 이를 화폐시장의 균형 분석에 이용하여 이자율이 결정되는 과정을 체계적으로 분석하였다.

LM곡선은 화폐시장에서 결정된 이자율과 소득 수준 사이의 관계를 나타낸다. 이런 관계를 이해하기 위해 유동성 선호이론을 살펴보기로 하자.

1) 화폐에 대한 수요

유동성 선호이론에 따르면 사람들이 보유하고자 하는 화폐의 수요량은 소득(Y)과 이자율(r)에 영향을 받는다. 유동성 선호이론에서 화폐에 대한 수요는 다음과 같은 **실질화폐수요함수**로 표현한다.

$$\text{실질화폐수요} \qquad (\frac{M}{P})^D = L(Y, r) \quad (10.4)$$

여기서 M^D는 화폐수요량, P는 물가수준이다. 따라서 $(M/P)^D$는 실질화폐에 대한 수요량이다. 그리고 함수 L(Y, r)는 화폐수요량이 소득(Y)과 이자율(r)에 의존한다는 사실을 나타낸다. 그런데 실질화폐에 대한 수요는 소득의 증가함수이기 때문에 소득수준에 비례한다. 반면에 실질화폐에 대한 수요는 이자율의 감소함수이기 때문에 이자율에 반비례한다. 즉 실질소득이 증가하거나 이자율이 하락하면 실질화폐에 대한 수요는 증가한다.

한편 단기적으로 물가(P)와 소득(Y)수준이 각각 $\bar{P}$, $\bar{Y}$로 일정하다고 가정하면, (10.4)식의 실질화폐수요는 다음과 같이 나타낼 수 있다.

$$(\frac{M}{\bar{P}})^D = L(\bar{Y}, r) \qquad (\text{단, P 와 Y가 일정}) \quad (10.5)$$

위 식은 **P와 Y가 일정하게 고정되어 있을 경우**, 실질화폐수요는 오직 이자율(r)에만 영향을 받게 된다는 사실을 나타낸 것이다. 〈그림 10-4〉에서 이자율과 실질화폐수요 사이의 관계를 그림으로 나타낸 것이 **화폐수요곡선**(money demand curve)이다. 실질화폐수요가 이자율과 반비례하므로 화폐수요곡선은 우하향하는 형태가 된다.

2) 화폐의 공급

화폐시장에서의 화폐공급(money supply)에 대해 알아보자. 유동성 선호이론에서 화폐의 공급은 일정하게 주어진다고 가정한다. 왜냐하면 화폐공급(M)은 **중앙은행**에 의해 결정되는 **외생변수**이기 때문이다. 중앙은행에 의해 이자율과 관계없이 외생적으로 결정된 명목화폐공급량을 $\bar{M}$으로 표기하자. 그러면 물가수준이 $\bar{P}$로 고정되어 있는 단기에서 실질화폐의 공급은 다음과 같이 표현된다.

$$\text{실질화폐의 공급 } \left(\frac{M}{P}\right)^S = \frac{\bar{M}}{\bar{P}} \qquad (10.6)$$

위 식은 화폐공급은 고정되어 있고 이자율에 의존하지 않는다는 것을 나타낸다. 즉 실질화폐의 공급은 이자율에 전혀 영향을 받지 않고 중앙은행에 의해 외생적으로 주어진다. **화폐공급곡선**(money supply curve)은 이자율과 화폐의 공급 사이의 관계를 나타낸다. 그런데 화폐공급은 이자율과 관계없이 외생적으로 주어지기 때문에 〈그림 10-4〉에서와 같이 화폐공급곡선은 주어진 화폐공급($\bar{M}$)수준에서 **수직선**의 형태가 된다.

3) 화폐시장의 균형 : 균형이자율의 결정

유동성 선호이론에 의하면 한 경제 내에서 화폐에 대한 수요와 공급이 이자율을 결정한다고 본다. 화폐시장의 균형상태에서 균형이자율이 결정되고, 화폐시장이 불균형일 경우에는 화폐에 대한 수요량과 공급량을 균형시키기 위해 이자율이 조절된다고 본다.

화폐시장의 균형은 화폐에 대한 수요와 공급이 일치하는 수준에서 이루어진다. 따라서 **화폐시장의 균형조건**은 다음과 같이 나타낼 수 있다.

$$\text{화폐시장 균형조건 } \left(\frac{M}{P}\right)^S = \left(\frac{M}{P}\right)^D$$

$$\frac{\bar{M}}{\bar{P}} = L(\bar{Y}, r) \qquad (10.7)$$

만약 화폐공급(M)과 소득(Y), 물가(P)가 고정되어 있다면, 화폐시장의 균형조건식인 (10.7)식은 균형이자율(r)을 결정하는 식이 된다.

〈그림 10-4〉는 화폐시장에서 화폐에 대한 수요와 공급이 일치되어 균형이 성립할 때 균형이자율이 결정된다는 유동성 선호이론을 나타낸 것이다. $L(\bar{Y}, r)$은 실질화폐에 대한 수요를 나타낸다. 실질화폐에 대한 수요는 이자율과 반비례하므로 **화폐수요곡선** $(M/P)^D$는 우하

그림 10-4 유동성 선호이론 : 균형이자율 결정

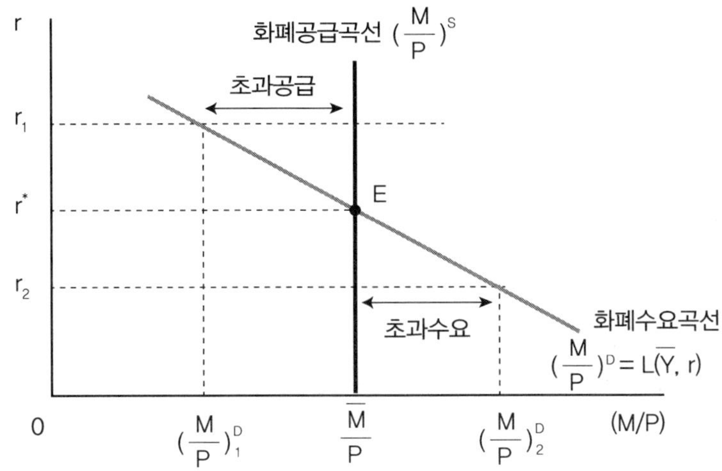

향하는 형태이다. 반면에 실질화폐공급은 이자율에 전혀 영향을 받지 않으므로 **화폐공급곡선** $(M/P)^S$는 주어진 화폐공급($\bar{M}$)수준에서 수직선의 형태이다.

화폐공급곡선과 화폐수요곡선이 만나는 E점에서 화폐시장의 균형이 성립되고 균형이자율이 결정된다. 균형이자율 수준에서 화폐에 대한 수요량과 공급량은 일치한다.

한편 한 경제에서 화폐에 대한 수요량과 공급량이 일치하지 않을 경우, 화폐시장은 어떻게 균형이 될 수 있을까? 유동성 선호이론에 의하면 화폐시장이 불균형일 경우 사람들은 자신들의 자산 구성을 변화시키게 되고 이로 인해 이자율이 조절된다. 예를 들어 〈그림 10-4〉에서 r_1수준처럼 **이자율이 균형이자율(r^*)보다 높을 경우**, 실질화폐공급량이 수요량을 초과하여 초과공급이 발생한다. 이 경우 화폐를 필요 이상으로 많이 보유하고 있던 사람들은 이자가 발생하지 않는 화폐를 이자가 발생하는 은행예금이나 채권으로 전환하여 이자 수입을 얻으려 할 것이다. 은행예금이나 채권에 대한 수요가 커지면 은행과 채권발행기관은 이자율을 낮추어 채권을 공급할 수 있게 되므로 이로 인해 이자율이 하락한다. 결국 이자율은 화폐에 대한 수요량과 공급량이 일치하는 균형이자율(r^*)수준까지 계속 하락하고, 화폐시장은 균형으로 회복된다.

반대로 〈그림 10-4〉에서 r_2수준처럼 이자율이 **균형이자율(r^*)보다 낮은 경우**, 실질화폐

에 대한 수요량이 공급량을 초과하여 초과수요가 발생한다. 이 경우 사람들은 채권을 팔거나 은행예금을 인출하여 화폐 보유를 늘리려 할 것이다. 이렇게 되면 줄어든 자금을 모으기 위해 은행과 채권발행기관은 더 높은 이자율을 제시하게 되고 이로 인해 이자율은 상승하게 된다. 결국 이자율은 실질화폐에 대한 수요와 실질화폐공급이 일치하는 수준까지 계속적으로 상승하여 균형이자율(r^*)수준으로 회복된다.

4) 화폐공급의 변화와 이자율의 변화

유동성 선호이론으로 균형이자율이 어떻게 결정되는지 알아보았다. 이제 유동성 선호이론을 이용하여 중앙은행이 화폐공급을 변화시킬 경우 이자율이 어떻게 변하는지 알아보자. 예를 들어 〈그림 10-5〉에서와 같이 중앙은행이 화폐**공급을 M_1에서 M_2로 증가**시킨 경우를 생각해보자. 단기에는 물가(P)가 고정되어 있으므로 중앙은행이 화폐공급을 증가시키면 실질화폐의 공급도 (M_1/P)에서 (M_2/P)로 증가한다. 또 실질화폐공급의 증가는 화폐공급곡선을 $(M/P)^S_1$에서 $(M/P)^S_2$로 오른쪽으로 이동시키게 된다. 결과적으로 중앙은행이 화폐공급을 증가시키면 화폐시장의 균형은 A점에서 B점으로 이동하고 이로 인해 균형이자율은 r_1에서 r_2로 하락한다. 균형이자율이 r_1에서 r_2로 하락함에 따라 사람들은 더 많은 양의 실질화폐를 보유하려 한다.

그림 10-5 화폐공급의 증가와 이자율 변화

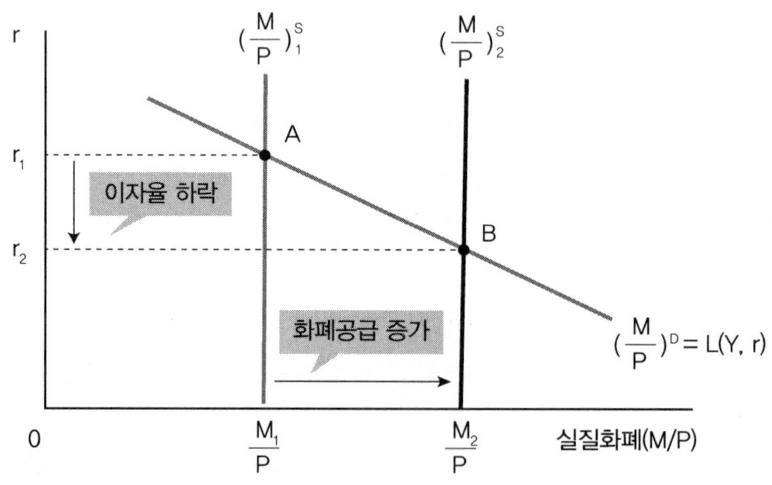

반대로 중앙은행이 화폐공급을 감소시키면 화폐공급을 증가시킨 경우와는 정반대의 현상이 발생하며 이자율은 상승하게 된다. 이자율이 상승함에 따라 사람들은 더 적은 양의 실질화폐를 보유하려 하게 된다.

이와 같이 유동성 선호이론에 의하면 화폐공급과 이자율은 서로 반대방향으로 움직인다. 화폐공급이 증가할 경우 이자율은 하락하고, 화폐공급이 감소할 경우 이자율은 상승한다.

2 LM곡선의 도출

1) 소득의 변화와 균형이자율의 관계

이제 유동성 선호이론을 이용하여 LM곡선을 도출해보자. 화폐시장에서 균형이자율의 결정과정을 분석하면서 소득수준(Y)은 $\bar{Y}$로 고정되어 있다고 가정하였다. 그럼 한 경제의 소득 Y가 변화할 경우 화폐시장에는 어떤 영향을 미칠까?

(1) 소득의 변화와 화폐수요의 변화

유동성 선호이론의 화폐수요함수인 (10.4)식 $(M/P)^D=L(Y, r)$에 의하면 소득수준과 이자율이 화폐수요에 영향을 미친다. 실질화폐에 대한 수요량은 이자율(r)과 부(−)의 관계이고, 소득(Y)과는 정(+)의 관계이다. 따라서 이자율수준이 일정하더라도 소득이 변하면 화폐수요가 변하게 된다. 소득수준이 높아지면 거래를 위해 보유하려는 화폐수요가 증가하기 때문에 화폐에 대한 수요가 증가한다. 반대로 소득이 감소하면 화폐에 대한 수요가 감소한다.

(2) 소득의 변화와 균형이자율의 변화

이제 화폐공급과 물가수준은 일정하게 주어져 있는데, 소득수준(Y)만 변화할 때 이자율(r)에 어떤 변화가 일어나는지를 알아보자. 예를 들어 〈그림 10-6〉 (a)의 실질화폐시장에서 국민소득이 Y_1에서 Y_2로 증가한 경우, 실질화폐에 대한 수요가 증가하여 화폐수요곡선이 $L(Y_1, r)$에서 $L(Y_2, r)$로 오른쪽으로 이동한다. 실질화폐수요가 증가함에 따라 화폐시장의 균형은 A점에서 B점으로 이동하고 균형이자율은 r_1에서 r_2로 상승한다. 결국 실질화폐공급이 일정불변인 경우 소득(Y)이 증가하면 화폐시장이 균형을 유지하기 위해서는 이자율(r)이 상승하여야 한다.

따라서 유동성 선호이론의 화폐시장 균형조건에 의하면 소득(Y)수준과 이자율(r) 사이의 관계가 정(+)의 관계임을 알 수 있다. 소득이 증가하는 경우 이자율은 상승하고, 소득이 감소하는 경우 이자율은 하락한다. 이러한 화폐시장의 균형조건을 충족하는 이자율(r)과 소득(Y)수준의 관계를 그림으로 나타낸 것이 **LM곡선**이다.

2) LM곡선의 도출

〈그림 10−6〉 (b)에서와 같이 화폐시장의 균형조건을 만족시키는 소득(Y)과 이자율(r)의 조합들을 연결한 곡선을 LM곡선이라 부른다. LM곡선 상의 각 점(Y와 r의 조합)은 모두 화폐시장의 균형조건을 충족한다. 결국 **LM곡선**은 물가수준과 화폐공급이 주어진 상태에서 화폐시장을 균형시키는 소득(Y)수준과 이자율(r) 사이의 관계를 나타낸다. 그러므로 LM곡선은 화폐시장에서 소득수준이 변화할 때 이자율이 어떻게 변하는지를 보여준다. 소득수준이 증가할수록 실질화폐에 대한 수요가 증가하고, 이로 인해 이자율도 상승한다. 이와 같이 Y와 r이 정(+)의 관계이므로 LM곡선은 우상향하는 형태가 된다.

〈그림 10−6〉 (b)에서 LM곡선은 우상향하는 형태를 가지고 있다. LM곡선이 우상향하는 이유를 좀 더 구체적으로 알아보자. 화폐시장의 균형조건을 충족시키는 LM곡선 상의 임의

그림 10−6 LM곡선의 도출

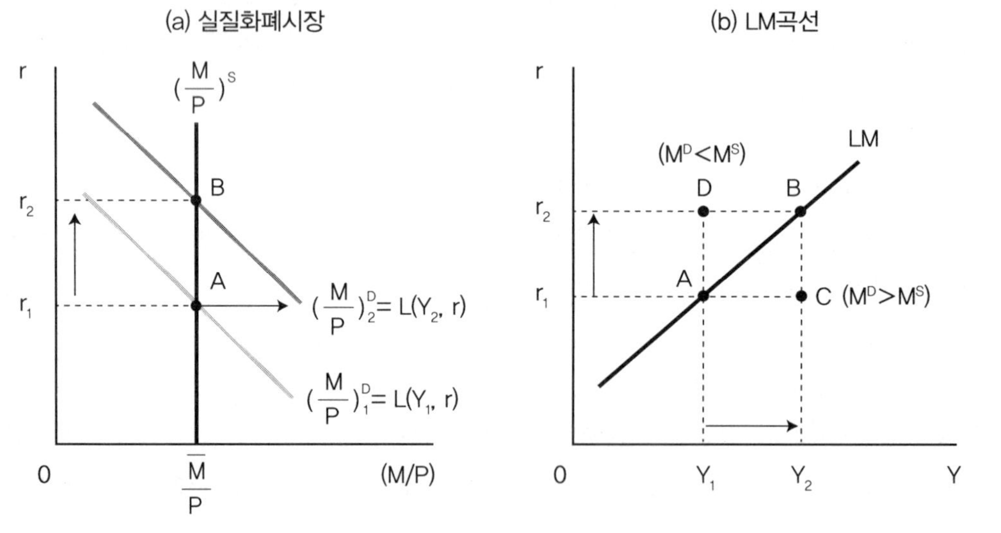

의 A점을 생각해보자. 이제 다른 조건이 일정하고 단지 소득수준만이 Y_1에서 Y_2로 증가하여, A점에서 C점으로 이동하였다고 하자. 소득의 증가는 화폐수요의 증가를 가져올 것이다. 이때 화폐공급에 아무런 변화가 없다면 화폐시장에는 초과수요가 발생하게 된다. 이러한 초과수요를 제거하고 화폐시장의 균형을 회복하기 위해서는 화폐보유에 대한 기회비용인 이자율이 상승해야한다. 그러므로 새로운 균형은 B점과 같이 A점의 오른쪽 위 방향(우상향)에 위치하게 된다. 이는 화폐시장의 균형을 유지하기 위해서는 이자율과 소득수준이 같은 방향으로 움직여야 한다는 것을 의미한다. 따라서 **소득수준과 이자율이 정(+)의 관계**이기 때문에 LM곡선은 일반적으로 우상향하는 형태를 가진다.

한편 C점과 같이 LM곡선의 오른쪽 구역은 소득수준이 높아 화폐에 대한 초과수요가 존재하는 구역이고, D점과 같이 LM곡선의 왼쪽 구역은 화폐에 대한 초과공급이 존재하는 구역이다.

3 통화정책과 LM곡선의 이동

LM곡선은 주어진 소득수준에 대해 화폐시장의 균형을 유지하는 이자율을 알려준다. 균형이자율수준은 소득수준에 의해서도 달라지지만, 다른 한편으로 실질화폐의 공급에 의해서도 달라진다. 그러므로 중앙은행이 명목화폐공급을 변화시키는 통화정책에 의해 실질화폐의 공급이 변화할 경우 LM곡선이 이동한다.

이제 유동성 선호이론을 이용하여 통화정책이 어떻게 LM곡선을 이동시키는지 알아보자. 〈그림 10-7〉 (a)에서 중앙은행이 명목화폐공급을 M_1에서 M_2로 증가시키면, 실질화폐의 공급은 (M_1/P)에서 (M_2/P)로 증가한다. 이 경우 소득수준이 일정하여 실질화폐에 대한 수요도 일정(화폐수요곡선 불변)하다고 가정한다면, 화폐시장의 균형이 A점에서 B점으로 이동하게 된다. 이 경우 화폐시장에서 균형을 유지하기 위해서는 이자율은 r_1에서 r_2로 하락하여야 한다. 따라서 일정한 소득수준(예 $\bar{Y}_1$ 수준)에서 화폐공급이 증가하면 실질화폐공급이 증가하여 이자율이 하락($r_1 \rightarrow r_2$)하게 되므로 LM곡선은 LM_1에서 LM_2로 아래쪽으로 이동한다.

반대로 이번에는 중앙은행이 명목화폐공급을 M_2에서 M_1으로 감소시키면 실질화폐의 공급은 (M_2/P)에서 (M_1/P)으로 감소하게 된다. 소득수준이 일정하다면 실질화폐에 대한 수요도 일정하므로, 이 경우 실질화폐의 공급이 감소하면 화폐시장의 균형은 B점에서 A점으로 이

그림 10-7 화폐공급의 증가와 LM곡선의 이동

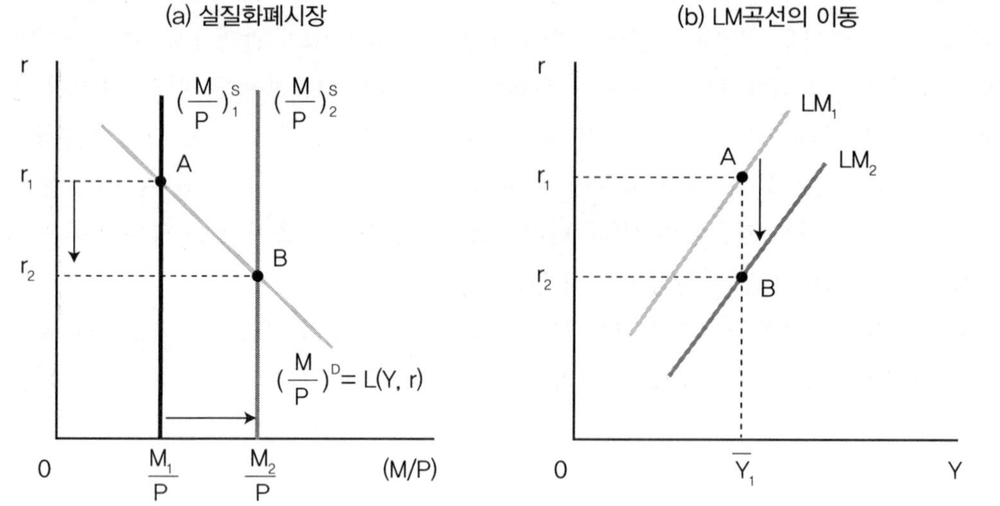

동하게 된다. 이에 따라 화폐시장의 균형을 유지하기 위해 이자율은 r_2에서 r_1으로 상승하여야 한다. 따라서 일정한 소득수준에서 화폐공급이 감소하면 실질화폐공급이 감소하여 이자율이 상승하게 되므로 LM곡선은 LM_2에서 LM_1으로 위쪽으로 이동한다.

제3절 거시경제의 단기균형 : IS-LM 모형

1 균형국민소득과 균형이자율 결정

이제까지 IS-LM 모형의 두 가지 구성요소인 IS곡선과 LM곡선을 도출하였다. 단기적으로 화폐공급(M)과 물가수준(P)이 일정한 경우, **IS곡선**은 생산물시장의 균형조건을 만족시키

는 이자율(r)과 소득(Y)수준의 조합이고, **LM곡선**은 화폐시장의 균형조건을 만족시키는 이자율(r)과 소득(Y)수준의 조합이다.

한편 **IS-LM 모형**에서 생산물시장과 화폐시장의 균형조건은 다음과 같다.

IS 곡선	Y = C(Y−T) + I(r) + G	(생산물시장 균형조건)
LM곡선	(M/P) = L(Y, r)	(화폐시장 균형조건)

위 식에서 재정정책 변수인 정부지출(G)과 조세(T), 통화정책 변수인 화폐공급(M), 그리고 물가수준(P)은 외생적으로 주어진 외생변수로 간주된다.

이제 두 시장을 함께 고려하면, 두 시장의 균형을 모두 만족시키는 유일한 소득수준과 이자율 수준을 계산할 수 있다. 〈그림 10-8〉은 생산물시장의 균형조건을 나타내는 IS곡선과 화폐시장의 균형조건을 나타내는 LM곡선을 동시에 나타낸 것이다. 한 **경제의 균형**은 생산물시장과 화폐시장이 동시에 균형이 이루어질 때 성립한다. IS-LM 모형에서는 (정부지출, 조세, 화폐공급, 물가수준이 일정하게 주어진 경우) IS곡선과 LM곡선이 교차하는 E점에서 화폐시장과 생산물시장이 동시에 균형이 달성된다. IS곡선과 LM곡선의 교차점에서 총수요와 총생산이 같아지며, 또한 실질화폐에 대한 수요량과 공급량이 같아진다. 그러므로 **IS곡선과 LM곡선의 교차점**에 대응하는 (Y^*, r^*)는 거시경제의 균형조건을 충족시키는 국민소득과 이자율의 조합이다. 따라서 Y^*는 균형국민소득이고, r^*는 균형이자율이 된다.

그림 10-8 거시경제의 단기균형 : IS-LM 모형

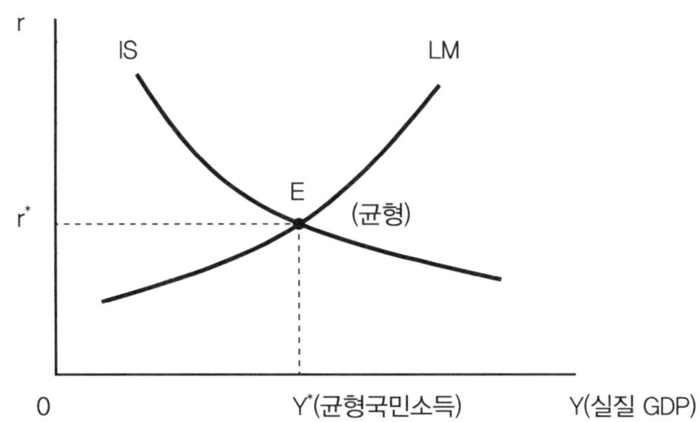

2 단기균형으로의 조정과정

IS-LM 모형에서 IS곡선은 우하향하고, LM곡선은 우상향하는 형태를 지니고 있기 때문에 두 곡선의 교차점이 반드시 존재하므로 균형은 존재하게 된다. 그렇다면 경제가 불균형 상태에서 어떻게 균형으로 조정될 수 있을까?

1) 경제의 단기 불균형

〈그림 10-9〉의 소득(Y)-이자율(r) 평면을 이용하여 경제가 단기균형으로 조정되는 과정에 대해 알아보자. 한 경제에서 생산물시장과 화폐시장의 상태는 IS곡선과 LM곡선이 교차하는 균형점을 기준으로 4개(Ⅰ~Ⅳ)의 구역으로 나누어진다. 경제의 단기균형점(E점)은 두 시장이 동시에 균형을 이루는 이자율과 소득의 조합이 된다. 반면에 E점을 제외한 다른 r과 Y의 조합에서는 최소한 한 개의 시장에서 불균형이 존재한다. **Ⅰ구역**은 IS곡선과 LM곡선의 오른쪽이므로, 생산물시장에서는 초과공급이 발생하지만 화폐시장에서는 초과수요가 존재하는 상황이다. **Ⅱ구역**은 IS곡선의 오른쪽이고 LM곡선의 왼쪽이므로, 생산물시장과 화폐시장에서 모두 초과공급이 존재한다. 같은 방식으로 **Ⅲ구역**에는 생산물시장의 초과수요, 화폐시장의 초과공급이 존재하고, **Ⅳ구역**에서는 생산물시장과 화폐시장에서 모두 초과수요가 존재하는 상황이다.

2) 단기균형으로의 조정과정

IS-LM 모형에서 경제가 IS곡선과 LM곡선의 교차점에 있지 않아 불균형상태에 있을 때 경제는 두 곡선의 교차점인 균형(E점)을 향하여 수렴하는 힘이 작용한다. 그럼 경제가 불균형상태에서 어떻게 균형으로 조정될까?

〈그림 10-9〉를 이용하여 경제가 단기균형으로 조정되는 과정을 구체적으로 알아보자. 예를 들어, 한 국가경제가 그림에서 불균형상태인 A점에 있다고 할 때 어떻게 균형으로 수렴하는 힘이 작용하는지를 살펴보자. A점이 위치한 Ⅰ구역은 생산물시장에는 초과공급이 존재하고, 화폐시장에서는 초과수요가 발생하고 있는 상태이다. 따라서 생산물시장에서는 초과공급으로 인해 기업이 생산을 축소하기 때문에 총생산이 감소하여 소득(Y)도 감소하는 현상이 발생한다. 한편 화폐시장에서는 초과수요로 인해 이자율이 상승하는 현상이 동시에

그림 10-9 단기균형으로의 조정과정

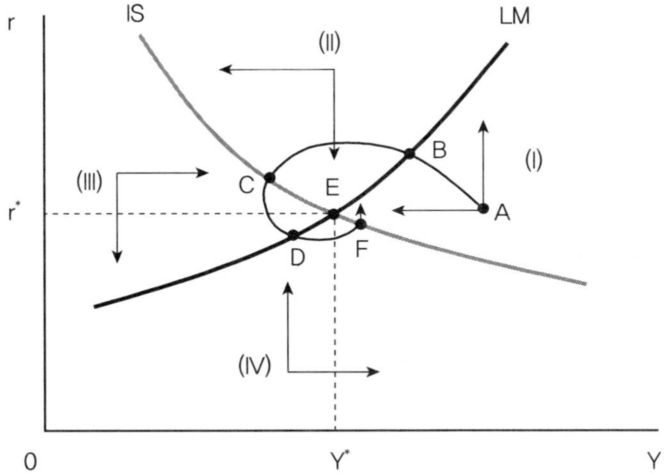

Ⅰ 구역 : $Y^S > AD$, $M^S < M^D$ Ⅱ 구역 : $Y^S > AD$, $M^S > M^D$
Ⅲ 구역 : $Y^S < AD$, $M^S > M^D$ Ⅳ 구역 : $Y^S < AD$, $M^S < M^D$

발생한다. 결과적으로 A점의 불균형상태인 경제는 좌상방(왼쪽 위쪽)으로 이동하여 LM곡선상의 B점에 이르게 될 것이다. 한편 이러한 상태에서는 화폐시장의 균형은 달성되지만 생산물시장에서는 초과공급이 계속되므로 총생산의 감소에 의한 소득의 감소가 계속되어 경제는 결국 Ⅱ구역에 이르게 될 것이다.

한편 Ⅱ구역은 생산물시장의 초과공급과 화폐시장의 초과공급이 동시에 존재하는 상황이다. 그러므로 총생산과 소득의 감소와 이자율의 하락이 동시에 나타나 국가경제는 IS곡선상의 C점에 도달하게 될 것이다. 그러나 이 상태에서는 화폐시장의 초과공급이 계속 존재하기 때문에 이자율이 계속 하락하여 경제는 다시 Ⅲ구역에 이르게 된다.

한편 Ⅲ구역은 생산물시장의 초과수요와 화폐시장의 초과공급이 존재하는 상황이다. 그러므로 총생산과 소득의 증가와 이자율의 하락이 함께 나타나 국가경제는 다시 LM곡선상의 D점에 이르게 된다. 그러나 이 점에서는 생산물시장의 초과수요가 계속 존재하기 때문에 총생산이 계속 증가하므로 경제는 Ⅳ구역을 거쳐 다시 IS곡선상의 F점에 이르게 된다. 이러한 과정이 반복되어 최종적으로 경제가 균형점인 E점으로 수렴하게 된다.

결과적으로 IS−LM 모형에 의하면 경제가 불균형상태에 있을 때 소득(Y)과 이자율(r)의 조정에 의해 경제의 단기 균형점으로 수렴한다는 것을 알 수 있다.

유동성 선호의 동기

유동성 선호이론에 따르면 화폐에 대한 수요(즉 유동성에 대한 선호)는 세 가지 동기에 의해 이루어진다. 즉 화폐수요는 거래적 동기의 화폐수요, 예비적 동기의 화폐수요, 투기적 동기의 화폐수요로 이루어진다.

첫째, **거래적 동기**(transaction motive))의 화폐수요는 일상의 거래를 위하여 화폐를 보유하는 것을 말한다. 상품을 많이 구입하기를 원할수록 화폐에 대한 수요가 늘어날 것이다. 그런데 대체로 소득수준이 높으면 높을수록 상품을 많이 구입하기를 원하므로 화폐에 대한 수요는 소득이 높을수록 늘어나게 된다. 즉 거래적 동기의 화폐수요는 소득(Y)의 증가함수로 표현된다.

둘째, **예비적 동기**(precautionary motive)의 화폐수요는 장래의 돌발적 지출에 대비하기 위해 예비적으로 보유하는 것을 말한다. 예비적 동기의 화폐수요도 역시 소득(Y)의 증가함수로 표현된다.

셋째, **투기적 동기**(speculative motive)의 화폐수요는 사람들이 은행예금이나 수익증권(채권)에 투자할 목적으로 화폐를 보유하는 것을 말한다. 사람들이 보유하려는 화폐의 양은 이자율에 의존하는데, 투기적 동기의 화폐수요는 이자율(r)의 감소함수이다. 왜냐하면 이자율은 화폐를 보유하는 데 지불하는 기회비용이기 때문이다. 즉 화폐를 보유하는 대신에 은행예금이나 채권의 형태로 보유하고 있으면 이자를 얻을 수 있지만, 은행예금이나 채권 대신에 이자가 발생하지 않는 화폐를 보유함으로써 이자를 얻지 못하게 되기 때문이다. 이자율이 높을수록 화폐보유로 인한 기회비용이 커지게 되므로 보유하려는 화폐의 양(화폐수요량)을 줄이고 대신에 은행예금이나 채권을 더 많이 보유하려고 할 것이다. 따라서 투기적 동기의 화폐수요는 이자율의 감소함수이다.

10장 주요 개념

투자함수, IS곡선, LM곡선, 유동성 선호이론, 실질화폐수요, 화폐수요곡선, 실질화폐공급, 화폐공급곡선, IS-LM 모형

10장 복습 문제

01 케인즈 기본모형과 IS-LM 모형의 기본적 차이는 무엇인가?

02 IS곡선은 왜 우하향하며, 이동요인은 무엇인가?

03 유동성 선호이론으로 균형이자율이 결정되는 과정을 설명해보자.

04 중앙은행이 화폐공급을 변화시킬 경우 이자율이 어떻게 변하는가?

05 LM곡선은 왜 우상향하며, 이동요인은 무엇인가?

06 IS-LM 모형에서 균형국민소득과 이자율이 어떻게 결정되는가?

07 IS-LM 모형에서 경제가 불균형상태에 있을 때 단기균형으로 조정되는 과정을 알아보자.

CHAPTER

11

총수요관리정책
: IS-LM 모형의 응용

제11장에서는 IS-LM 모형을 이용하여 정부의 총수요관리정책,인 재정정책(정부지출과 조세의 변화)과 통화정책(화폐공급 변화)이 거시경제(이자율, 국민소득)에 미치는 영향에 대해 살펴본다.

제 1 절 총수요의 변화와 경기변동

1 IS-LM 모형과 경기변동

1) IS-LM 모형의 기본원리

앞 장에서 배운 IS-LM 모형에 의하면, 한 국가경제의 균형은 생산물시장과 화폐시장이 모두 균형을 이룰 때에 성립한다. IS곡선과 LM곡선이 만나는 점에서 생산물시장의 총생산과 총수요가 일치하고, 그리고 화폐시장의 화폐수요와 화폐공급도 일치하여 균형국민소득과 균형이자율이 결정된다.

〈그림 11-1〉은 IS-LM 모형의 기본원리를 보여준다. 생산물시장과 화폐시장으로 구성된 경제가 균형을 이루기 위해서는 두 시장이 모두 균형을 이루어야 한다. 즉, 생산물시장에서 총공급과 총수요가 같아져야 하며, 화폐시장에서 화폐공급과 화폐수요가 같아져야 한다. IS곡선은 생산물시장의 균형조건을 나타내고, LM곡선은 화폐시장의 균형조건을 나타낸다.

그런데 〈그림11-1〉에서 볼 수 있듯이 생산물시장과 화폐시장은 국민소득(Y)과 이자율(r)

그림 11-1 IS-LM 모형의 기본원리

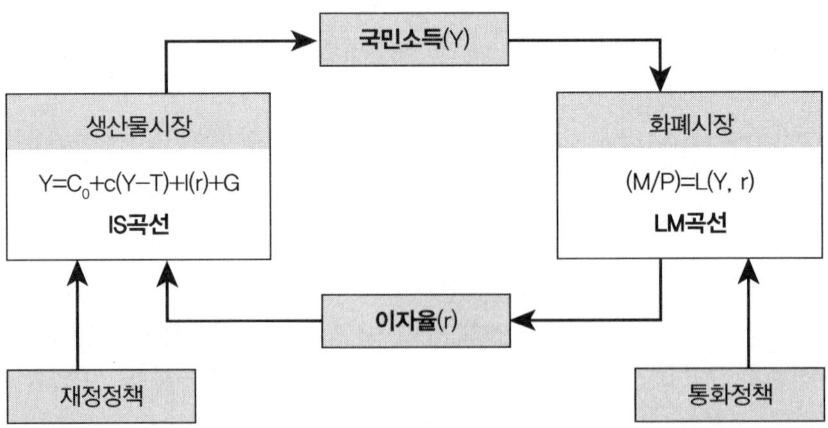

을 통해 서로에게 영향을 미친다. 생산물시장의 균형으로부터 국민소득이 결정되는데, 이는 그림에서와 같이 화폐시장에서의 화폐수요에 영향을 미친다. 화폐수요가 변하면 화폐시장이 다시 균형을 이루는 과정에서 이자율이 결정되며, 이는 투자를 통해 생산물시장에서의 총수요에 영향을 미친다. 총수요가 변하면 생산물시장이 균형을 이루는 과정에서 새로이 국민소득이 결정되며, 이는 다시 화폐수요에 영향을 미친다. 이와 같은 과정을 거치면서 경제는 균형상태로 접근하게 된다.

IS곡선과 LM곡선이 만나는 점에서는 두 시장이 동시에 균형을 이루고 있으므로, 더 이상 국민소득과 이자율이 변화할 필요가 없다. 그렇지만 중앙은행이 화폐공급량을 변화시키는 통화정책이나 정부의 재정정책이 시행되면 각 시장이 균형상태에서 벗어나게 되며, 다시 균형을 찾아가는 과정이 시작된다.

2) IS–LM 모형의 활용 : 총수요의 변화와 경기변동

경기변동이 생기는 이유는 무엇인가? 케인즈는 경기변동의 원인으로 총수요의 변화를 가장 중요하게 생각하였다. IS–LM 모형은 총수요의 변화에 의해 경기변동이 발생하는 현상을 잘 보여준다.

IS–LM 모형에 따르면 거시경제의 균형은 생산물시장과 화폐시장이 동시에 균형을 이룰 때 달성되는데, 이는 IS곡선과 LM곡선이 교차하는 점에서 충족된다. 따라서 한 경제에 대한 수요충격에 의해 두 곡선 중 하나라도 이동하게 되면 경제의 단기균형점이 변하여 국민소득이 변하게 된다.

〈그림 11–2〉에서 E점은 IS곡선과 LM곡선이 만나는 경제의 초기 균형상태를 나타낸다. 생산물시장과 화폐시장이 동시에 균형을 이루고 있으며, 초기 균형총생산(국민소득)수준은 Y_0이고 균형이자율은 r_0이다. 경제에 다른 충격이 없다면 경제는 Y_0수준에서 생산을 계속할 것이다. 하지만 총수요가 변화하면 IS곡선의 이동에 의해 단기적으로 경제균형은 변화하게 된다. 예를 들어 총수요의 구성요소 중에서 독립지출(즉, C, I, G)이 감소하여 총수요가 감소한 경우를 생각해보자. (앞장에서 설명한 바와 같이) 독립지출의 감소는 IS곡선을 왼쪽으로 IS_1으로 이동시킨다. 따라서 새로운 균형은 A점에서 달성되어 균형이자율은 r_0에서 r_1으로 하락하지만 균형총생산은 Y_0에서 Y_1으로 감소한다.

반면에 총수요의 구성요소 중 독립지출이 증가한다면 총수요가 증가하여 IS곡선을 IS_0에서 IS_2로 오른쪽으로 이동한다. 따라서 새로운 균형은 B점에서 달성되어 균형이자율은 r_0에

그림 11-2 총수요의 변화와 경기변동

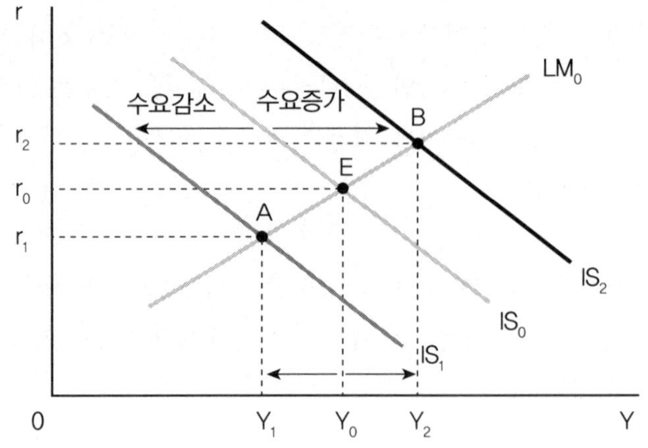

서 r_2로 상승하지만 균형총생산은 Y_0에서 Y_2로 증가한다.

이상에서 IS−LM 모형에 따르면 **수요충격**에 의한 총수요의 변화가 균형총생산을 변화시키기 때문에 한 국가경제는 총수요의 변화로 인해 경기변동을 겪게 될 수 있다는 것을 알 수 있다.

2 총수요관리정책

케인즈에 따르면 경기침체는 총수요가 총생산보다 적기 때문에 발생한다. 이에 케인즈는 경제안정화정책으로 정부가 적극적으로 경제에 개입해야 한다고 주장하였다. 경기가 침체되거나 지나치게 과열되지 않도록 경기변동의 진폭을 완화시키고자 시행하는 정책을 **경제안정화정책**(stabilization policy)이라 한다. 일반적으로 경제안정화정책의 주요목표는 총수요를 잠재 GDP(완전고용 GDP)수준에 접근하도록 하여 완전고용(full employment)을 달성하는 것이다.

정부가 총수요에 영향을 미칠 수 있는 경제안정화정책에는 재정정책과 통화정책이 있다. 정부가 재정정책과 통화정책을 활용하여 총수요를 조정 관리한다는 의미에서 이들 정책을

총수요관리정책(aggregate demnad management policy)이라고 부른다.

1) 재정정책

재정정책(fiscal policy)은 경제를 안정시키기 위해 정부의 재정과 관련이 있는 정부지출(정부구매와 이전지출)이나 조세를 변화시켜 총수요에 영향을 미치는 정책이다. 따라서 재정정책의 주요수단은 정부지출과 조세의 변화이다.

정부구매(G)는 총수요에 **직접적인** 영향을 준다. 왜냐하면 정부구매 자체가 총수요의 일부이기 때문이다. 정부구매의 증가는 총수요를 증가시키고, 정부구매의 감소는 총수요를 감소시킨다.

이와는 대조적으로 **조세**(T)나 이전지출의 변화는 가처분소득에 대한 영향을 통해 **간접적**으로 총수요에 영향을 미친다. 세율이 낮아지거나 이전지출이 증가하면 가계의 가처분소득이 증가한다. 가처분소득이 증가하면 소비지출이 증가함으로 총수요가 역시 증가한다. 반면에 세율이 높아지거나 이전지출이 감소하면 가계의 가처분소득이 감소한다. 그 결과 소비지출이 감소함으로 총수요가 역시 감소한다.

재정정책을 운용하는 방법은 확장적 재정정책과 긴축적 재정정책으로 나누어진다. 한 국가경제의 경기상태에 따라, 즉 경기침체이냐 경기과열상태이냐에 따라 운용방법이 달라진다. 경기침체일 때 정부가 정부지출의 증가나 조세 감면 등을 통해 총수요를 증가시키는 정책을 **확장적 재정정책**(expansionary fiscal policy)이라 부른다. 반면에 경기가 과열되어 인플레이션이 문제가 될 때 정부지출의 축소나 조세 증액 등을 통해 총수요를 감소시키는 정책을 **긴축적 재정정책**(contractionary fiscal policy)이라 한다.

실제로 각 국가 정부는 정부지출 증가나 조세 감면 또는 두 가지 모두를 이용하여 경기침체에 대응하고 있다. 반면에 인플레이션을 억제하기 위해서는 정부지출을 줄이거나 조세를 늘리기도 한다.

2) 통화정책

통화정책(monetary policy)은 경제를 안정시키기 위해 중앙은행이 화폐의 공급량(M)이나 이자율(r)을 변화시켜 총수요 수준에 영향을 주는 정책이다. 따라서 통화정책의 주요수단은 통화량과 이자율의 변화이다.

통화정책을 운용하는 방법은 확장적 통화정책과 긴축적 통화정책으로 나누어진다. 한 국가경제의 경기상태에 따라, 즉 경기침체이냐 경기과열상태이냐에 따라 운용방법이 달라진다. 경기침체일 때 중앙은행이 통화량을 증가시키거나 이자율을 인하하여 총수요를 증가시키는 통화정책을 **확장적 통화정책**(expansionary monetaryl policy)이라 부른다. 반면에 경기가 과열되어 인플레이션이 문제가 될 때 통화량의 축소와 이자율의 인상 등을 통해 총수요를 감소시키는 통화정책을 **긴축적 통화정책**(contractionary monetary policy)이라 한다.

케인즈는 총수요관리정책으로 재정정책을 선호하였지만 최근 현실경제에서는 오히려 통화정책이 중요시 되고 있다. 다음 절에서는 재정정책과 통화정책이 경제(이자율과 국민소득)에 미치는 효과와 한계에 대해서 살펴본다.

제2절 재정정책

1 재정정책의 효과

거시경제의 균형은 재정정책과 통화정책과 같은 외부적 요인의 변화로 인해 IS곡선이나 LM곡선이 이동함에 따라 변화하게 된다. 먼저 재정정책(정부지출 및 조세)의 변화가 경제의 단기적 균형에 어떤 영향을 미치는지를 알아보자. 재정정책의 변화는 총수요(계획된 지출)에 영향을 미치고 이에 따라 IS곡선이 이동하게 된다. IS-LM 모형은 IS곡선이 이동할 경우, 경제의 균형소득 및 이자율에 어떤 영향을 미치는지 보여준다.

1) 정부지출의 증가

제9장에서 케인즈의 기본모형을 통해 정부지출이 증가하면 총수요가 증가하여 균형국민소득을 승수효과만큼 증가시킨다는 것을 살펴본 바 있다. 그러나 이자율이 내생적으로 결정되는 IS-LM 모형에서는 케인즈의 기본모형과는 다르게 정부지출 변화의 효과도 다르게 나

그림 11-3 정부지출의 증가 효과

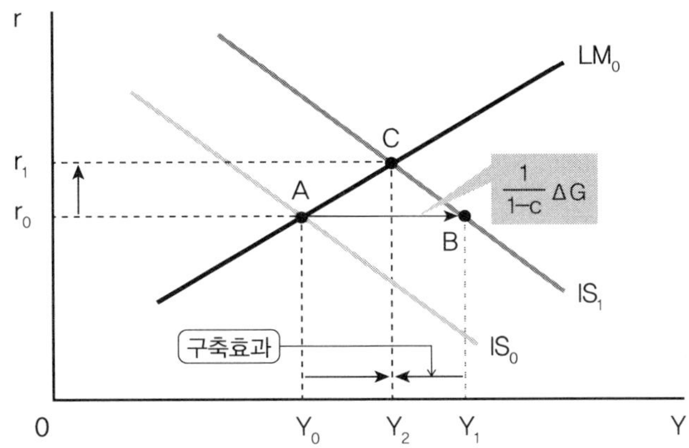

타난다.

이제 IS−LM 모형을 통해 정부지출의 증가가 경제에 미치는 효과를 살펴보기로 하자. 〈그림 11−3〉은 정부지출이 ΔG만큼 증가했을 때의 효과를 IS−LM 모형을 통해 나타낸 것이다. 이 경제의 초기 균형은 A점에서 이루어지고 있어서 초기 균형국민소득은 Y_0, 균형이자율은 r_0이다.

정부지출이 증가(ΔG)할 경우, IS곡선은 〈그림 11−3〉에서와 같이 IS_0에서 IS_1으로 오른쪽으로 이동한다. 이 때 IS곡선의 이동거리는 정부지출의 증가분(ΔG)에 정부지출 승수로 곱한 승수효과인 ($\frac{1}{1-c}\Delta G$)만큼 이동하게 된다. 만약 케인즈의 기본모형에서와 같이 이자율의 변화가 없다면(즉 이자율이 r_0로 고정된 경우), 생산물시장의 균형은 새로운 IS_1곡선 상의 점인 B점에서 달성될 것이다. 그렇지만 IS−LM 모형에서는 B점이 거시경제의 새로운 균형점이 될 수 없다. 왜냐하면 화폐시장이 균형을 이루고 있지 못하기 때문이다. B점에서는 화폐시장이 초과수요 상태에 있으므로 이자율이 상승하고 이에 따라 투자가 감소하게 된다. 결국 경제의 새로운 균형은 IS_1곡선과 LM_0곡선이 교차하는 C점에서 달성된다. 정부지출의 증가에 의해 거시경제의 균형은 A점에서 C점으로 이동하게 되어 균형국민소득은 Y_0에서 Y_2로 증대하고, 이자율은 r_0에서 r_1으로 상승한다.

그림 11-4 조세 감면의 효과

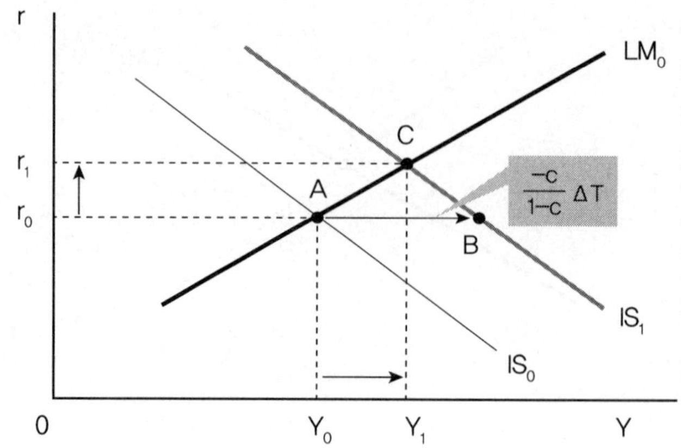

2) 조세의 감면

재정정책의 또 다른 방법은 조세를 변화시키는 것이다. 조세의 변화(ΔT)는 IS곡선을 이동시키기 때문에 정부지출의 변화와 비슷한 경로를 통해 경제에 영향을 미치게 된다. 하지만 조세의 변동은 총수요에 직접적인 영향을 주기 보다는 가처분소득(Y−T)을 변화시킴으로써 간접적으로 소비지출의 변화를 통해 총수요에 영향을 준다는 점에서 구별된다.

조세의 증액(세율 인상)은 가처분소득, (Y−T)를 감소시켜 IS곡선을 왼쪽으로 이동시킨다. 반면에 조세의 감면(세율 인하)는 가처분소득, (Y−T)를 증가시켜 IS곡선을 오른쪽으로 이동시킨다. 〈그림 11-4〉에서처럼 조세가 감면되면 $\frac{-c}{1-c}\Delta T$만큼 IS곡선이 IS_0에서 IS_1으로 오른쪽으로 이동하여 경제의 균형점이 A에서 C로 이동하기 때문에 균형국민소득은 Y_0에서 Y_1으로 증대한다.

2 재정정책에 대한 비판 : 구축효과

〈그림 11-3〉에서 정부지출의 증가는 국민소득을 증가(Y_0에서 Y_2로)시키기는 하지만 그 증가분의 크기는 케인즈 기본모형에서 제시한 승수효과의 크기(Y_0에서 Y_1으로)보다는 작다는

것을 알 수 있다. 왜 이런 결과가 나타난 것일까? 그 이유는 **구축효과** 때문이다.

일반적으로 정부지출의 증가는 국민소득(Y)에 서로 상반되는 두 가지 영향을 미친다. 하나는 정부지출의 증가로 인한 승수효과이고, 〈그림 11-3〉에서 A점에서 B점으로의 이동에 해당된다. 다른 하나는 이자율 상승에 따라 투자수요가 감소하는 효과로서 B점에서 C점으로의 이동에 해당한다. 이와 같이 정부지출의 증가(ΔG)가 이자율(r)을 상승시키고, 이자율의 상승이 투자(I)를 감소시켜 국민소득(Y)의 증가를 부분적으로 상쇄하는 효과를 **구축효과**(crowding-out effect)라고 부른다. 〈그림 11-3〉에서 정부지출의 증가로 인해 이자율이 r_0에서 r_1로 상승함에 따라 국민소득이 Y_1에서 Y_2로 감소한 효과를 말한다.

그럼 정부지출 증가가 이자율을 상승시키는 이유는 무엇일까? 정부지출 증가(ΔG)는 국민소득(총생산, **Y**)을 증가시키고, 소득의 증가(Y_0에서 Y_2)는 화폐수요를 증가시키기 때문에 화폐시장의 균형을 유지하기 위해서 이자율(r)이 상승한다. 이자율이 상승할 경우 투자가 위축되므로 IS-LM 모형에서 이루어진 소득의 증대는 케인즈의 기본모형에서 이루진 승수효과에 의한 소득증대보다 작아진다. 따라서 IS-LM 모형에 의하면 이자율 상승에 따른 구축효과 때문에 정부지출 증가에 의한 총수요증대효과는 케인즈의 기본모형에서의 정부지출 승수효과의 크기보다 작게 된다.

한편 구축효과가 클수록 재정정책의 효과는 작아진다. **극단적인 구축효과가 생기는 경우** 총수요의 증가는 나타나지 않고, 재정정책의 효과가 전혀 나타나지 않을 수도 있다.

그림 11-5 구축효과에 의한 재정정책의 무력성

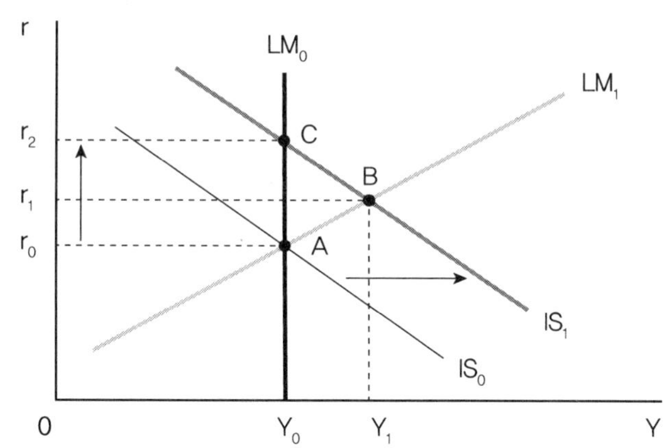

〈그림 11-5〉는 LM곡선의 기울기가 극단적인 경우를 보여준다. 화폐수요가 이자율에 대해 **완전 비탄력적**(perfectly inelastic)이라면 LM곡선은 LM_0처럼 수직이 된다. 이 경우 정부지출이 증가하여 IS곡선이 IS_0에서 IS_1으로 오른쪽으로 이동하더라도 국민소득(Y)에는 전혀 영향을 주지 못하고, 이자율만 상승한다. 만약 LM곡선이 수직선이 아닌 LM_1인 경우라면 경제의 균형이 A에서 B로 이동하여 국민소득은 Y_0에서 Y_1으로 증가하지만, LM_0처럼 수직인 경우에는 경제의 균형이 A에서 C로 이동하므로 국민소득이 Y_0에서 변하지 않고, 이자율만 r_0에서 r_2로 상승한다. 왜냐하면 정부지출 증가에 의한 승수효과가 이자율의 상승에 따른 투자의 감소효과에 의해 완전히 구축되기 때문이다.

제 3 절 통화정책

1 통화정책의 효과

통화정책은 재정정책과 함께 총수요에 영향을 주는 총수요관리정책 중 하나이다. 그런데 재정정책이 가지는 경직성으로 인하여 총수요관리정책으로서 통화정책이 상대적으로 선호되는 편이다. 3절에서는 IS-LM 모형을 이용하여 통화정책의 변화가 경제의 단기균형에 미치는 영향에 대해 알아본다.

이제 다른 조건이 일정할 때 중앙은행이 통화량을 늘리는 확장적 통화정책을 시행하였다고 하자. 〈그림 11-6〉은 통화량이 증가할 경우 경제의 균형에 어떠한 변화가 생기는지 보여준다. 통화량이 증가하면 LM곡선이 LM_0에서 LM_1으로 오른쪽으로 이동한다. 이에 따라 경제의 균형점은 A에서 B로 이동하여 이자율은 하락($r_0 \rightarrow r_1$)하고, 국민소득은 증가($Y_0 \rightarrow Y_1$)한다는 것을 알 수 있다. 그 이유는 통화량의 증가로 인해 기존의 균형점인 A에서는 화폐에 대한 초과공급이 존재하게 되어 이자율이 하락하고, 이자율의 하락이 투자수요를 증가시켜 총수요와 국민소득(총생산)을 증가시키기 때문이다. 따라서 통화정책이 경제에 영향을 주는 전달

그림 11-6 통화공급 증가의 효과

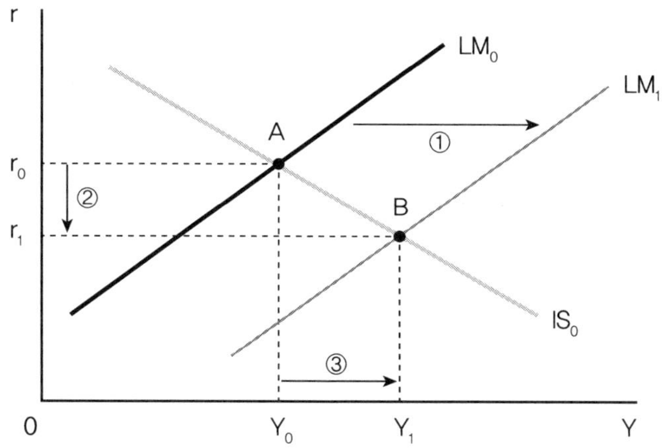

경로는 다음과 같다.

통화량 증가 ⇒ 이자율 하락 ⇒ 투자 증가 ⇒ 총수요 증가 ⇒ 총생산 증가

한편 통화정책의 변화가 경제의 단기균형에 미치는 영향은 IS곡선과 LM곡선의 기울기에 따라 달라진다. 구체적으로 LM곡선의 기울기가 클수록, 그리고 IS곡선의 기울기가 작을수록 통화정책의 효과는 크게 나타난다.

2 통화정책에 대한 비판 : 유동성 함정

케인즈학파에 의해 개발된 IS-LM 모형은 이론적으로는 통화정책이 총수요에 영향을 미칠 수 있음을 보여준다. 그럼에도 불구하고 케인즈학파는 경기변동에 대한 대책으로서 통화정책이 적절하지 않다고 주장했다. 화폐수요가 이자율에 대해 완전탄력적인 경우에는 통화정책이 효과를 발휘하지 못한다는 것이다.

화폐수요가 이자율의 변화에 대단히 민감한 경우 LM곡선은 매우 완만한 기울기를 갖게 된다. 특히 이자율이 매우 낮아서 화폐수요가 이자율에 대해 **완전탄력적**(perfectly elastic)인 경

그림 11-7 유동성 함정과 통화정책의 무력성

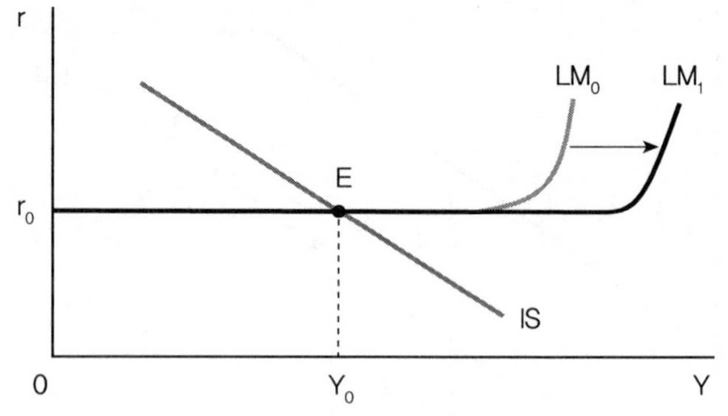

우, LM곡선은 **수평선**의 형태를 가진다. 이처럼 화폐수요가 이자율에 대해 완전탄력적이어서 LM곡선이 수평이 되는 경우를 **유동성 함정**(liquidity trap)이라 한다. **유동성 함정**이 존재하는 경우, 화폐공급이 늘어나더라도 이자율을 더 이상 낮추기 어렵고 화폐공급의 증가는 화폐수요의 증가로 흡수된다. 따라서 유동성 함정이 존재하여 LM곡선이 수평선의 형태가 되는 경우, 화폐공급의 증가는 이자율을 전혀 변화시키지 못하므로 국민소득(Y)에 미치는 효과도 없게 된다.

〈그림 11-7〉은 화폐수요가 유동성 함정에 빠져 있는 경우를 가정하여 수평의 LM곡선을 보여주고 있다. 이런 상태에서 중앙은행이 화폐공급을 증가시켜 LM곡선을 LM_0에서 LM_1으로 오른쪽으로 이동시킨다고 하더라도 이자율(r)과 국민소득(Y)의 변화를 유도할 수 없게 된다. 그 이유는 다음과 같다. 현재의 이자율(r_0)수준이 매우 낮아서 사람들의 화폐보유에 따른 기회비용(즉 이자율)이 매우 낮다. 그래서 화폐공급의 증가가 모두 화폐수요의 증가에 의해 계속 흡수되어서 이자율이 변화하지 않기 때문이다.

한편 경제가 유동성 함정에 빠져 LM곡선이 설사 수평이라도 재정정책은 승수효과만큼 총수요를 변화시킬 수 있다. 즉 정부지출의 증가와 같은 확대재정정책에 의해 IS곡선을 오른쪽으로 이동시키면 총수요에 영향을 미칠 수 있다.

제4절 재정정책과 통화정책의 정책조합

1 정책조합의 의의

1) 재정정책과 통화정책의 상호작용

재정정책과 통화정책의 효과를 분석하는 경우, 해당 정책을 시행하려는 정책입안자는 다른 정책입안자가 의도하는 바를 고려해야 한다. 어떤 정책이 변경될 경우, 이는 다른 정책에 영향을 미칠 수 있으며, 이런 상호의존성이 정책 변화에 따른 충격을 변화시킬 수 있기 때문이다.

재정정책과 통화정책은 총수요에 영향을 준다는 의미에서는 동일하지만, 구체적으로 총수요에 영향을 주는 방식은 다르며, 이자율에 대한 영향도 정반대이다. **재정정책**은 정부지출을 늘려 정부가 총수요를 창출하는 것이며, 구축효과 때문에 이자율이 상승하여 오히려 투자를 포함한 민간지출은 줄어든다. 반면 **통화정책**은 이자율을 내림으로써 간접적으로 민간지출을 증가시켜 총수요를 창출한다. 따라서 재정정책은 총수요를 구성하는 정부부문의 지출 비중이 커지도록 하는 반면, 통화정책은 민간부문의 지출 비중이 커지게 만들며, 이자율에 미치는 영향도 서로 반대이다. 결국 재정정책과 통화정책의 시행은 독립적일 수 없으며 상호작용한다는 것을 시사한다.

2) 정책조합

거시경제를 안정시키기 위해 총수요관리정책으로 하나의 정책만을 집행한다면 총수요의 변화와 함께 이자율도 변화한다. 하지만 경우에 따라서는 **이자율의 변화를 허용하기 곤란한 경우**도 있다. 예를 들어 금융부문의 안정을 위해서 이자율을 일정하게 유지하고자 하거나 변화폭을 줄이려고 하는 경우가 있다. 한편 총수요에는 영향을 주지 않으면서 이자율만 변화시키고자 하는 경우도 있다.

그러면 이자율을 일정하게 유지하면서 총수요만 변화시킬 수는 없을까? 아니면 총수요는 일정하게 유지하면서 이자율만 변화시킬 수는 없을까?

만약 하나의 정책만을 사용한다면 이자율은 반드시 변하게 된다. 하지만 재정정책과 통화정책을 조합(mix)하여 함께 사용한다면 이자율을 변화시키지 않고 총수요에만 영향을 미칠 수도 있고, 총수요를 변화시키지 않고 이자율에만 영향을 줄 수도 있다. 이와 같이 두 가지 이상의 정책을 조합하여 동시에 사용하는 경우를 **정책조합**(policy mix)이라고 부른다. 정책조합을 하는 경우, 구체적으로 정책조합이 어떤 식으로 이루어지는가에 따라 다양한 결과를 가져올 수 있다.

2 정책조합의 사례

정부가 정부지출에 필요한 재원을 마련하기 위해서는 조세를 올리거나 정부채권을 발행하여 부채를 늘려야 한다. 이 중에서 정부가 조세를 올려서 재원을 마련하는 경우, 증세에 의한 재정정책은 경제에 어떤 영향을 미칠까? IS−LM 모형에 의하면 경제에 미치는 영향은 중앙은행이 증세(조세 증가)정책에 어떻게 대응하느냐에 달려있다.

1) 증세정책만 시행하는 경우

〈그림 11−8〉은 정부의 증세정책에 대해 중앙은행이 아무런 대응을 하지 않고 통화공급을 일정하게 유지하는 경우이다. 한 경제의 초기 균형이 A에서 이루어지고 있다. 이 때 정부가

그림 11−8 증세정책과 통화공급 불변

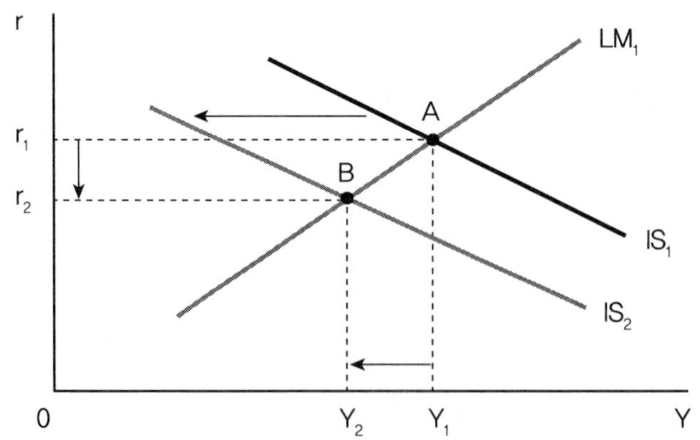

그림 11-9 이자율을 일정하게 유지하기 위한 정책조합

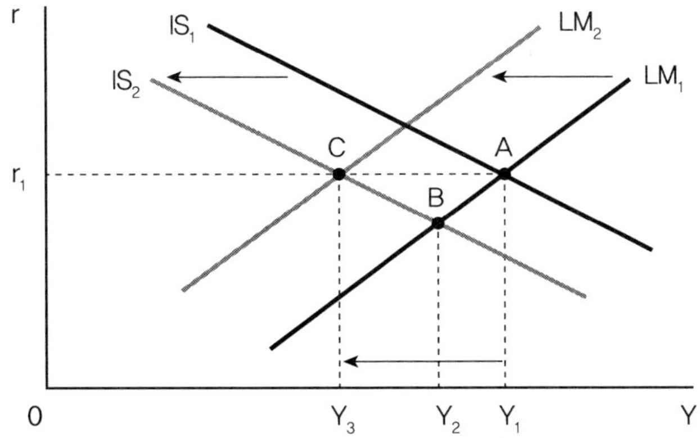

조세를 올리면 가계부문의 가처분소득과 소비지출이 감소하므로 IS곡선은 IS_1에서 IS_2로 왼쪽으로 이동하여 새로운 균형이 B점에 달성된다. 그 결과 국민소득이 감소($Y_1 \rightarrow Y_2$)하고, 화폐시장에서는 국민소득이 감소하여 화폐수요가 감소하므로 이자율이 역시 하락($r_1 \rightarrow r_2$)한다.

2) 이자율을 일정하게 유지하기 위한 정책 조합

〈그림 11−9〉는 정부의 증세정책에 대해 중앙은행이 이자율을 일정하게 유지하기 위해 통화공급을 감소시킨 경우이다. 정부가 조세를 증가시켜 IS곡선이 IS_1에서 IS_2로 왼쪽으로 이동하면 경제의 균형점이 B점으로 이동하여 이자율이 하락하게 된다. 이 때 중앙은행이 이자율을 원래 수준으로 유지하기 위해 통화공급을 감소시켜 LM곡선을 왼쪽으로 LM_2까지 이동시킨 경우이다. 이러한 방법으로 재정정책과 통화정책을 조합하는 경우 이자율은 하락하지 않고 일정하게 유지할 수 있으나, 국민소득은 Y_1에서 Y_3로 감소한다. 통화공급을 일정하게 유지하는 경우보다 더 큰 폭으로 감소한다. 왜냐하면 〈그림 11−8〉과 같은 정책조합의 경우에는 이자율이 하락하여 투자를 촉진하고, 이를 통해 조세증가로 인한 국민소득의 감소효과를 부분적으로 상쇄하지만, 〈그림 11−9〉에서는 중앙은행이 이자율을 높은 수준으로 유지하므로 경기후퇴를 더욱 심화시키기 때문이다.

그림 11-10 소득을 일정하게 유지하기 위한 정책조합

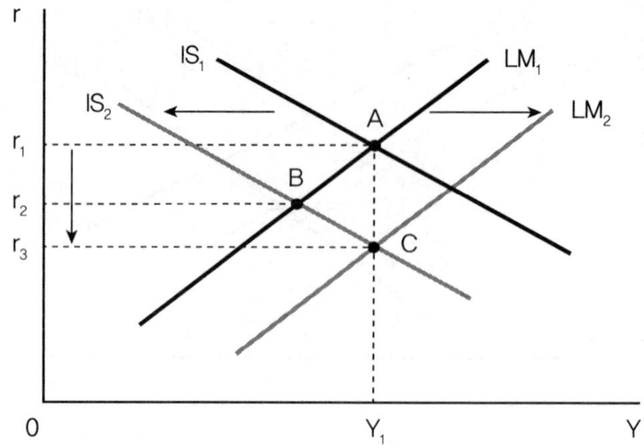

3) 소득을 일정하게 유지하기 위한 정책조합

〈그림 11-10〉은 중앙은행이 조세 증가로 인한 **국민소득의 감소를 방지하기 위해 통화공급을 증가**시키는 경우이다. 통화공급이 증가하여 IS곡선의 이동을 상쇄할 만큼 LM곡선을 오른쪽으로 LM_2까지 이동시킨 경우이다. 이러한 정책조합의 경우 조세 증가로 인한 경기후퇴는 없지만, r_1에서 r_3로 이자율은 크게 하락한다. 국민소득수준은 Y_1 수준에서 변하지 않았으나, 조세와 통화량이 증가함에 따라 경제 내 자원배분이 변화하였다. 즉 조세가 증가하여 소비가 감소된 반면에 이자율이 하락하여 투자가 증가하였다. 결국 조세 증가로 인한 소비감소효과와 이자율 하락으로 인한 투자증가효과가 정확히 균형을 이루기 때문에 소득은 불변이고 경기변동은 발생하지 않게 된다.

위에서 살펴본 것처럼 재정정책의 시행에 따른 경제적 충격과 효과는 중앙은행의 정책목표, 즉 통화공급의 유지, 이자율의 유지, 소득의 유지에 따라 달라진다.

11장 주요 개념

경제안정화정책, 총수요관리정책, 확장적 재정정책, 긴축적 재정정책, 확장적 통화정책, 긴축적 통화정책, 구축효과, 유동성 함정, 정책조합

11장 복습 문제

01 IS-LM 모형을 이용하여 재정정책(정부지출과 조세)의 변화가 경제의 단기균형에 미치는 효과를 알아보자.

02 구축효과가 발생하는 이유는 무엇인가?

03 완전한 구축효과가 생기는 경우 왜 재정정책의 효과가 전혀 나타나지 않는가?

04 IS-LM 모형을 이용하여 통화공급이 증가할 경우 경제의 균형에 미치는 영향을 알아보자.

05 유동성 함정이 존재할 때 왜 통화정책의 효과가 전혀 나타나지 않는가?

06 정부의 증세정책에 대해 중앙은행이 소득을 일정하게 유지하기 위해서는 통화정책을 어떻게 사용해야 하나?

07 IS-LM 모형으로 경기변동이 발생하는 이유를 알아보자.

CHAPTER

12

총수요–총공급 모형

제12장에서는 경기변동을 설명하기 위해 필요한 총수요–총공급 모형의 주요 요소인 총수요곡선과 총공급곡선에 대해 설명하고, 총수요–총공급 모형을 이용하여 한 국가경제의 균형물가수준과 균형총생산(실질 GDP)이 장 · 단기적으로 어떻게 결정되는지를 살펴본다.

제 1 절 거시경제의 총수요곡선

1 총수요곡선의 도출

1) IS-LM 모형을 이용한 총수요곡선 도출

총수요(aggregate demand)는 각 물가수준에서 한 나라 사람들이 구입하고자 하는 최종생산물의 총량(즉 총생산)을 말한다. **총수요곡선**(aggregate demand curve, AD)은 각 물가수준(P)에 대응하는 한 나라의 총생산에 대한 수요(즉 총수요)를 나타내는 곡선이다. 따라서 총수요곡선은 물가수준과 총수요량의 관계, 즉 물가가 변함에 따라 총수요량이 어떻게 변하는지를 보여준다.

제10장에서 단기적으로 물가가 **고정되어 있다고 가정**함으로써 IS-LM 모형을 통해 생산물시장과 화폐시장을 동시에 균형 상태로 만드는 총생산(Y)과 이자율(r)을 구할 수 있었다. IS-LM 모형은 본래 물가수준이 주어진 경우에 **총수요(수요측면에서의 총생산)**가 어떻게 결정되는지를 보여주는 모형이다.[1] 하지만 IS곡선과 LM곡선이 만나는 균형점은 단지 주어진 물가수준에서 총수요가 얼마인지를 알려 줄 뿐이다. 이러한 의미에서 총수요곡선은 IS-LM 모형에 직접적으로 제시되어 있지는 않다. 왜냐하면 IS-LM 모형에서는 물가가 고정되어 있다고 가정하기 때문이다.

그렇지만 물가수준이 **신축적으로 변하는 경우**에는 IS-LM 모형을 이용하여 총수요곡선을 도출할 수 있다. IS-LM 모형에서 물가수준이 변함에 따라 총수요가 어떻게 변하는지를 살펴봄으로써 물가의 변화와 총수요의 변화 사이의 관계를 나타내는 **총수요곡선**을 도출할 수 있다.

〈그림 12-1〉 (a)는 IS-LM 모형을 나타낸다. E점은 생산물시장과 화폐시장의 초기 균형점으로 물가수준이 P_0로 고정되어 있는 상태이다. 따라서 P_0 물가수준에서 수요하고자 하는 총생산은 Y_0이고, 균형이자율은 r_0이다. 이러한 (P_0, Y_0)의 조합을 그림 (b)의 P-Y평면에 나

1) 케인즈학파에서 주장하는 것처럼 가격의 경직성으로 인해 물가가 고정되어 있는 경우에는 총수요가 바로 총생산을 결정하기 때문에 IS-LM 모형에서 균형총생산(실질 GDP)이 결정된다고 보았다.

그림 12-1 IS-LM 모형을 이용한 총수요곡선 도출

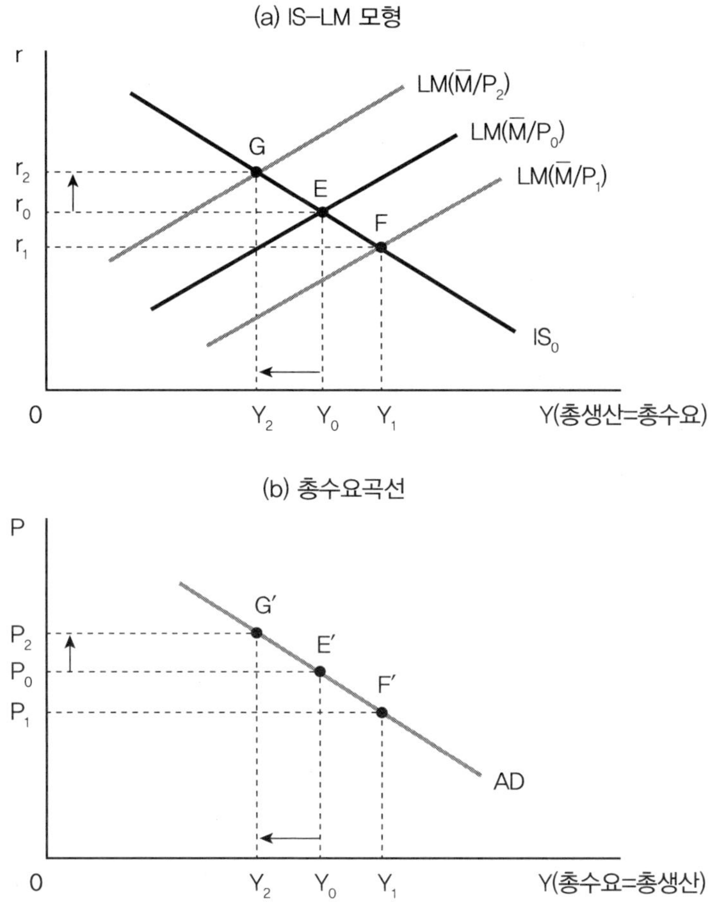

타내면 총수요곡선상의 한 점, E′점이 된다.

이제 명목화폐공급은 $\bar{M}$**수준으로 고정되어 있는 상태**에서 물가수준이 P_1으로 하락한다고 하자. 이 때 총생산이 어떻게 변화하는지를 알게 된다면 물가의 변화에 따른 총수요의 변화를 알게 되는 셈이다. 왜냐하면 물가수준이 일정하게 주어져 있다는 가정에 기초한 IS-LM 모형에서는 **총생산이 총수요의 크기에 의해 전적으로 결정**되기 때문이다.

명목화폐공급($\bar{M}$)이 고정되어 있기 때문에 물가(P)가 하락하면 화폐시장에서 실질화폐공

급이 증가하게 된다. 화폐수요가 일정한 상태에서 실질화폐공급이 증가하게 되면 화폐시장에서 초과공급이 발생하게 되고, 이로 인해 LM곡선은 오른쪽으로, 즉 LM($\bar{M}/P_1$)으로 이동한다. 물가수준이 변하더라도 IS곡선은 변하지 않는다. 따라서 F점에서 새로운 균형이 성립하게 되어 총생산(즉 총수요)은 Y_1으로 증가하고 이자율은 r_1으로 하락한다. 결국 물가가 P_0에서 P_1으로 하락함으로써 생산물시장과 화폐시장을 균형시키는 총생산(즉 총수요)은 Y_0에서 Y_1으로 증가한다. 따라서 (P_1, Y_1)의 조합이 성립되어 그림 (b)에서 총수요곡선상의 또 다른 한 점, 즉 F′점이 된다. 반대로 물가가 P_0에서 P_2로 상승하면 실질화폐공급이 감소하여 LM곡선이 왼쪽 LM($\bar{M}/P_2$)로 이동하고 이 때 G점에서 새로운 균형이 성립하게 된다. 결국 물가가 P_0에서 P_2로 상승함에 따라 총생산(즉 총수요)은 Y_0에서 Y_2로 감소한다. 따라서 (P_2, Y_2)의 조합이 성립되어 그림 (b)에서 총수요곡선상의 또 다른 한 점, 즉 G′점이 된다. 이러한 과정을 되풀이하면 그림 (b)에서 AD와 같은 우하향하는 총수요곡선을 얻게 된다. 그림 (b)의 총수요곡선 AD는 물가가 변화함에 따라 총수요가 변화하는 것을 나타낸 것이다. 그림 (b)에서 G′, E′, F′점은 각각 그림 (a)의 G, E, F점에 대응한다.

2) 총수요곡선이 우하향하는 이유

〈그림 12-1〉에서 도출한 총수요곡선(AD)은 우하향하는 형태로서 물가가 하락할 때 총수요가 증가한다. 이렇게 총수요곡선이 우하향하는 기울기를 가지는 이유는 미시경제학에서 개별 상품의 수요곡선이 우하향하는 기울기를 가지는 이유와는 전혀 다르다. 미시경제학에서 수요곡선이 우하향하는 이유는 상대가격의 변화로 인한 대체효과와 실질소득의 변화로 인한 소득효과 때문인 것으로 본다. 그러나 총수요곡선의 경우 물가의 변화는 상대가격의 변화를 의미하지 않는다. 왜냐하면 물가는 모든 상품의 가격을 대표하기 때문이다. 따라서 물가가 하락할 때 총수요가 증가하는 것은 대체효과 때문이 아니다. 총수요곡선이 우하향하는 이유는 다음과 같다.

첫째, **실질통화효과**(물가변화의 이자율효과) 때문이다. 다른 조건이 일정한 상태에서 **물가수준이 하락**하면 화폐시장에서 실질화폐공급(즉 통화량)이 증가한다. 이것은 〈그림 12-1〉 (a)에서 LM곡선이 오른쪽으로 이동하는 것을 의미한다. 실질화폐공급이 증가하므로 화폐시장의 균형을 회복하기 위해서는 이자율이 하락하여야 한다. 이자율이 하락하면 이에 따라 **투자수요**가 **증가**하여 총수요가 증가하게 된다. 반면에 **물가의 상승**은 실질화폐공급(M/P)을 감소시켜 이자율의 상승을 초래하고, 이에 따라 **투자수요**가 **감소**하여 총수요가 감소하게 된다. 이러한 이유로 총수요곡선은 〈그림 12-1〉 (b)의 P-Y 평면에서 우하향하는 형태를 갖게 된다. 이것을 **케인즈효과**(Keynes effect)라고 부른다.

둘째, **실질자산효과**(물가변화의 자산효과) 때문이다. 다른 조건이 일정한 상태에서 **물가수준이 상승**하면 개별 경제주체들이 보유하고 있는 자산의 실질가치가 하락하게 된다. 자산의 실질가치가 하락하면 **소비수요가 감소**하게 된다. 소비가 감소하면 총수요가 감소한다. 반면에 **물가의 하락**은 개별 경제주체가 보유한 실질자산의 가치를 높여서, 그로 인한 실질자산의 증가가 **소비수요를 증가**시킴으로써 총수요를 증가시키게 된다. 이처럼 실질자산의 변화가 소비를 변화시키는 효과를 **피구효과**(Pigou effect)라고 부른다.

2 총수요곡선의 이동

1) 총수요의 변화와 총수요곡선의 이동

〈그림 12-1〉 (b)에 표현된 총수요곡선은 물가의 변화에 대응한 총수요량의 변화를 직접적으로 나타낸 것이다. 즉 **물가(P)의 변화**에 따라 총수요량(Y)의 크기가 달라지는데, 이것은 주어진 총수요곡선 위의 한 점에서 다른 점으로 움직여 가는 것을 의미한다.

그렇다면 총수요에 영향을 주는 물가 이외의 **다른 요인들의 변화**는 총수요곡선에 어떠한 영향을 주게 될까? 물가 이외의 요인에 의한 총수요의 변화는 어떻게 나타낼 수 있을까? 물가 이외의 다른 요인에 변화가 생겨 총수요가 변화한다면 이것은 주어진 물가수준에서 총수요가 변하는 것이므로 총수요곡선이 다른 위치로 이동하게 된다.

그럼 **무엇이 총수요곡선을 이동시키는가?** 총수요곡선은 IS-LM 모형에서 도출한 것이므로 국민소득(Y)을 변화시키는 것은 모두 총수요곡선을 이동시킨다. 재정정책과 통화정책뿐만 아니라 생산물시장(IS곡선)과 화폐시장(LM곡선)에 영향을 주는 충격도 모두 총수요곡선을 이동시킨다. 예를 들어 독립지출($\bar{A}$)의 변화나 정부의 총수요관리정책 등이 총수요의 크기에 영향을 준다. 따라서 독립지출의 변화나 정부의 총수요관리정책은 총수요곡선을 다른 위치로 이동시킨다. 물가 이외에 총수요를 증가시키는 다른 모든 요인들은 총수요곡선을 오른쪽으로 이동시킨다. 반면에 총수요를 감소시키는 다른 모든 요인들은 총수요곡선을 왼쪽으로 이동시킨다. 그래서 총수요곡선이 오른쪽으로 이동하는 것을 **총수요의 증가**, 총수요곡선이 왼쪽으로 이동하는 것을 **총수요의 감소**라고 부른다.

2) 확장적 재정정책과 총수요곡선의 이동

이제 정부가 정부지출을 증가시키는 확장적 재정정책을 시행한 경우, 총수요곡선에 어떠한 영향을 주는지를 살펴보도록 하자. 정부지출의 증가는 총수요를 증가시키기 때문에 이는 총수요곡선을 오른쪽으로 이동시킨다. 〈그림 12-2〉는 정부지출이 증가함에 따라 총수요가 증가하는 과정을 보여준다. 그림 (a)에서 초기 정부지출이 G_0이고, 이에 대응하는 IS곡선은 $IS(G_0)$이다.

또한 초기 물가는 P_0이고, 이에 대응하는 LM곡선은 $LM(M/P_0)$이다. 따라서 초기에는 $IS(G_0)$곡선과 $LM(M/P_0)$곡선이 만나는 A점에서 균형을 이루며, 총수요는 Y_0에서 결정된다.

그림 12-2 확장적 재정정책과 총수요곡선의 이동

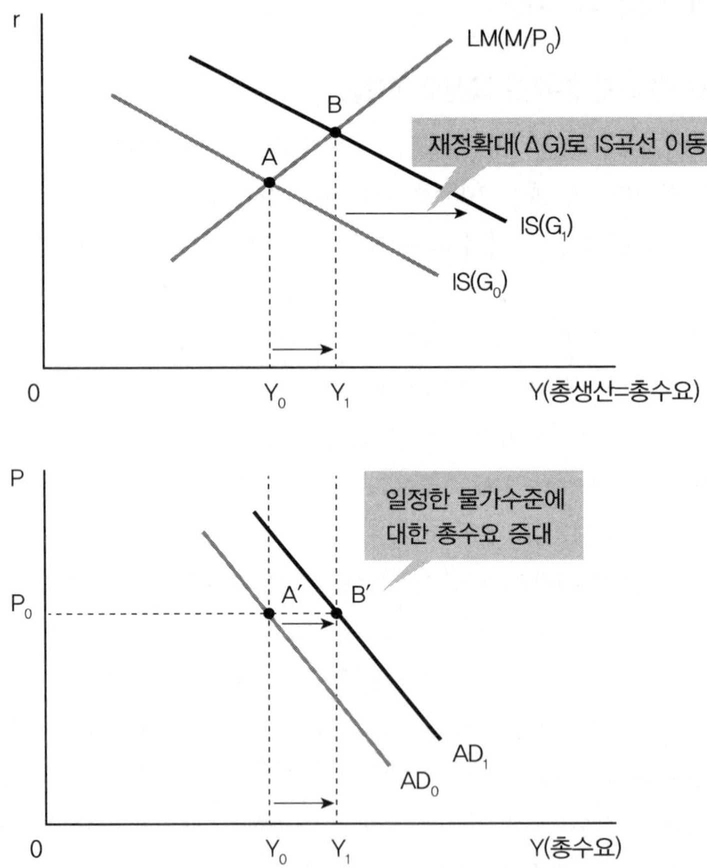

그림 (b)에서 초기 총수요곡선 AD_0 상의 A′점은 그림 (a)의 A점에 대응하는데, 초기 물가는 P_0이며, 이에 대응하는 총수요는 Y_0이다.

정부지출이 G_0에서 G_1으로 증가하였다고 하자. 그림 (a)에서 정부지출이 증가하는 경우 IS곡선을 오른쪽 IS(G_1)으로 이동시켜 새로운 균형이 B점에서 이루어진다. 따라서 주어진 물가 P_0에서 총수요는 Y_1으로 증가한다. 이러한 변화는 물가가 P_0에서 유지된 상태(즉 LM곡선은 불변)에서 이루어진 것이므로, 주어진 물가 P_0에서 총수요만 Y_1으로 증가한 셈이다. 이러한 변화는 그림 (b)에서 총수요곡선 AD_0 상의 A′점에서 AD_1 상의 B′점으로 오른쪽으로 이동한 것으로 표현된다. 결국 각 물가수준에서 총수요가 증가할 경우 총수요곡선이 오른쪽으로 이동한다는 것을 알 수 있다.

요약하면 물가수준의 변화에 따른 총수요의 변화는 총수요곡선상에서 점의 이동으로 나타난다. 반면에 물가수준이 고정되고 있는 상황에서 물가 이외 다른 요인의 변화에 의한 총수요의 변화는 총수요곡선의 이동으로 나타난다.

제2절 거시경제의 총공급곡선

1 단기 총공급곡선

1) 총공급곡선

총수요곡선(AD)만으로는 한 경제의 균형 물가수준(P)이나 총생산량(실질 GDP, Y)을 알 수 없고, 단지 이 두 가지 변수들 사이의 관계를 보여줄 뿐이다. 총수요곡선과 총공급곡선은 함께 한 경제의 물가수준과 총생산량을 결정한다. 그래서 여기서는 총수요곡선과 함께 또 다른 P와 Y의 관계를 보여주는 총공급곡선에 대해 고찰하고자 한다.

총공급곡선(aggregate supply curve; AS)은 각 물가수준에서 한 나라 기업들이 공급하고자 하는 최종생산물의 양(즉 총생산)을 나타내는 곡선이다. 즉 총공급곡선은 한 나라의 물가수준

그림 12-3 단기 총공급곡선

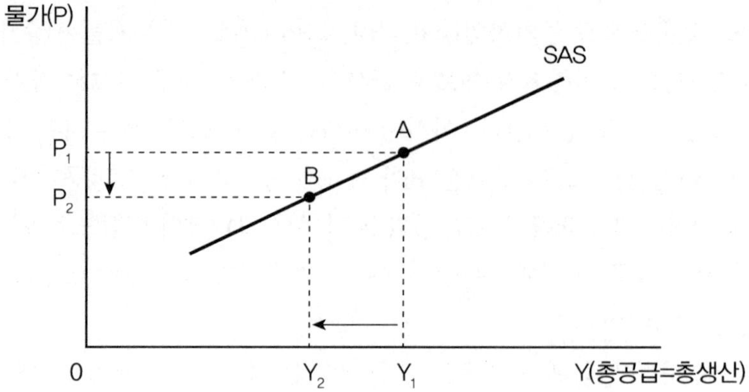

(P)과 공급되는 총생산량(Y, 실질GDP) 사이의 관계를 보여준다.

총공급곡선은 물가가 변함에 따라 총생산의 공급이 어떻게 결정되는지를 나타내는 곡선이다. 일반적으로 물가수준의 변화가 최종생산물의 총공급에 미치는 영향은 단기와 장기에 따라 다르기 때문에 단기 총공급곡선(short-run AS; SAS)과 장기 총공급곡선(long-run AS; LAS)의 형태는 다르다.

장기와 달리 단기적으로 총생산의 공급량은 물가수준의 영향을 받는다. 구체적으로 다른 조건이 일정한 상태에서 물가수준이 상승하면 기업들이 공급하는 최종생산물의 산출량(즉 총생산의 공급량)을 증가시키고, 물가수준이 하락하면 총생산의 공급량을 감소시킨다. 그렇기 때문에 단기에 있어서 물가수준과 총생산의 공급량 사이에 정(+)의 관계가 성립한다. 이처럼 단기에는 물가와 총생산의 공급량 사이에 정(+)의 관계가 성립하기 때문에 〈그림 12-3〉에서와 같이 단기 총공급곡선(SAS)은 우상향하는 기울기를 갖는다.

2) 단기 총공급곡선이 우상향하는 이유

단기에 총공급곡선이 우상향할 수 있는 근거는 무엇인가? 즉 왜 물가수준이 상승할 때 기업들이 산출량을 늘리는가? 케인즈학파는 노동시장에서의 **명목임금의 경직성** 때문에 총공급곡선이 단기에 우상향한다고 주장하였다. 명목임금(W)이 단기적으로 고정되어 있다면 물가(P)가 변화하면 실질임금이 변화하게 된다. **실질임금**(W/P)이란 명목임금을 물가수준으로 나누어 준 값으로 실질구매력을 나타낸다. 따라서 물가가 변화하면 실질임금도 변하게 된다. 예컨대 명목임금의 경직성 때문에 노동자가 받는 명목임금은 고정되어 있는 상황에서 물가가 상승한다고 가정하자. 이러한 경우 노동자들이 받는 실질임금은 이전과 비교하여 줄어들게 된다. 이전과 똑같은 명목임금을 받더라도 물가가 상승하면 실질임금, 즉 실질구매력이 줄어들게 되는 것이다.

한편 기업 입장에서는 물가가 상승함에 따라 실질임금이 하락한다면 노동의 고용에 따른 실질적 비용이 감소한다. 이에 따라 기업은 이전보다 더 많은 노동을 고용할 수 있게 되어 최적고용량을 증가시킨다. 이렇게 기업이 노동의 고용을 증가시키면 기업이 공급하는 산출량(즉 총생산)이 증가하게 된다. 이러한 총생산의 증가는 명목임금이 조정되어 이전의 실질임금 수준으로 회복되기 전까지 계속 될 것이다. 따라서 명목임금이 고정되어 있는 단기에는 물가 상승은 실질임금을 하락시키고 이에 따라 기업의 최적고용량을 증가시키기 때문에 총생산도 함께 증가한다. 결국 단기에 명목임금의 경직성으로 인해 총공급곡선은 우상향하는 기울기를 갖는다.

3) 단기 총공급곡선의 이동

총수요곡선과 마찬가지로 단기 총공급곡선상에서의 움직임과 총공급곡선 자체의 이동을 구분하는 것이 중요하다. 일반적으로 총공급은 물가수준뿐만 아니라 여러 가지 다른 변수들의 영향을 받는다. 총공급곡선은 이러한 다른 변수들이 일정한 경우 물가수준과 기업들이 공급하는 산출량(즉 총생산) 사이의 관계를 나타낸다.

〈그림 12-3〉에서 물가수준의 변화($P_1 \rightarrow P_2$)에 의한 총생산의 변화는 총공급곡선상에서 점의 이동(A→B)에 대응해서 나타난다.

한편 물가 이외의 요인들도 총생산에 영향을 줄 수 있다. 물가수준이 변하지 않더라도 총생산에 영향을 줄 수 있는 물가 이외 다른 요인들이 변화하게 되면 단기 총공급곡선 자체가 오른쪽이나 왼쪽으로 병행 이동하게 된다.

그림 12-4 케인즈의 단기 총공급곡선

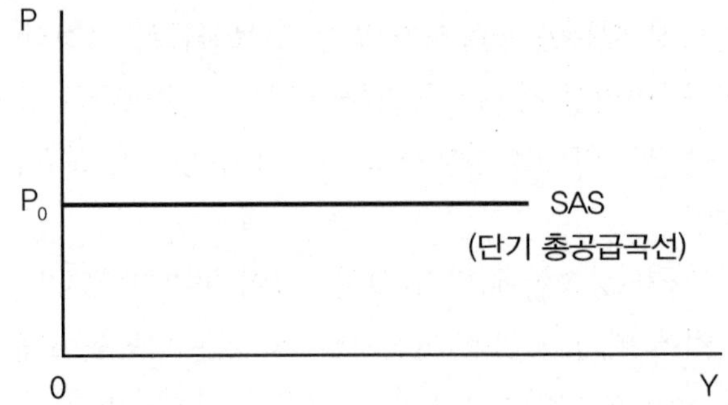

케인즈는 총공급곡선이 단기적으로 일정한 물가수준에서 **수평**이라고 보았다. 단기적으로 물가가 **완전비신축적(완전경직적)**이고, 경제에 유휴생산능력이 존재하는 경우, 단기 총공급곡선은 주어진 물가수준에서 **수평선**이 된다.

2 장기 총공급곡선

1) 장기 총공급곡선

이제까지 단기에는 **명목임금의 경직성**으로 인해 물가가 상승하면 총생산물의 공급량이 증가한다는 것을 보았다. 그러나 장기에는 명목임금도 물가와 마찬가지로 신축적이 된다. 이와 같은 사실은 물가와 총공급량 사이의 장기적인 관계에 큰 변화를 가져온다. 사실 장기에 있어서는 물가(P)가 총생산물의 공급량에 아무런 영향을 주지 못한다. **장기적**으로는 모든 가격이 **완전 신축적**이므로 노동을 비롯한 모든 생산요소는 언제나 완전 고용된다. 이에 따라 장기에 있어서 총생산(실질 GDP)은 항상 완전고용 GDP(즉 잠재 GDP)수준에서 결정된다.

〈그림 12-5〉에서 LAS로 표시된 장기 총공급곡선은 모든 가격이 완전히 신축적일 경우 물가수준과 기업들이 공급하는 산출량 사이의 관계를 보여 준다. 장기에는 물가(P)수준의 변화가 총생산(Y)의 공급량에 아무런 영향을 주지 못하기 때문에 **장기 총공급곡선**은 완전고용 GDP 수준에서 **수직선**의 형태가 된다.

수직적인 총공급곡선은 오직 **장기**에만 적용된다. 장기적으로 총생산(Y)은 생산요소(자본과 노동)의 양과 기술수준에 의해 결정되며 물가수준에 의존하지 않기 때문이다.

그림 12-5 장기 총공급곡선

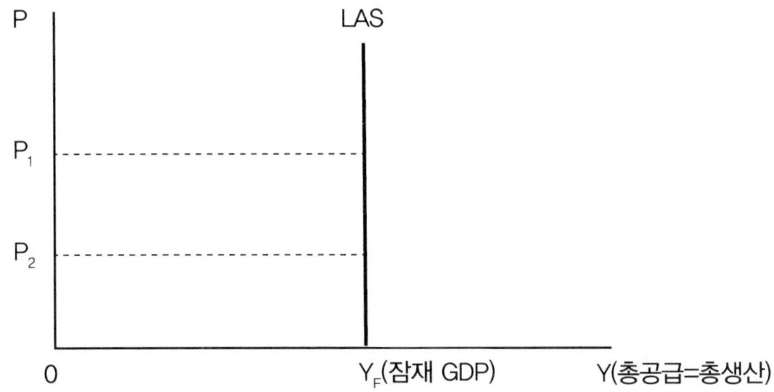

2) 장기 총공급곡선의 이동

장기 총공급곡선을 오른쪽으로 이동시키는 요인은 무엇일까? 제3부에서 설명한 바와 같이 경제성장의 요인인 실물자본 및 인적자본의 증가와 기술진보 등이 장기 총공급곡선을 이동시킬 수 있다. 장기적으로 기술수준이 향상되고, 노동력과 자본이 증가함에 따라 경제가 생산할 수 있는 잠재 GDP 수준 자체가 증가한다. 잠재 GDP가 증가함에 따라 장기 총공급곡선도 오른쪽으로 이동하게 된다. 사실 경제성장이란 한 경제의 잠재 GDP가 증가하는 현상으로 볼 수 있다. 그래서 일반적으로 경제가 장기적으로 성장하면서 장기 총공급곡선이 오른쪽으로 이동한다고 본다.

제 3 절 거시경제의 균형 : 총수요-총공급 모형

1 거시경제의 단기균형

1) 거시경제의 단기균형

이제 총수요와 총공급의 상호작용에 의해 한 국가경제의 총생산(실질 GDP)과 물가가 결정되는 과정을 알아보기로 하자. 우선 경제의 단기균형에 대해 분석하고, 그 다음 장기에는 어떤 변화가 일어나는지에 대해 분석해보기로 한다. 총수요곡선과 총공급곡선을 이용하여 경제의 총생산(Y)과 물가(P)의 움직임을 분석하는 이론을 **총수요－총공급(AD－AS) 모형**이라고 부른다.

경제의 균형은 총수요곡선과 총공급곡선이 교차하는 점에서 이루어진다. 그런데 **총수요곡선**은 단기와 장기 구별 없이 동일하지만, **총공급곡선**은 단기와 장기에 그 모양이 다르다. 그렇다면 단기균형과 장기균형은 어떻게 이루어질까? 총수요곡선이 어떤 총공급곡선이 만나는가에 따라 단기균형과 장기균형으로 구별된다.

거시경제의 단기균형(short－run macroeconomic equilibrium)은 총수요곡선(AD)과 단기 총공급곡선(SAS)이 만나는 점에서 이루어진다. 〈그림 12－6〉에서 총수요곡선과 단기 총공급곡선이 교차하는 E점에서 단기균형이 이루어진다. 그래서 단기균형인 E점에 대응하는 물가수준인 P_E가 **단기 균형물가**가 되고, E점에 대응하는 총생산량인 Y_E가 **단기 균형총생산**(즉 균형국민소득)이 된다. 물가가 P_E의 수준으로 주어졌을 때 총수요와 총공급의 크기가 Y_E로 서로 같아서 경제가 균형을 이룬다는 것을 알 수 있다.

실제 물가가 균형물가(P_E)수준보다 높은 P_1의 물가수준에서는 총생산물에 대한 공급량(총공급)이 총수요를 초과한다. 이로 인해 판매되지 않은 생산물이 재고로 쌓이게 된다. 이렇게 초과공급이 발생하여 재고가 쌓이기 시작하면 기업들은 이를 처분하기 위해 가격을 낮추는 동시에 생산량을 줄여 나간다. 이는 물가를 하락시켜서 균형물가에 가까워지게 만든다.

반면에 물가가 균형물가 수준보다 낮은 P_2의 물가수준에서는 총생산물에 대한 공급량이 수요량보다 적어서 초과수요가 발생한다. 이렇게 초과수요가 발생하여 재고가 줄어들면 기

그림 12-6 거시경제의 단기균형 : 총수요-총공급 모형

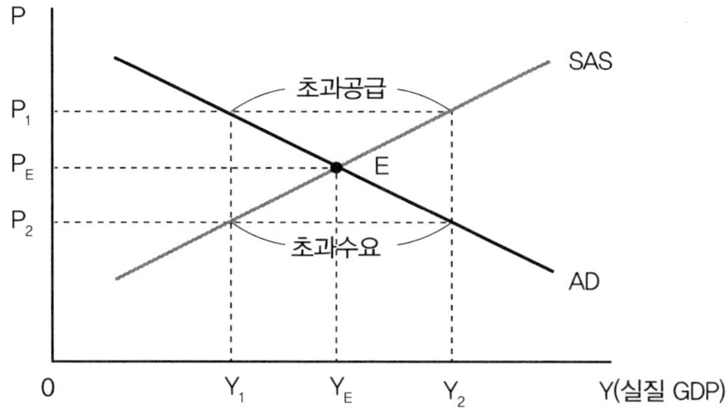

업들은 가격을 올리는 동시에 생산량을 늘리게 된다. 이는 물가를 상승시켜서 균형물가에 가까워지게 만든다. 이처럼 물가가 균형수준에서 벗어난 경우에는 기업들이 생산량을 줄이거나 늘리기 때문에 총생산이 변하게 되는데 이것은 경제가 **불균형**상태에 있다는 것을 의미한다.

2) 거시경제의 불균형 : 경기침체 갭과 인플레이션 갭

잠재 GDP(완전고용 GDP)는 한 국가경제에 존재하는 모든 생산요소를 모두 사용하여(즉 완전 고용할 때) 생산할 수 있는 총생산(즉 실질 GDP) 수준이다. 그렇다면 단기균형일 때의 균형총생산은 잠재 GDP와 언제나 같은 수준일까? 경제의 상황에 따라 균형총생산이 잠재 GDP보다 클 수도 있고, 반대로 작을 수도 있다. 왜냐하면 실제 경제의 단기균형은 잠재 GDP보다 낮은 수준에서 성립할 수도 있고, 반면에 잠재 GDP보다 높은 수준에서도 성립할 수 있기 때문이다.

거시경제의 단기균형이 이루어질 때 총수요곡선과 총공급곡선의 위치에 따라 균형총생산이 잠재 GDP보다 커서 **인플레이션 갭**(inflationary gap)이 발생할 수도 있고, 잠재 GDP와 같을 수도 있으며, 잠재 GDP보다 작아서 **경기침체 갭**(recessionary gap)이 발생할 수도 있다.

〈그림 12-7〉은 단기 균형총생산이 잠재 GDP보다 작아 경기침체 갭이 (Y_F-Y_1)만큼 발생

그림 12-7 총수요-총공급 모형 : 경기침체 갭

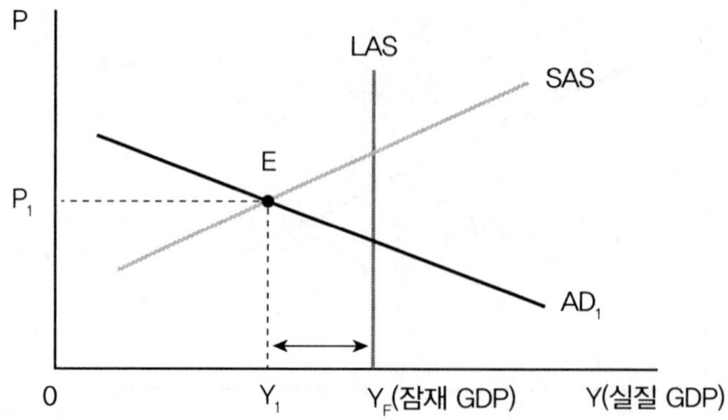

그림 12-8 총수요-총공급 모형 : 인플레이션 갭

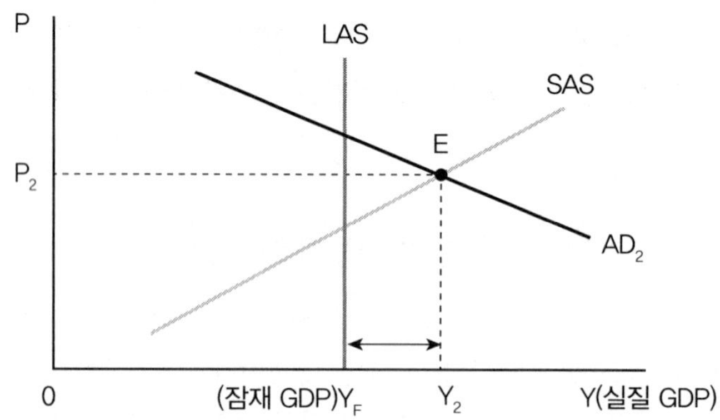

한 경우이다. 이렇게 경제가 경기침체 갭 상태일 때 무슨 일이 발생할까? 균형총생산이 잠재 GDP보다 작기 때문에 한 경제에서 이용할 수 있는 자원이 완전히 고용되지 못하여 실업이 발생한다. 이때 실업자의 수가 마찰적 실업과 구조적 실업(즉 자연적 실업)에 의한 실업자 수를 초과하여 경제는 상당한 규모의 **경기적 실업**(cyclical unemployment)을 경험하게 된다.

〈그림 12-8〉은 총수요가 너무 커서 균형총생산이 잠재 GDP보다 크다. 그래서 인플레이

션 갭이 $(Y_F - Y_2)$만큼 발생한 경우이다. 이렇게 경제가 인플레이션 갭 상태일 때 어떤 일이 발생할까? 균형총생산이 잠재 GDP보다 크면 경제가 정상적인 가동률로 생산할 수 있는 양보다 총수요가 더 많기 때문에 물가가 상승하게 되어 인플레이션이 발생한다.

2 거시경제의 장기균형

1) 거시경제의 장기균형

〈그림 12-9〉는 총수요곡선과 단기 총공급곡선 및 장기 총공급곡선을 함께 이용하여 거시경제의 장기균형상태를 보여준다. 총수요곡선인 AD는 단기 총공급곡선인 SAS와 E_{LR}점에서 교차한다. 만약 충분한 시간이 경과하였다면 이 경제는 장기 총공급곡선인 LAS 상에도 있을 수 있다. 이 경우 E_{LR}점은 AD, SAS, LAS가 동시에 만나는 점이 된다. 이처럼 거시경제의 단기균형점이 장기 총공급곡선상에 놓이는 상태가 **거시경제의 장기균형**(long-run macroeconomic equilibrium)이다.

이때 거시경제의 단기균형도 장기 총공급곡선상에 위치한다. 따라서 단기 균형총생산은 장기 균형총생산, 즉 잠재 GDP(완전고용 GDP)인 Y_F와 같게 된다. 결과적으로 국가경제는 E_{LR}점에서 장기균형을 달성하게 된다.

그림 12-9 총수요-총공급 모형 : 장기균형

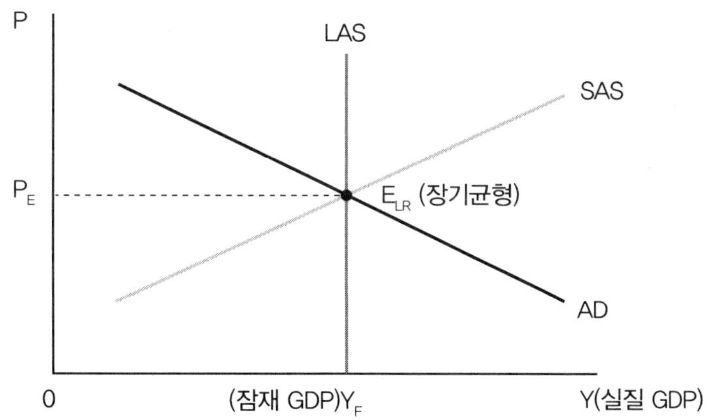

2) 장기균형으로의 조정과정

이제 한 경제가 수요충격으로 장기균형으로부터 이탈하는 경우 어떻게 다시 장기균형으로 회복하는지에 대해 알아보자. 〈그림 12−10〉에서 초기 총수요곡선은 AD_1이고, 단기 총공급곡선은 SAS_1이라고 하자.

이 경우 거시경제의 균형은 E_1점에서 달성되는데, 이 점은 장기 총공급곡선인 LAS 상에도 위치한다. 따라서 이 경제는 단기균형과 장기균형을 동시에 성립되고 있으며, 단기균형에서의 총생산은 잠재 GDP인 Y_F와 같다.

(1) 인플레이션 갭의 조정과정

이제 기대하지 않은 **통화량의 증가에 의해 총수요**가 증가한다면 경제에 어떤 일이 일어날까? 총수요가 증가하여 총수요곡선이 AD_2와 같이 오른쪽으로 이동한다고 하자. 이 경우 경제가 단기적으로 균형점은 E_1에서 E_2로 이동하여 단기균형물가는 P_2로 상승하고 총생산은 Y_F를 초과한 수준인 Y_2로 증가한다. 이처럼 총수요가 증가하게 되면 경제는 단기적으로 호황을 경험하게 된다. 그렇지만 새로운 단기균형에서의 총생산이 잠재 GDP를 초과하기 때문에 경제에는 물가가 상승하는 **인플레이션**(inflation)이 나타나게 된다.

한편 기대하지 않은 총수요의 증가에 의한 경제의 호황은 계속적으로 지속되는 것은 아니

그림 12−10 인플레이션 갭의 장기 조정과정

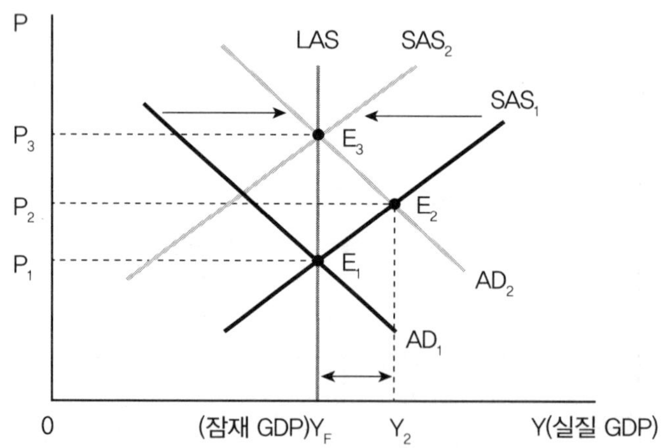

다. 〈그림 12−10〉은 단기 균형총생산이 잠재 GDP보다 더 커서 인플레이션 갭이 존재할 때 경제가 어떤 과정을 통해 장기균형으로 수렴하는지 보여주고 있다. 이렇게 단기 균형총생산이 잠재 GDP보다 더 크다는 것은 총수요가 너무 많아 기업들이 정상수준을 초과하는 수준에서 조업하고 있음을 뜻한다. 기업들은 초과수요에 부응하기 위해 노동의 수요를 늘리고 추가로 고용하기도 한다. 이러한 과정에서 노동수요의 증가로 인해 임금이 상승하게 되고 다른 생산요소의 가격도 상승하게 되어 기업의 생산비용이 상승하게 된다. 생산비용이 상승함에 따라 기업들이 생산을 줄이기 때문에 단기 총공급곡선은 왼쪽으로 이동하게 된다.

이처럼 인플레이션 갭으로 인해 단기 총공급곡선(SAS)이 왼쪽으로 이동함에 따라 단기균형점도 E_2점에서 총수요곡선 AD_2선을 따라 왼쪽으로 움직인다. 그 결과 단기 균형총생산은 점차 감소하고 물가수준은 점차 상승하게 된다. 그런데 단기 균형총생산이 잠재 GDP보다 더 높은 수준에 있는 한 임금과 다른 생산요소의 가격이 계속 상승할 것이므로 단기 총공급곡선은 계속 왼쪽으로 이동하게 된다. 이와 같은 이동은 단기 총공급곡선이 SAS_2 위치에 도달하여 경제가 AD_2, SAS_2, LAS의 세 가지 곡선이 교차하는 새로운 균형점 E_3에 위치할 때까지 계속 된다. 이렇게 되면 균형총생산은 잠재 GDP와 일치하게 되어 인플레이션 갭이 해소된다. 즉 실제 물가수준이 P_2에서 P_3로 상승되면 총생산은 Y_2에서 Y_F로 감소하게 되어 결국 경제는 잠재 GDP 수준에서 다시 장기균형 상태를 회복한다.

단기적으로 인플레이션 갭이 존재하는 경우 단기균형이 장기균형으로 수렴하는 과정에서 임금과 다른 생산요소의 가격 상승이 조정의 핵심적인 역할을 수행하고 있음을 알 수 있다. 경제가 장기균형으로 조정되어 가는 과정에서 총생산은 잠재 GDP(Y_F)로 돌아가지만 물가(P) 수준은 상승한다($P_1 \to P_3$).

(2) 경기침체 갭의 조정과정

〈그림 12−11〉은 한 경제에 경기침체 갭이 존재하는 경우에 장기조정과정을 나타낸 것이다. 한 경제가 초기에 E_1점에서 장기균형을 이루고 있는 상태에서 총수요가 단기적으로 감소하여 총수요곡선이 AD_2와 같이 왼쪽으로 이동한다고 하자. 이 경우 경제가 단기적으로 E_2점으로 이동하여 단기균형물가는 P_2로 하락하고 총생산은 Y_1으로 감소한다. 새로운 단기균형에서의 총생산이 잠재 GDP수준보다 작기 때문에 경제에는 **경기침체 갭**(recessionary gap)이 존재하게 된다.

〈그림 12−11〉에서와 같이 경기침체 갭이 존재하면 인플레이션 갭과는 반대 방향으로 조

그림 12-11 경기침체 갭의 장기 조정과정

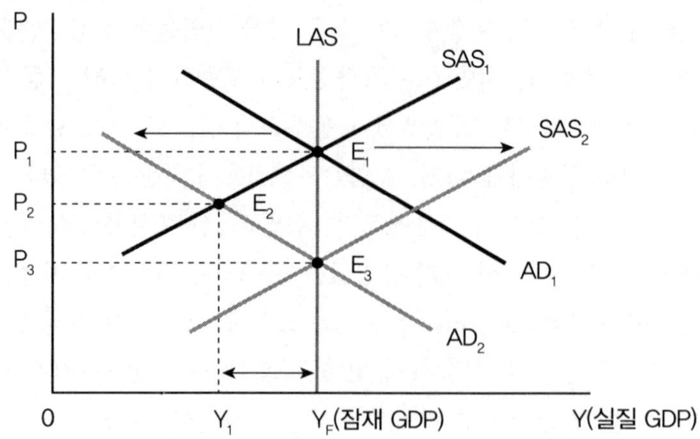

정이 이루어진다. 경기침체 갭이 존재한다는 것은 생산요소 중 일부가 생산에 투입되지 못하고 실업상태에 빠져 있음을 뜻한다. 이 경우 실업률이 높아지고 생산활동이 둔화되면서 임금과 다른 생산요소의 가격은 점차 하락하게 된다. 그 결과 생산비용도 하락하게 되는데, 이에 따라 기업들이 생산을 증가시키기 때문에 총공급곡선은 오른쪽으로 이동하게 된다.

이와 같은 총공급곡선의 오른쪽으로의 이동은 균형총생산이 잠재 GDP보다 더 작은 상태에 있는 한 계속 될 것이다. 단기 총공급곡선 SAS_1이 오른쪽으로 충분히 이동하여 SAS_2의 위치에 도달하여 AD_2, SAS_2, LAS의 세 가지 곡선이 모두 새로운 균형점인 E_3에서 교차할 때까지 계속 된다. E_3점에서 경제는 다시 장기 거시경제균형을 회복한다. 이렇게 되면 균형총생산이 잠재 GDP가 같게 되어 더 이상 변화가 생길 이유가 없어지기 때문이다. 결과적으로 이러한 장기조정과정에서 총생산은 잠재 GDP수준인 Y_F로 회복하지만, 물가는 P_3로 더 낮아진다.

이상에서 총수요의 변화가 경제의 균형에 미치는 장단기 효과를 살펴보았다. 단기에 있어서는 총수요의 변화(증가나 감소)가 총생산(Y)에 영향을 미친다. 하지만, 총공급곡선이 수직인 장기에 있어서 총수요의 변화는 물가수준(P)에만 영향을 미치고 총생산(Y)에는 영향을 주지 못한다는 것을 알 수 있다.

12장 주요 개념

총수요곡선, 실질통화효과, 케인즈효과, 실질자산효과, 피구효과, 실질임금, 총공급곡선, 총수요-총공급 모형, 장기균형, 인플레이션 갭, 경기침체 갭

12장 복습 문제

01 IS-LM 모형으로 어떻게 총수요곡선을 도출하는가?

02 총수요곡선은 왜 우하향하며, 이동요인은 무엇인가?

03 단기 총공급곡선이 우상향하는 이유는 무엇인가?

04 장기 총공급곡선은 왜 수직이며, 이동요인은 무엇인가?

05 AD-AS 모형에 의하면 단기적으로 한 나라의 물가와 총생산(실질국민소득)은 어떻게 결정되는가?

06 AD-AS 모형에 의하면 경기침체 갭과 인플레이션 갭은 왜 발생하는가?

07 한 경제가 수요충격으로 장기균형으로부터 이탈하여 경기침체 갭이 존재하는 경우 어떻게 다시 장기균형으로 회복하는가?

CHAPTER

13

경기변동과 안정화정책

단기적으로 총수요와 총공급에 대한 충격에 의해 경제가 균형상태에서 벗어나게 되어 경기변동이 발생한다. 제13장에서는 총수요–총공급 모형을 이용하여 단기적으로 수요충격이나 공급충격이 어떻게 경기변동을 일으키는지, 그리고 경기변동에 직면하여 어떠한 경제안정화정책이 실행되어야 하는지에 대해 살펴본다.

제 1 절 경제에 대한 충격과 경기변동

1 수요충격과 경기변동

1) 수요충격

제12장에서 경제의 단기균형이 어떻게 결정되는지를 알게 되었다. 총수요곡선과 단기총공급곡선이 교차하는 점에서 경제의 단기균형이 성립되고, 균형총생산(실질 GDP)과 물가가 결정된다. 단기균형은 AD곡선과 SAS곡선이 이동할 때 변화하게 된다. 어떤 외부적인 충격에 의해 AD곡선과 SAS곡선이 이동하게 되면 단기 균형총생산과 균형물가도 변한다.

경제에 대한 충격(shock)은 AD곡선을 이동시키기도 하지만, 또 AS곡선을 반대로 이동시키기도 한다. 그래서 AD곡선을 이동시키는 외부적 요인의 변화와 AS곡선을 이동시키는 외부적 요인의 변화를 구분하기 위해 **수요충격**(demand shock)과 **공급충격**(supply shock)이라는 용어를 사용한다. 총수요곡선(AD)을 이동시키는 외부적 요인의 변화를 수요충격(demand shock)이라 한다. 한편 총공급곡선(AS)을 이동시키는 외부적 요인의 변화를 공급충격(supply shock)이라 한다.

수요충격(demand shock)은 소비지출이나 투자지출, 순수출의 변화처럼 **총수요**에 직접적으로 영향을 주는 요인뿐만 아니라 재정정책이나 통화정책도 수요충격 요인이 된다. 수요충격은 경제에 미치는 영향에 따라 부의 수요충격과 정의 수요충격으로 구분한다. 경제에 대한 수요충격은 총생산(국민소득)을 감소시켜 경제에 부정적인 영향을 미치는 **부(−)의 수요충격**(negative demand shock)과 총생산을 증가시켜 경제에 긍정적인 영향을 미치는 **정(+)의 수요충격**(positive demand shock)으로 구분한다.

2) 수요충격과 경기변동

〈그림 13−1〉은 수요충격이 경제에 미치는 단기적 영향을 보여준다. 그림 (a)에서 보듯이 부의 수요충격은 총수요곡선을 AD_1에서 AD_2로 왼쪽으로 이동시킨다. 이로 인해 경제의 균형은 E_1으로부터 SAS곡선을 따라서 아래쪽으로 이동하여 E_2에 도달한다. 그 결과 단기 균형

그림 13-1 수요충격과 경기변동

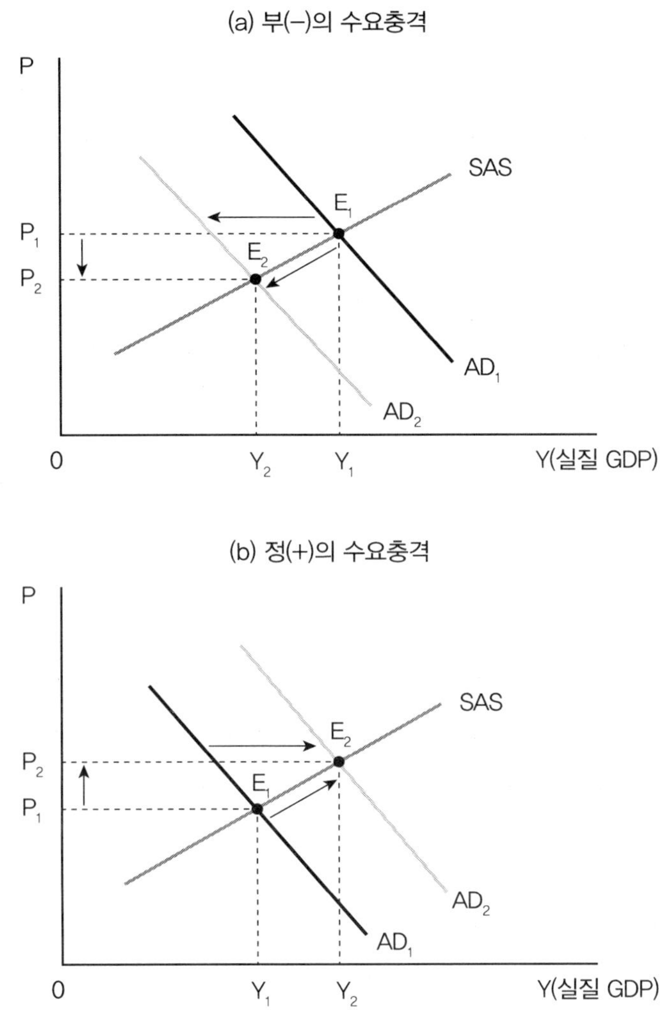

총생산은 Y_1에서 Y_2로 감소하고, 균형물가는 P_1에서 P_2로 하락한다.

한편 그림 (b)에서 보듯이 정의 수요충격은 총수요곡선을 AD_1에서 AD_2로 오른쪽으로 이동시킨다. 이로 인해 경제의 균형은 E_1으로부터 SAS곡선을 따라서 위쪽으로 이동하여 E_2에 도달한다. 그 결과 단기 균형총생산은 Y_1에서 Y_2로 증가하고, 균형물가는 P_1에서 P_2로 상승한다.

이와 같이 경제에 대한 수요충격은 총생산(Y)과 물가(P)를 같은 방향으로 움직이게 하는 특징을 갖고 있다.

2 공급충격과 경기변동

1) 공급충격

총수요의 변화와 마찬가지로 총공급에 대한 충격도 국가경제에 영향을 미친다. 총공급(AS)곡선을 이동시키는 외부적 요인의 변화를 **공급충격**(supply shock)이라 한다. 임금이나 원자재 가격의 변화, 기술의 변화, 노사분규, 기후변동 등과 같이 **총공급**에 영향을 주는 외부적 변화가 공급충격의 요인이 된다. 일반적으로 공급 충격은 생산비용을 변화시켜 결과적으로 기업이 동일한 규모의 총생산을 공급하기 위해서 가격수준을 변화시킬 필요가 생기는 경우라고 볼 수 있다. 그래서 공급충격은 직접적으로 물가에 영향을 미치므로 **가격충격**(price shock)이라고도 한다.

수요충격과 마찬가지로 공급충격도 경제에 미치는 영향에 따라 부(−)의 공급충격과 정(+)의 공급충격으로 구분한다. 경제에 대한 공급충격은 총생산(국민소득)을 감소시켜 경제에 부정적인 영향을 미치는 **부(−)의 공급충격**(negative supply shock)과 총생산을 증가시켜 경제에 긍정적인 영향을 미치는 **정(+)의 공급충격**(positive supply shock)으로 구분한다.

2) 공급충격과 경기변동

국제원유가격의 상승과 같은 **부의 공급충격**은 생산비용을 증가시킨다. 그 결과 각 물가수준에서 생산자들이 공급하고자 하는 생산물의 양을 감소시키기 때문에 단기 총공급곡선을 왼쪽으로 이동시킨다. 세계 경제는 1973년과 1979년에 세계 원유가격의 급격한 상승으로 인한 **오일쇼크**(oil shock)에 의해 엄청난 부의 공급충격을 경험하였다. 석유는 1970년대 당시 대부분의 생산공정에서 사용된 대표적인 원자재이다. 이러한 원자재의 가격상승을 초래한 오일쇼크는 생산물의 생산비용을 상승시킴으로써, 같은 총생산을 생산할 때 책정되는 가격수준이 높아지도록 작용하였다. 결국 동일한 생산량을 생산하기 위해서는 가격이 올라야 하므로 이러한 변화는 총공급곡선이 위로(주어진 가격수준에서 생산해야 한다면 생산량을 줄어야 하

그림 13-2 공급충격과 경기변동

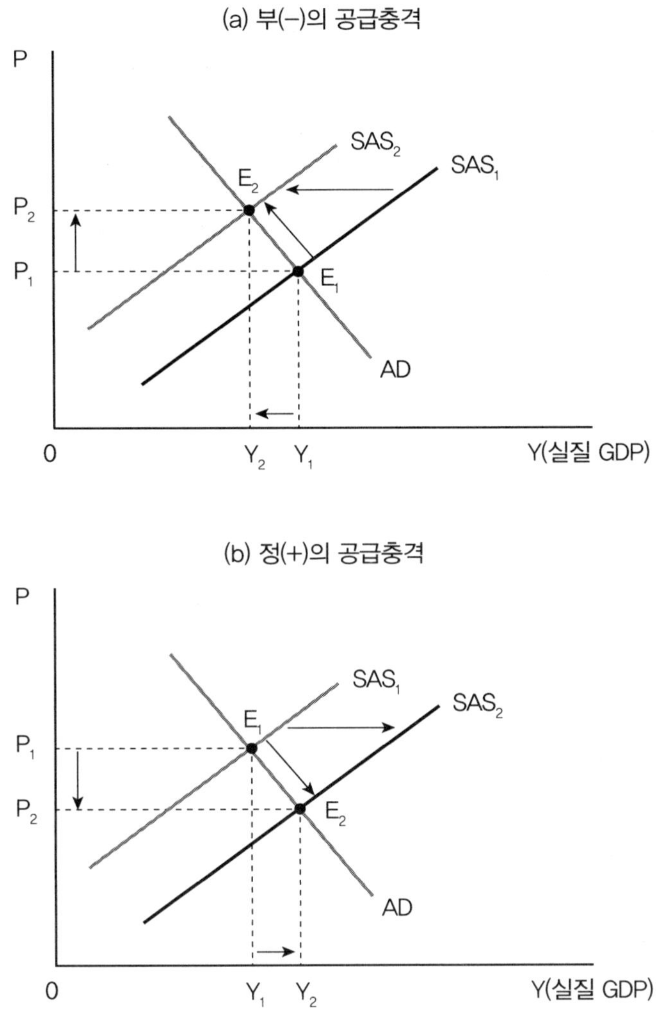

므로 왼쪽으로) 이동하는 것을 의미한다.

〈그림 13-2〉는 공급충격이 경제에 미치는 단기적 영향을 보여준다. 그림 (a)는 국제원유 가격 상승과 같은 부의 공급충격이 경제에 미치는 효과를 보여준다. 초기 경제는 E_1에서 균형상태에 있으며, 이 점에서의 물가는 P_1이고 총생산은 Y_1이다. 오일쇼크와 같은 부의 공급

충격은 단기 총공급곡선을 SAS_1에서 SAS_2로 왼쪽으로 이동시킨다. 원유가격이 인상됨에 따라 평균비용이 상승하기 때문에 기업은 가격을 올리게 되고, 이로 인해 물가수준도 상승하게 된다. 그 결과 경제는 총수요곡선(AD)을 따라서 위쪽으로 움직이면서 물가가 상승하고 총생산(Y)이 감소한다. 즉 새로운 균형점인 E_2에서의 균형물가는 이전의 P_1에서 P_2로 상승하고, 균형총생산은 Y_1에서 Y_2로 감소한다. 결국 국제원유가격 상승과 같은 부의 공급충격이 있는 경우 경제는 물가수준의 상승과 총생산의 감소를 동시에 경험하게 된다. 그림 (a)가 보여 주는 것과 같이 물가상승에 의한 인플레이션(inflation)과 총생산의 감소로 인한 경기침체(stagflation)가 동시에 함께 나타나는 현상을 두 가지 용어를 합성하여 **스태그플레이션**(stagflation)이라 부른다.

한편 국제원유가격의 하락과 같은 **정의 공급충격**은 생산비용을 낮춘다. 그 결과 기업이 각 물가수준에서 공급량을 증가시키기 때문에 단기 총공급곡선을 오른쪽으로 이동시킨다. 세계 경제는 1995년과 2000년 사이에 인터넷 사용의 증가와 정보통신기술의 발달로 생산성이 크게 높아짐에 따라 정의 공급충격을 경험한 바 있다. 〈그림 13-2〉 (b)는 국제원유가격의 하락과 같은 정의 공급충격이 경제에 미치는 효과를 보여주는데, 부의 공급충격과는 정반대의 효과를 갖는다. 정의 공급충격은 단기 총공급곡선을 SAS_1에서 SAS_2로 오른쪽으로 이동시킨다. 그 결과 경제가 총수요곡선을 따라서 아래쪽으로 움직이면서 총생산이 증가하고 물가가 하락한다. 새로운 균형점인 E_2에서의 균형물가는 이전의 P_1에서 P_2로 하락하고, 균형총생산은 Y_1에서 Y_2로 증가한다. 결국 국제원유가격 하락과 같은 정의 공급충격은 단기 총공급곡선을 오른쪽으로 이동시켜서 총생산을 증가시키고, 물가수준을 하락시킨다.

이와 같이 공급충격은 수요충격과 달리 물가(P)와 총생산(Y)을 서로 반대방향으로 변화시킨다는 특징을 가진다.

요약하면 수요충격과 공급충격은 둘 다 경기변동의 원인이 될 수 있다. 수요충격이나 공급충격으로 인해 총생산량과 고용이 잠재 GDP와 자연실업률로부터 이탈하여 경기변동이 발생한다. 그러나 수요충격과 공급충격은 국가경제의 물가수준과 총생산에 미치는 영향에 차이가 있다. 수요충격은 물가수준과 총생산을 같은 방향으로 변화시키지만, 공급충격은 물가수준과 총생산은 다른 방향으로 변화시킨다.

제2절 수요충격과 안정화정책

1 수요충격에 대한 정책

경제에 대한 충격에 의해 발생한 단기적인 경기변동을 완화시키기 위한 정책을 **안정화정책**(stabilization policy)이라 부른다. 안정화정책은 생산량과 고용을 가능한 잠재 GDP와 완전고용수준에 이르게 하여 경기변동의 순환 진폭을 축소시키려 한다. 경기변동의 원인이 수요충격에 의한 것인지 공급충격에 의한 것인지에 따라 대응되는 안정화정책이 달라진다. 경제에 대한 충격에 의한 경기변동에 안정화 정책이 어떤 작용을 하며, 이를 시행하는데 실질적으로 어떤 문제가 발생하는지 살펴보자.

한 국가경제가 〈그림 13－1〉 (a)에서와 같이 부(－)의 수요충격을 경험한다고 하자. 12장에서 설명한 바와 같이 재정정책과 통화정책은 총수요곡선을 이동시킬 수 있다. 정책담당자들이 총수요의 감소에 빠르게 대응한다면 재정정책이나 통화정책을 이용하여 총수요곡선을 다시 오른쪽으로 이동시킬 수 있다. 만약 정책담당자들이 총수요곡선의 이동을 사전에 완전하게 예측할 수 있다면 처음부터 경기변동을 방지할 수도 있다. 즉 생산 감소와 물가 하락을 경험하는 대신에 정부는 경제가 원래의 균형(E_1점)에 계속 머물도록 관리할 수도 있다.

경제가 원래의 균형상태를 지속할 수 있도록 하는 정책이 바람직한 이유는 무엇인가? 첫째, 정부의 정책 개입이 없을 경우 나타나게 되는 총생산의 일시적 감소는 실업을 증가시키기 때문이다. 둘째로, 물가안정이 바람직한 정책 목표이기 때문이다. 따라서 경기침체(총생산의 감소)를 방지하고 물가를 안정시키기 위해 정책개입이 바람직한 것이다.

모든 총수요의 변화(감소나 증가)에 대해 적극적으로 대응해야 할까? 대다수 경제학자들은 총수요에 대한 부의 충격에 대해서는 이를 상쇄시키기 위한 거시경제정책(안정화정책)을 사용할 필요가 있다고 생각한다. 그렇다면 경제의 총생산을 증가시키고 물가상승을 유발하는 정(+)의 수요충격도 상쇄시키기 위해 안정화정책을 사용해야 할까? 부(−)의 수요충격과는 달리 정(+)의 수요충격을 상쇄시키기 위해 정책을 사용할 필요성은 명백하지 않다. 인플레이션이 나쁘기는 하지만 총생산이 늘어나고 실업이 감소하는 것은 좋은 현상이기 때문이다. 그렇지만 대다수 경제학자들은 인플레이션 갭을 통해 얻을 수 있는 단기적인 이득에 대해서는 언젠가는 대가를 치러야 한다고 생각한다. 따라서 정책담당자는 부의 수요충격은 물론 정의 수요충격에 대해서도 적절한 정책대응이 필요하다고 본다.

2 총수요관리정책의 효과

1) 재정정책의 효과

정부가 재정정책을 시행하는 이유는 무엇일까? 정부는 실제 총생산이 잠재 GDP에 미달할 경우 발생하는 경기침체 갭이나 총생산이 잠재 GDP를 초과할 때 나타나는 인플레이션 갭을 메우기 위해서 재정정책을 시행한다.

(1) 경기침체 갭과 확장적 재정정책

〈그림 13-3〉은 경기침체 갭을 겪고 있는 경제를 보여준다. 이 경제의 최초 총수요곡선은 AD_1이고, 단기 총공급곡선은 SAS, 장기 총공급곡선은 LAS이다. 최초 단기 거시경제 균형점인 E_1에서 총생산 Y_1이 잠재 GDP인 Y_F보다 작다. 이 경우 정부가 경기침체 갭을 제거하여 경기를 회복시키기 위해 **확장적 재정정책**을 사용하려고 한다. 정부가 확장적 재정정책을

그림 13-3 경기침체와 확장적 재정정책

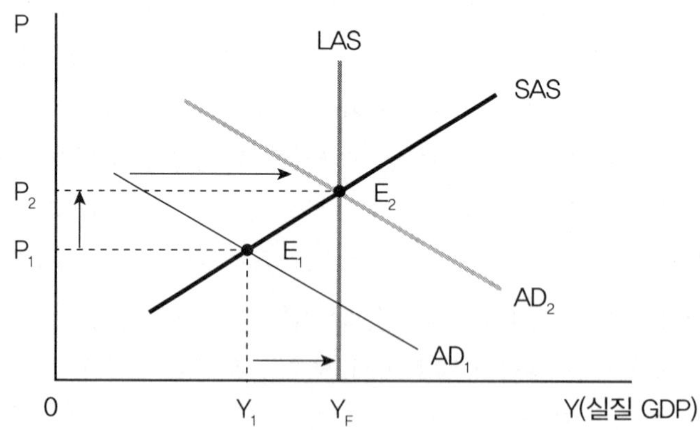

그림 13-4 인플레이션과 긴축적 재정정책

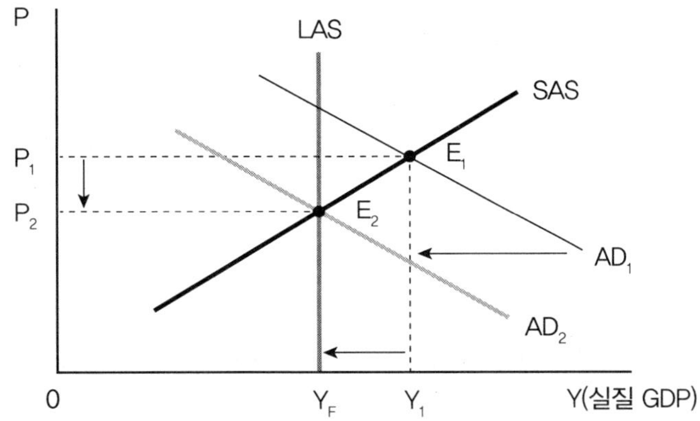

시행하여 총수요를 증가시켜 총수요곡선을 오른쪽으로 AD_2까지 이동시키면, 총생산이 증가하여 잠재 GDP와 같게 된다.

(2) 인플레이션 갭과 긴축적 재정정책

〈그림 13-4〉는 인플레이션 갭을 겪고 있는 경제를 보여준다. 이 경제 역시 최초 총수요곡선은 AD_1이고, 단기 총공급곡선은 SAS, 장기 총공급곡선은 LAS이다. 최초 단기균형점인 E_1에서 총생산 Y_1이 잠재 GDP인 Y_F보다 크다. 이 경우 정부가 인플레이션 갭을 제거하여 경기과열과 인플레이션을 해소하려고 긴축재정정책을 사용하려고 한다. 정부가 인플레이션 갭을 제거하기 위해서는 **긴축적 재정정책**을 시행하여 총수요를 감소시켜 총수요곡선을 왼쪽으로 AD_2까지 이동시켜야 한다. 이처럼 긴축재정정책을 시행하면 총생산이 감소하여 잠재 GDP와 같게 된다.

2) 통화정책의 효과

화폐공급이나 이자율을 변화시키는 통화정책도 재정정책과 같은 역할을 수행한다. 통화정책이 어떻게 총수요곡선을 이동시키는지를 알아보자. 일반적으로 중앙은행은 실제 총생산(실질 GDP)이 잠재 GDP보다 작을 때는 확장적 통화정책을 시행하고, 반대로 실제 총생산이 잠재 GDP보다 클 때는 긴축적 통화정책을 시행한다.

중앙은행이 **확장적 통화정책**(expansionary monetary policy)에 의해 화폐공급을 증가시킨 경우를 살펴보자. 화폐공급이 증가하면 이자율이 하락한다. 다른 조건이 같다면 낮은 이자율은 투자지출을 증가시키고 그 결과 총생산(실질 GDP)을 증가시킨다. 그리고 총생산의 증가는 다시 소비지출을 증가시키는 등 승수과정을 통해 총생산을 추가적으로 증가시킨다. 따라서 화폐공급이 증가하는 경우 각 물가수준에서 생산물에 대한 총수요가 증가하기 때문에 총수요곡선이 오른쪽으로 이동한다. 이와 같이 AD곡선을 오른쪽으로 이동시키는 확장적 통화정책은 〈그림 13-3〉에서 살펴본 바 있는 확장적 재정정책과 동일한 효과를 갖는다.

이와는 반대로 중앙은행이 **긴축적 통화정책**(contractionary monetary policy)에 의해 화폐공급을 줄인다고 하자. 이 경우 화폐시장에서 이자율이 상승한다. 높은 이자율은 투자지출을 감소시키고 그 결과 총생산을 감소시킨다. 총생산의 감소는 다시 소비지출을 감소시키는 등 승수과정을 통해 총생산을 추가적으로 감소시킨다. 따라서 화폐공급이 감소하는 경우 생산물에 대한 총수요가 감소하기 때문에 총수요곡선이 왼쪽으로 이동한다. 이와 같이 AD곡선을 왼쪽으로 이동시키는 긴축적 통화정책은 〈그림 13-4〉에서 살펴 본 긴축적 재정정책과 동일한 효과를 갖는다.

이와 같이 통화정책은 단기적으로 확장적 또는 긴축적 효과를 가지기 때문에 경제를 안정시키기 위한 정책수단으로 채택되고 있다.

제3절 공급충격과 안정화정책

1 공급충격에 대한 정책 딜레마

이제 왜 사람들이 스태그플레이션을 두려워하는지에 대해 알아보자. 〈그림 13-5〉는 부(−)의 공급충격이 총생산의 감소와 물가의 상승을 초래함을 보여준다. 오일쇼크와 같은 부의 공급충격으로 총공급곡선이 SAS_1에서 SAS_2로 왼쪽으로 이동하였다고 하자. 따라서 경제의 단기균형은 A점에서 B점으로 이동하여 물가는 P_1에서 P_2로 상승하였고, 총생산은 Y_F에서 Y_1으로 감소하여 **스태그플레이션**이 발생하였다.

이 경우 정부의 정책당국은 부(–)의 공급충격에 대해 어떻게 대응해야 하는가? 총수요곡선과는 달리 단기 총공급곡선을 이동시킬 수 있는 용이한 정책수단은 찾기 쉽지 않다. 그렇기 때문에 단기 총공급곡선(SAS)을 다시 원위치로 복귀시키는 **총공급관리정책**은 거의 시행하기 어렵다.

한편 정책당국은 통화정책이나 재정정책을 통해 총수요를 원래 수준으로 되돌려 놓음으로써 부의 수요충격에 대해 대응할 수 있다. 그렇다면 부(–)의 공급충격에 대한 대응으로 확장적 재정정책이나 통화정책을 사용하여 총수요곡선을 오른쪽으로 이동시키면 어떻게 될까? 만약 정부가 총생산의 감소(실업률 하락)를 완화시켜 경기를 회복시키는 것을 정책목표로 설정한다면 확장적 총수요정책을 시행할 수 있다. **확장적 총수요정책**을 시행하여 총수요곡선을 오른쪽으로 이동시키는 경우 총생산의 감소는 완화시킬 수 있지만, 물가 상승을 유발하여 인플레이션을 더욱 악화시키는 결과를 초래하게 된다. 이 경우 경기는 회복할 수 있지만 높은 물가수준은 받아들여야하기 때문에 이러한 정책을 **수용정책**(accommodating policy)이라고도 한다.

그림 13-5 부(–)의 공급충격과 정책 딜레마

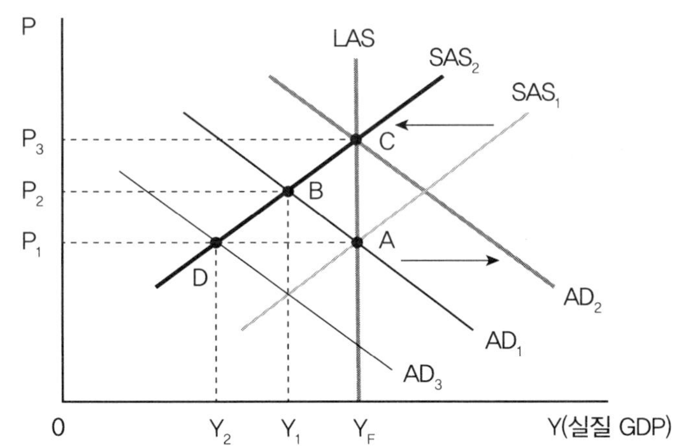

〈그림 13-5〉는 정책당국자가 부(-)의 공급충격에 대응하여 확장적 총수요관리정책을 사용한 경우를 보여준다. 정부가 확장적 재정정책이나 통화정책을 사용하여 총수요를 증가시키면 총수요곡선이 AD_1에서 AD_2로 오른쪽으로 이동한다. 그 결과 경제의 균형은 B점에서 C으로 이동하였다. C점을 B점과 비교해 보면 총생산은 Y_F로 회복되었지만 물가수준은 P_2에서 P_3로 한층 더 상승했음을 알 수 있다.

이상에서 부의 공급충격에 대응하여 확장적 총수요정책으로 경기를 회복시키려면 물가상승(인플레이션)을 더욱 악화시킨다는 문제점이 있음을 알 수 있다.

반면에 부의 공급충격으로 상승한 물가를 일정수준으로 안정시키는 것을 정부가 정책목표로 설정한다면 긴축적 총수요정책을 시행할 수 있다. **긴축적 총수요정책**을 시행하여 총수요곡선을 왼쪽으로 AD_3로 이동시키는 경우 이때 새로운 단기균형은 D점이 된다. 이 경우 정부는 물가상승은 진정시킬 수 있지만, 총생산이 더욱 많이 감소되어 경기침체를 더욱 악화시키게 된다. 이 경우 물가수준은 일정한 수준으로 안정시킬 수 있기 때문에 이러한 정책을 **진화정책**(extinguishing policy)이라고도 한다.

이처럼 부(-)의 공급충격이 있는 경우, 총수요관리정책을 사용하여 단기적으로 총생산을 증가시켜 경기를 회복하려고 하면 물가 상승을 받아들여야 하고, 물가수준을 안정시키려고 하면 더욱 악화된 경기침체를 받아들여야 한다. 이러한 이유 때문에 공급충격에 대응하여 정책당국자는 어떤 총수요관리정책을 시행해야 할지에 대해 **정책 딜레마**(policy dilemma)에 빠진다. 부(-)의 공급충격에 대응하여 물가를 안정시키면서 총생산을 증가시킬 수 있는 총수요관리정책의 방법은 없다.

2 총공급관리정책

1) 총수요관리정책의 한계

총수요관리정책은 총수요곡선의 위치를 결정하는 외생변수에 영향을 미쳐 총수요곡선을 이동시킴으로써 거시경제균형에 변화를 유도하는 정책을 말한다. 재정정책과 통화정책으로 대표되는 총수요관리정책은 가장 전통적인 거시경제정책이다. 실업을 줄이고 경제활동을 활성화시키고자 할 때에는 확장적 총수요관리정책을 시행하고, 반대로 경기가 너무 과열되어 인플레이션을 진정시킬 필요가 있을 때에는 긴축적 총수요관리정책을 시행한다.

거시경제정책은 일반적으로 물가안정과 실업해소라는 두 가지를 정책목표로 삼아 왔다. 그런데 총수요관리정책으로는 이 두 가지 목표를 동시에 달성하기 어렵다. 〈그림 13-3〉과 〈그림 13-4〉에 의하면 총수요관리정책은 그것이 확장적이든 긴축적이든 물가와 총생산(Y)을 같은 방향으로 변화시킨다. 따라서 물가를 낮추려면 총생산 감소를 감수해야만 하고, 반대로 총생산을 증가시키려면 물가상승이라는 비용을 치러야 한다. 결국 총수요관리정책만으로는 두 가지 정책목표를 동시에 달성하기 어렵다.

2) 총공급관리정책의 한계

총공급관리정책은 이 같은 총수요관리정책의 한계를 해결하기 위해서 등장한 거시경제정책이다. **총공급관리정책**이란 총공급곡선을 이동시켜 거시경제의 균형에 영향을 주는 경제정책을 말한다. 총공급관리정책에 의한 총공급곡선의 이동은 총수요관리정책과는 달리 물가(Y)와 총생산(Y)을 서로 **반대방향**으로 변화시킨다. 예컨대 〈그림 13-5〉에서 부(-)의 공급충격으로 SAS_2로 이동한 총공급곡선을 원래의 총공급곡선인 SAS_1으로 이동시킨 경우를 살펴 보자. 총공급곡선의 이동에 의해 물가수준은 하락하고, 총생산수준은 잠재 GDP수준으로 증가한다.

따라서 이론적으로는 총공급관리정책을 시행하면 물가안정과 총생산(실질국민소득) 증가(즉 실업해소)라는 두 가지 목표를 동시에 달성할 수 있다. 그러나 현실적으로 총공급곡선을 오른쪽으로 이동시킬 수 있는 마땅한 정책수단이 없다. 총공급곡선을 이동시키는 대표적인 요인은 **생산성 향상**이다. 총공급곡선은 생산성 향상 등으로 인해 생산함수가 변화하거나 노동시장에서 노동조합의 행동이 변화할 때 이동한다. 생산성이 증가하면 총공급곡선이 오른쪽으로 이동한다. 그러나 생산성이나 노동조합의 행동과 같은 변수는 정책당국이 직접 통제하기 어려운 변수이다. 물론 정책당국이 여러 우회적인 정책을 통해 생산성 향상이나 노동조합의 행동 변화를 유도해 볼 수는 있다. 그렇지만 이러한 정책은 효과가 간접적이기 때문에 거시경제정책의 주요 수단으로 사용하기에는 한계가 있다. 따라서 총공급관리정책은 재정정책이나 통화정책과 같이 정책당국이 경제활동을 조정하기 위해 수시로 사용하는 정책이 될 수 없고, 장기적인 관점에서 추진하는 정책의 성격이 강하다.

13장 주요 개념

부의 수요충격, 정의 수요충격, 부의 공급충격, 정의 공급충격, 스태그플레이션, 안정화정책, 정책 딜레마, 총공급관리정책, 수용정책, 진화정책

13장 복습 문제

01 경기변동이 생기는 이유는 무엇인가? AD-AS 모형을 이용하여 알아보자.

02 부(-)의 수요충격은 경제에 단기적으로 어떤 영향을 미치는가?

03 경기침체 갭을 상쇄시키기 위해 어떤 안정화정책을 사용해야 하나?

04 국제원유가격의 상승과 같은 부의 공급충격이 경제에 미치는 영향은 무엇인가?

05 부의 공급충격에 확장적 총수요정책을 사용하면 경제에 어떤 영향을 미치는가?

06 부의 공급충격에 긴축적 총수요정책을 사용하면 경제에 어떤 영향을 미치는가?

07 총공급관리정책의 한계는 무엇인가?

PART 5

개방경제의 거시경제 분석

제5편에서는 외국과 교역이 이루어지는 소국 개방경제의 거시경제모형을 이용하여 생산물과 자본의 국제적 이동과 관련되는 변수들의 기본개념과 결정원리를 살펴본다. 그리고 먼델-플레밍 모형을 이용하여 환율제도와 국내외 경제정책의 효과에 대해 살펴본다.

CHAPTER

14

개방경제의 장기모형

제14장에서는 물가가 완전 신축적인 고전학파의 소국 개방경제 기본모형을 이용하여 개방경제가 어떻게 운용되는지를 다룬다. 생산물과 자본의 국제적 이동과 관련된 순수출, 무역수지, 순자본유출 등의 기본개념과 그 결정요인에 대해 살펴본다. 그리고 국내외 경제정책이 교역규모와 환율, 국민소득에 미치는 영향을 살펴본다.

제 1 절 생산물과 자본의 국제적 이동

1 생산물의 국제적 이동 : 순수출과 무역수지

1) 개방경제의 국민소득계정 항등식

제1절에서는 개방경제의 국민소득계정 항등식을 이용하여 국가간 교역을 측정하는 몇 가지 변수들을 정의하고, 이 변수들 사이의 관계를 살펴본다. 제2장에서 국가경제의 순환모형을 통해 국민소득계정 항등식을 설명한 바 있다. 해외부문이 포함되지 않은 **폐쇄경제**(closed economy)인 경우, 국내총지출은 다음과 같이 구성된다.

(폐쇄경제) 국내총지출 = 소비지출(C) + 투자지출(I) + 정부지출(G)

폐쇄경제인 경우 국내총생산(Y)은 항상 국내총지출과 일치하게 된다. 그래서 다음과 같은 국민소득계정 항등식이 성립한다.

$$\text{폐쇄경제} \quad Y \equiv C + I + G \qquad (14.1)$$

한편 해외부문이 포함된 **개방경제**(open economy)인 경우에는 특정연도의 국내총생산과 국내총지출이 반드시 일치할 필요가 없다. 왜냐하면 한 국가는 해외로부터 수입을 통해 생산한 것보다 많이 지출하거나 아니면 해외로의 수출을 통해 생산한 것보다 국내에서 적게 지출할 수도 있기 때문이다.

따라서 해외부문을 모형에 도입하여 **개방경제를 가정하는 경우**, 수출이나 수입과 관련된 지출부분을 조정해주어야 한다. 첫째, 해외에서 국내 최종생산물을 구입해가는 부분, 즉 **수출**(exports; EX)은 추가적으로 지출에 포함되어야 한다. 왜냐하면 수출은 해외부문이 국내에서 생산된 최종생산물(재화와 서비스)에 대해 지출하는 것이기 때문이다. 둘째, 각 경제주체(가계, 기업, 정부)가 외국에서 생산된 재화와 서비스를 구입하는 부분, 즉 **수입**(imports; IM)은 국내에서 생산된 최종생산물에 대한 지출에서 제외해야 한다. 왜냐하면 수입은 국내 각 경제주체의 지출 중에서 외국에서 생산된 재화와 서비스에 대해 지출하는 것이기 때문이다.

이처럼 수출은 최종총생산에 대한 지출에 포함하고 수입은 지출에서 제외해야 한다. 그러므로 수출(EX)에서 수입(IM)을 뺀 차이 (EX−IM)인 **순수출**(net exports; NX)이 총지출에 포함된다. 개방경제에서의 최종생산물에 대한 총지출은 다음과 같이 구성된다.

총지출 = 소비지출(C) + 투자지출(I) + 정부지출(G) + 순수출(NX)

개방경제에서도 최종생산물에 대한 총지출은 국내총생산(Y)과 항상 그 크기가 같게 된다. 따라서 개방경제에서의 국민소득계정 항등식은 다음과 같이 정의된다.

$$Y \equiv C + I + G + NX \qquad (14\text{–}2)$$

위 식은 **개방경제의 국민소득계정 항등식**이다. 국내총생산(Y, 실질 GDP)은 가계, 기업, 정부 그리고 해외부문이 국내에서 생산된 최종생산물에 대해 지출한 금액의 합(총지출)과 같다. 즉 한 국가의 국내총생산(Y, 실질GDP)에 대한 총지출은 소비, 투자, 정부구매 및 순수출의 합계와 같다는 뜻이다.

2) 순수출과 무역수지

(1) 순수출

(14.2)식의 개방경제 국민소득계정 항등식을 변형하면 **순수출**(NX)은 다음과 같이 국내총생산(Y)과 국내총지출(즉 C+I+G)의 차이와 같게 된다.

순수출(NX) = 국내총생산(Y) − 국내총지출(C+ I + G) (14–3)

폐쇄경제의 경우와 달리 개방경제하에서는 국내총지출이 국내총생산과 반드시 일치할 필요는 없다. 왜냐하면 해외부분과 관련된 수출과 수입이 포함되어 있기 때문이다. (14.3)식에 의하면 국내총생산(Y, 실질 GDP)이 국내총지출을 초과할 경우 그 초과분은 수출을 통해 지출되기 때문에 순수출(NX)은 양(+)이 된다. 반면에 국내총생산이 국내총지출에 못 미칠 경우 그 부족분은 수입을 통해 충당되므로 순수출은 음(−)이 된다.

(2) 무역수지

한 나라의 생산물(재화와 서비스)의 수출과 수입을 금액으로 표시할 경우, 순수출(NX)은 생

표 14-1 국제수지 분류

<table>
<tr><td rowspan="5">국제수지</td><td rowspan="3">경상수지</td><td>무역수지
(재화 및 서비스수지)</td><td>재화 및 서비스의 수출과 수입</td></tr>
<tr><td>소득수지</td><td>해외요소소득</td></tr>
<tr><td>경상이전수지</td><td>증여, 원조, 기부금</td></tr>
<tr><td rowspan="2">자본수지</td><td>투자수지</td><td>직접투자, 포트폴리오 투자, 기타 투자</td></tr>
<tr><td>기타 자본수지</td><td>해외이주비, 특허권의 취득과 처분 등</td></tr>
</table>

산물의 수출액에서 수입액을 뺀 차액이 된다. 이처럼 생산물(재화와 서비스)의 수출액에서 수입액을 뺀 수치를 **무역수지**(trade balance)라고도 부른다.[1] 따라서 **무역수지와 순수출의 크기는 일치한다**. 만약 생산물의 순수출이 양(+)이면 수출이 수입보다 많아서 수출액이 수입액보다 크다는 뜻이다. 이 경우 이 나라는 **무역 흑자**(trade surplus)를 내고 있다고 말한다. 반대로 만약 생산물의 순수출이 음(−)이면 수출이 수입보다 적어서 수출액이 수입액보다 적다는 뜻이다. 이 경우 이 나라는 **무역 적자**(trade deficit)를 내고 있다고 말한다. 그리고 만약 생산물의 순수출이 0이면 수출과 수입이 같아서 수출액과 수입액이 일치한다는 뜻이다. 이 경우 이 나라는 **무역수지 균형**(balanced trade)을 이루고 있다고 말한다.

2 자본의 국제적 이동 : 순자본유출

1) 저축, 투자와 순자본유출

제3장에서 설명한 폐쇄경제에서와 같이 개방경제에서도 자본시장과 생산물시장은 서로 밀접하게 연관되어 있다. 그렇다면 개방경제에서 **저축(S)**과 **투자(I)**가 생산물의 국제적 이동(즉 순수출)이나 자본의 국제적 이동(즉 순자본유출)과 어떤 관계에 있는지에 대해 알아보기로 하자.

(14.2)식의 개방경제 국민소득계정 항등식을 이용하면 순수출(NX)과 저축, 투자의 관계를

1) 원래 국제수지표에서 재화와 서비스의 순수출은 재화 및 서비스수지라고 하지만, 이 책에서는 간단하게 **무역수지**라고 정의하고 경상수지와는 구분하여 사용한다.

쉽게 파악할 수 있다. (14.2)식을 저축(S)과 투자(I) 측면에서 재정리하면 (14.4)식과 같은 항등식을 얻을 수 있다.[2)]

$$(S - I) \equiv NX \qquad (14.4)$$

(14–4)식의 오른쪽 항 NX는 생산물(즉 재화와 서비스)의 이동인 순수출을 나타낸다. 그리고 (14–4)식의 왼쪽 항은 저축(S)과 투자(I)의 차이를 나타내는데, 이를 자본의 이동인 **순자본유출**(net capital outflow; NCO) 또는 **해외순투자**(net foreign investment)라고 한다.

$$(S - I) \equiv NCO\ (\text{순자본유출}) \qquad (14.5)$$

폐쇄경제에서는 순자본유출이 없다(즉 NCO=0). 국내저축이 국내투자에만 사용되어 국내저축과 국내투자가 항상 일치(즉 S=I)하기 때문이다. 반면에 **개방경제**에서는 **국내저축(S)**이 국내투자와 해외투자(즉 순자본유출)라는 두 가지 용도로 사용된다. 따라서 (14.5)식과 같이 국내저축과 국내투자의 차이가 곧 순자본유출(즉 해외순투자)이 된다. 즉 (14.5)식에서 투자(I)를 오른쪽 항으로 이전하면 다음과 같이 된다.

$$S = I + NCO \qquad (14.6)$$

이 식은 개방경제에서 한 나라의 국내저축(S)이 그 나라의 국내투자(I)와 순자본유출(NCO)의 합계와 같다는 사실을 보여준다.

한편 **순자본유출**(즉 해외순투자)은 내국인의 해외투자 총액에서 외국인의 국내투자 총액을 뺀 것이다. 따라서 순자본유출이 양(+)인 경우(즉 NCO>0), 자본이 해외로 유출된 것을 나타낸다. 국내저축(S)이 국내투자(I)를 초과할 경우(즉 S>I), 그 초과분을 외국에 투자하거나 빌려주는 과정에서 자본의 순유출이 발생한다. 이것은 **자본수지**면에서 적자(–)로 기록된다. 반대로 순자본유출이 음(–)인 경우, 자본이 해외로부터 유입된 것을 나타낸다. 국내저축이 국내투자보다 부족할 경우(즉 S<I), 그 부족분을 외국으로부터 빌려와서 초과투자분의 재원을 조달하게 되는데 이 과정에서 자본의 순유입이 발생한다. 이것은 자본수지면에서 흑자(+)로 기록된다. 이처럼 순자본유출은 자본축적의 재원을 조달하기 위한 자본의 국제적 이

---

2) (14.2)식의 양변에서 C와 G를 빼면, (Y – C – G)=(I+NX)가 된다. 여기서 저축(S)은 개인저축인 (Y – C – T)와 정부저축인 (T – G)의 합이다. 그러므로 S=(Y – C – G)가 되기 때문에 S=(I+NX)가 성립된다. 이를 다시 정리하면 (S – I)=NX가 성립한다.

동을 의미한다.

2) 순자본유출과 순수출의 관계

(14.4)식과 (14.5)식의 항등식에 따르면 순자본유출(NCO)은 언제나 순수출(NX)과 일치하게 된다.

$$\text{순자본유출(NCO)} \equiv (S-I) \equiv \text{순수출(NX)} \qquad (14.7)$$

이처럼 개방경제의 국민소득계정 항등식에 의하면 자본축적을 충당하기 위한 자본의 국제적 이동(자본의 대출과 차입)과 생산물(재화 및 서비스)의 국제적 이동(수출과 수입)은 동전의 양면과 같다.

〈표 14-2〉는 무역수지가 적자인 국가, 균형인 국가, 흑자인 국가 등 세 가지 경우에 생산물과 자본의 국제적 이동관계를 요약해서 보여주고 있다. 먼저 순수출(NX)과 순자본유출(S-I)이 양(+)일 경우, 무역수지 흑자(trade surplus)와 자본의 순유출이 발생하며 그 국가는 국제금융시장에서 순대출국이 된다. 그러나 (S-I)와 NX가 음(-)일 경우, 무역수지 적자(trade deficit)와 자본의 순유입이 발생하며 그 국가는 국제금융시장에서 순차입국이 된다. 한편 (S-I)와 NX가 정확히 0일 경우, 수출액과 수입액이 같으므로 무역수지가 균형이 되고 자본의 순유출도 발생하지 않는다.

표 14-2 생산물과 자본의 국제적 이동

	무역수지 흑자	무역수지 균형	무역수지 적자
생산물시장	수출 > 수입	수출 = 수입	수출 < 수입
	순수출 > 0	순수출 = 0	순수출 < 0
	Y > (C+I+G)	Y = (C+I+G)	Y < (C+I+G)
자본시장	저축 > 투자	저축 = 투자	저축 < 투자
	순자본유출 > 0	순자본유출 = 0	순자본유출 < 0
	자본수지 적자	자본수지 균형	자본수지 흑자

제 2 절 소국 개방경제의 기본모형

1 순수출과 무역수지 결정

1절에서는 개방경제에서 교역을 측정하는 순수출과 무역수지, 순자본유출의 개념을 정의하고, 이 정의에 따라 이들 사이의 관계를 살펴보았다. 이제부터는 개방경제에서 교역을 측정하는 변수들의 변화를 설명하는 기본모형을 개발하고, 이 기본모형을 통해 경제정책의 변화에 따라 순수출(즉 무역수지)이 어떻게 변화하는지를 설명한다.

1) 기본가정 : 완전한 자본이동과 세계이자율

이 장에서는 완전한 자본이동이 가능한 **소국 개방경제**(small open economy)를 가정한다.

첫째, 개방경제이기 때문에 **자본의 완전이동**(perfect mobility of capital)이 가능하다는 것이다. 내국인들이 세계금융시장에 자유롭게 접근할 수 있어서 무역수지가 적자일 경우에는 외국으로부터의 자본 차입이 가능하고, 무역수지가 흑자일 경우에는 외국에 자본 대출이 가능하다고 가정한다.

둘째, **소국 개방경제**라는 것은 한 경제가 세계시장에서 차지하는 비중이 작아서 세계경제에 미치는 영향이 무시해도 좋을 정도로 작다는 것이다.

셋째, 완전한 자본이동이 가능한 소국 개방경제이기 때문에 소국 개방경제의 국내이자율(r)은 **세계이자율(r^*)과 항상 완전히 일치**한다고 가정한다.

$$\text{국내이자율}(r) = \text{세계이자율}(r^*)$$

이 가정에 의하면 소국 개방경제의 국내이자율(r)은 세계이자율(r^*)에 의해 결정된다. 왜냐하면 국내이자율이 세계이자율에서 조금만 차이가 있더라도 이자차익을 노리는 단기투기성 자금(hot money)이 얼마든지 유입되거나 유출되기 때문이다. 따라서 국내이자율은 세계이자율과 항상 같게 된다. 그래서 소국 개방경제에서 세계이자율은 고정되어 있는 외생변수로 간주한다. 왜냐하면 소국 개방경제는 주어진 세계이자율수준으로 세계금융시장에서 얼마든지 원하는 자금을 차입하거나 대부할 수 있기 때문이다.

한편 소국 개방경제의 기본모형을 개발하기 위해 제3장 폐쇄경제 국민소득 결정모형에서 사용한 다음과 같은 세 가지 가정을 다시 이용한다.

첫째, 한 국가경제의 총생산(Y)은 그 국가가 가지고 있는 생산요소와 생산함수에 의해 결정되고, 모든 생산요소가 완전 고용되기 때문에 그 크기는 완전고용 GDP수준($\bar{Y}$)에서 고정되어 있다.

$$Y = \bar{Y} = F(\bar{K}, \bar{L})$$

둘째, 소비(C)는 가계의 가처분소득($\bar{Y}-T$)과 정(+)의 관계에 있다.

$$C = C(\bar{Y} - T) \quad (+)$$

셋째, 투자(I)는 실질이자율(r)과 부(−)의 관계에 있다. 즉 I = I(r)이다. 그런데 소국 개방경제에서는 국내이자율이 세계이자율과 항상 일치($r=r^*$)하기 때문에 투자는 세계이자율(r^*)과 부(−)의 관계에 있다고 가정한다.

$$I = I(r^*) \quad (-)$$

2) 저축, 투자와 순수출 : 무역수지 결정모형

이제 (14.3)식에 제3장의 세 가지 가정과 소국 개방경제의 국내이자율이 세계이자율과 같다($r=r^*$)는 조건을 대입하면 다음과 같은 순수출(즉 무역수지) 결정식을 얻게 된다.

$$\begin{aligned} NX &= [\bar{Y} - C(\bar{Y} - T) - G] - I(r^*) \qquad (14.8) \\ &= \qquad\quad \bar{S} \qquad\qquad\quad - I(r^*) \end{aligned}$$

위 식을 통해 순수출(NX)은 저축(S)과 투자(I)를 결정하는 변수들에 의존한다는 것을 알 수 있다. 그런데 저축(S)은 재정정책 변수에 의존하는 외생변수이기 때문에 일정하다. 하지만 외생적으로 정부 구입(G)이나 조세(T)가 변화하면 저축도 변하게 된다. 그리고 투자(I)는 세계이자율(r^*)에 의존한다. 그러므로 순수출(NX)도 역시 재정정책 변수인 G, T와 세계이자율 r^*에 의존하게 된다.

그림 14-1 순수출과 무역수지의 결정

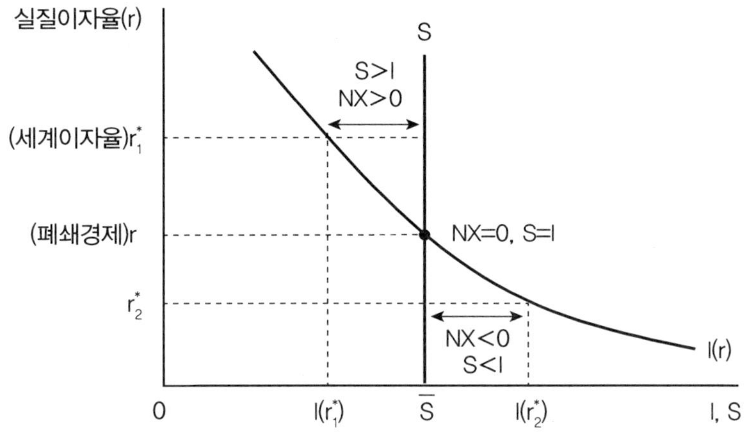

이제 순수출과 무역수지의 결정에 대해 알아보자. **소국 개방경제모형**에서는 국내이자율은 세계금융시장의 실질이자율수준에서 결정되어 세계이자율과 같다. 그렇기 때문에 순수출의 크기는 주어진 세계이자율(r^*)수준에서 저축과 투자의 차이에 의해 결정된다. 결국 NX는 S, I에 의해 결정되고, S, I는 세계이자율(r^*)에 의해 결정된다. 그러므로 NX는 세계이자율(r^*)에 의해 결정된다.

〈그림 14-1〉은 소국 개방경제에서 주어진 세계이자율 수준($\mathbf{r}^*$)에서의 저축과 투자의 차이에 의해 순수출이 결정되는 과정을 보여주고 있다. **폐쇄경제**의 경우에는 순수출(NX)은 0이기 때문에 폐쇄경제의 실질이자율(r) 수준에서 항상 저축과 투자가 같아진다. 그러나 **개방경제**에서는 실질이자율이 세계 실질이자율과 같다. 그렇기 때문에 **개방경제의 순수출과 무역수지는 주어진 세계이자율수준에서 저축과 투자의 차이에 의해 결정**된다. 즉 주어진 세계이자율 수준에서 저축이 투자보다 크면(S>I), 순수출(NX)이 양(+)이 되어 무역수지는 흑자(+)가 된다. 즉 〈그림 14-1〉에서 세계이자율이 r_1^* 수준이라면 $S>I(r_1^*)$이므로 $\bar{S}-I(r_1^*)$만큼 무역수지 흑자가 발생된다. 반면에 세계이자율이 r_1^* 수준에서 저축이 투자보다 작으면(S<I), 순수출(NX)이 음(−)이 되어 무역수지는 적자(−)가 된다. 즉 〈그림 14-1〉에서 세계이자율이 r_2^* 수준이라면 $\bar{S}<I(r_2^*)$이므로 $\bar{S}-I(r_2^*)$만큼 무역수지 적자가 발생된다.

이상에서 무역수지의 흑자와 적자 여부는 세계이자율수준에 의해서 결정된다는 사실을 알 수 있다. 무역수지(즉 NX)의 크기는 주어진 세계이자율수준에 대응하는 저축과 투자의 차이에 의해 결정된다. 그런데 저축(S)이 고정되어 있다고 하더라도 투자(I)가 세계이자율(r^*)에 의해 결정되기 때문에 무역수지(즉 NX)는 결국 세계이자율(r^*)의 크기에 의해 결정된다고 볼 수 있다.

2 국내외 경제정책의 효과

국내외 경제정책의 변화는 무역수지에 어떤 영향을 미칠까? 한 국가경제의 무역이 〈그림 14-2〉에서의 A점처럼 균형 상태에 있는 상황에서 시작해보자. 즉 세계이자율(r^*)수준에서 투자(I)는 저축(S_1)과 일치하며 순수출(NX)은 0이어서 무역수지가 균형이다. 이러한 상황에서 (14.8)식의 무역수지 결정모형을 이용하여 국내외 거시경제정책의 변화가 무역수지에 미치는 영향을 살펴보자.

1) 국내 경제정책의 변화

(1) 확장적 재정정책과 무역수지

이제 정부가 정부구입(G)을 통해 지출을 증가시킬 경우, 소국 개방경제에 어떤 영향을 미치는지를 살펴보자. 자본시장에서 총저축(S)은 (Y−C−G)의 크기와 같으므로, G가 증가하면 총저축은 감소한다.

총저축이 감소하면 〈그림 14-2〉에서 총저축곡선은 S_1에서 S_2로 왼쪽으로 이동한다. 한편 투자 $I(r^*)$는 세계이자율(r^*)이 불변이므로 변화하지 않는다. 따라서 세계이자율(r^*)수준에서 저축이 감소하여 투자보다 적을 경우, 즉 $S_2 < I(r^*)$인 경우에는 저축을 초과하는 투자부분은 해외에서 차입을 통해 조달되어야 한다(즉 순자본유출<0).

한편 생산물시장에서 무역수지(NX)는 저축과 투자의 차이와 같으므로, 정부구입(G)의 증가로 인해 총저축이 감소하면 그만큼 무역수지(NX)도 감소하게 된다. 왜냐하면 정부구입의 증가로 총저축은 감소하지만 투자는 변하지 않기 때문이다. 즉 이 경우 세계이자율이 r^*수준에서 변하지 않기 때문에 국내투자(I)도 역시 변하지 않고 원래의 수준을 유지하기 때문이다. 이처럼 투자(I)가 고정되어 있는 경우 정부구입의 증가로 총저축이 S_1에서 S_2로 감소하면 무역수지($NX=S-I$)는 (S_1-S_2)만큼 감소한다. 따라서 한 국가경제는 확장적 재정정책(정부구입

그림 14-2 확장적 재정정책과 무역수지

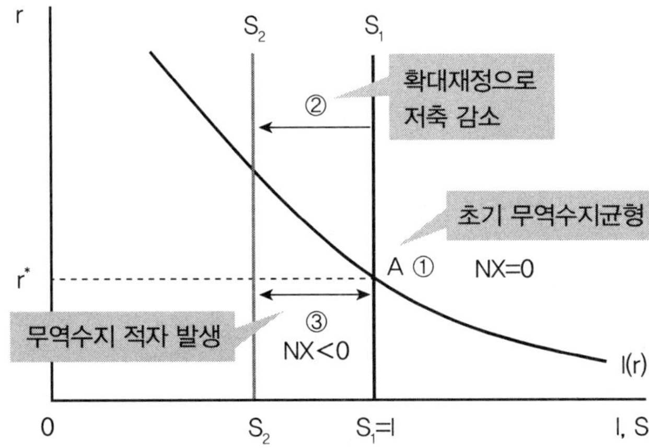

증가나 조세 감면)을 시행할 경우 그 크기만큼 무역수지의 적자를 경험하게 된다는 사실을 알 수 있다.

(2) 투자수요의 변화와 무역수지

이제 국내에서 기업의 투자가 증가하는 경우 소국 개방경제에 어떤 효과가 발생하는지 살펴보자. 예컨대, 정부가 국내 투자를 촉진하기 위해 조세법을 개정하여 기업의 투자금에 대해 세금을 감면해주는 정책을 시행하였다고 하자. 이 경우 〈그림 14-3〉에서 기업의 투자 증가로 인해 주어진 세계이자율 r^*수준에서 투자가 I_1에서 I_2로 증가하여 투자곡선이 오른쪽으로, 즉 $I(r)_1$에서 $I(r)_2$로 이동하게 된다. 그런데 저축은 $\bar{S}$수준에서 일정불변이므로 결과적으로 세계이자율 r_*수준에서는 국내투자가 저축을 초과한다. 즉 $\bar{S} < I(r^*)_2$가 된다. 그래서 국내저축을 초과하는 투자부분은 해외에서 차입을 통해 확보되어야 한다. 이 경우 투자 증가에 필요한 재원을 조달하기 위해서 해외에서 자본이 유입되어 해외자본의 순유입이 발생하므로 순자본유출은 음(−)이 된다. 즉 $\bar{S} - I(r^*)_2 = NCO = NX < 0$이므로 국내투자의 증가는 그 국가의 무역수지 적자를 발생시킨다.

그림 14-3 투자수요 증가와 무역수지

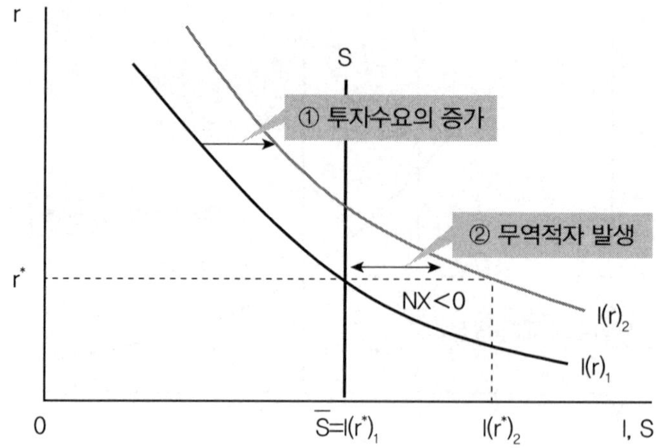

2) 해외의 확장적 재정정책과 무역수지

외국 정부가 정부구입을 증가시킬 경우 소국 개방경제에 어떤 현상이 발생하는지 살펴보자. 재정정책을 시행하는 해외 국가가 세계경제에서 차지하는 비중이 작은 경우에는 재정정책의 변화가 다른 국가에 무시할 정도의 충격밖에 줄 수 없다. 그러나 해당국가가 세계경제에서 상당한 부분을 차지할 경우 그 국가의 정부구입의 증가는 세계 저축을 감소시켜 세계이자율을 상승시키게 된다. 세계이자율이 상승하는 경우, 자본시장에서 국내투자자금의 차입비용을 증대시켜 소국 개방경제의 투자를 감소시킨다. 국내저축에는 변화가 없지만 국내투자의 감소로 인해 국내저축이 국내투자를 초과하게 되어 국내저축의 일부는 해외로 유출되기 시작한다(즉 순자본유출>0). 한편 생산물시장에서 무역수지(NX)는 (S−I)와 같으므로 투자가 감소할 경우 NX는 증가한다. 따라서 해외에서 외국 정부가 정부지출을 증가시켜 해외저축이 감소할 경우, 세계이자율이 상승함에 따라 소국 개방경제의 투자가 감소하여 무역수지는 흑자가 된다.

〈그림 14−4〉는 무역균형상태에서 출발한 소국 개방경제가 해외에서의 재정팽창에 어떻게 반응하는지를 보여 준다. 해외에서 정책의 변화가 발생하였으므로 국내저축과 국내투자는 변하지 않고, 다만 해외의 재정팽창으로 인해 세계이자율만 r_1^*에서 r_2^*로 상승한다. 국내

그림 14-4 해외의 확장적 재정정책과 무역수지

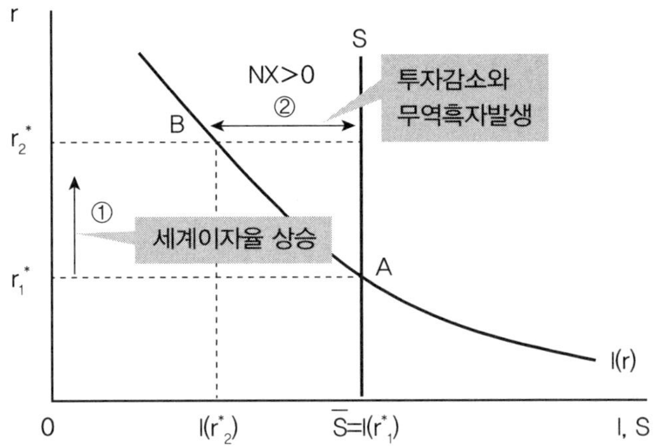

투자는 투자곡선을 따라 A점에서 B점으로 이동하게 되어 국내투자는 $I(r_2^*)$로 감소하게 된다. 그러므로 세계이자율이 r_2^*에서 국내저축이 국내투자를 초과하게 된다. 즉 $\bar{S}>I(r_2^*)$가 되어 $\bar{S}-I(r_2^*)$만큼 국내저축이 투자를 초과하게 되고, 그만큼 자본의 순유출이 발생하여(NCO>0) 무역수지의 흑자(NX>0)가 발생하게 된다.

결과적으로 한 국가경제의 무역수지가 균형인 상태에서 해외에서의 재정팽창으로 인해 세계이자율이 상승하는 경우, 그 국가의 무역수지는 흑자가 발생하게 된다.

이상에서 소국 개방경제모형에 의하면 무역수지로 측정된 생산물(즉 재화 및 서비스)의 이동은 자본축적을 위한 자본의 이동과 밀접하게 상호 연관되어 있다는 것을 알 수 있다. 즉 순자본유출(NCO)과 무역수지(NX)는 국내 저축과 투자의 차이와 같기 때문에 무역수지에 대한 거시경제정책의 충격은 저축 및 투자에 대한 충격을 검토함으로써 알아낼 수 있다. 투자를 증가시키거나 저축을 감소시키는 정책은 무역수지의 적자를 발생시키고, 투자를 감소시키거나 저축을 증대시키는 정책은 무역수지의 흑자를 유발한다는 것을 알 수 있다.

제3절 소국 개방경제의 확장모형

제2절에서 생산물과 자본의 국제적 이동에 대해 살펴보았으므로 여기서는 생산물과 자본의 국제적 거래와 관련된 가격인 환율에 대해 살펴보고자 한다. 우선 환율이 무엇을 측정하는지 살펴본 후, 물가수준이 신축적으로 변화하는 장기에 실질환율과 무역수지가 어떻게 결정되는지를 분석할 것이다.

1 실질환율과 순수출

1) 명목환율과 실질환율

(1) 명목환율

환율을 명목환율과 실질환율로 구분하여 각각의 개념을 알아보고, 그리고 두 가지 환율이 어떻게 서로 연관되는지를 살펴보자.

명목환율(nominal exchange rate; e)은 한 국가의 화폐와 다른 국가 화폐 사이의 교환비율이고, **두 국가 화폐(money)의 상대가격**이다. 명목환율은 두 가지 방식으로 표시할 수 있다. 하나는 자국 통화로 표시하는 환율이고, 다른 하나는 외국 통화로 표시하는 환율이다.

첫째, 자국 통화 표시(외국 화폐 기준) 환율은 외국 화폐 1단위를 구입하기 위해 지불해야하는 자국 화폐의 양을 말한다. 즉 외국 화폐 1단위에 대한 자국 화폐의 교환 비율이다. 우리나라의 경우 자국 통화표시 환율은 1달러당 1100원, 1유로당 1300원씩으로 표시하는 것이다.

둘째, 외국 통화 표시(자국 화폐 기준) 환율은 자국 화폐 1단위를 구입하기 위해 지불해야 하는 외국 화폐의 양을 말한다. 즉 자국 화폐 1단위에 대한 외국 화폐의 교환비율이다. 1원당 0.001달러 등으로 표시하는 방식이다.

일반적으로 국제적 관례에 따라 자국 통화 표시 명목환율을 사용한다. 즉 1달러당 1,100원처럼 항상 외국 통화 1단위당 자국 화폐(즉 원화)의 수량으로 표시한다. 따라서 명목환율이 1달러당 1,100원에서 1,200원으로 상승한 경우를 **환율이 상승**하였다고 말한다. 명목환율이 상승하는 경우 외국 화폐에 대한 원화의 가치는 그만큼 하락하는 경우이다. 반면에 명목환율이 1달러당 1,100원에서 1,000원으로 하락한 경우를 **환율이 하락**하였다고 말한다. 명목환율이 하락하는 경우 외국 화폐에 대한 원화의 가치는 그만큼 상승하는 경우이다.

(2) 실질환율

실질환율(real exchange rate; ε)은 두 국가 사이의 물가변동을 반영하여 구매력 변동을 나타내도록 조정한 환율이다. 실질환율은 한 국가의 상품을 외국의 상품과 교환할 수 있는 비율을 의미한다. 그래서 실질환율은 **두 국가 상품의 상대가격**에 해당한다.[3)]

명목환율과 실질환율 사이에는 밀접한 관계가 있다. 우선 **개별상품에 대한 실질환율**은 외국 상품의 국내가격과 국내 상품의 국내가격의 비율이다.

$$\text{실질환율} = \text{명목환율} \times \frac{\text{외국상품 가격(외화기준)}}{\text{국내상품가격(원화기준)}} = \frac{\text{외국상품 국내가격(원화)}}{\text{국내상품의 가격(원화)}} \quad (14.9)$$

이처럼 외국 상품과 국내 상품이 교환되는 비율인 **실질환율**은 국내통화로 표시된 외국 상품의 국내가격과 국내 상품의 국내가격의 비율에 의존한다. 그러므로 실질환율은 명목환율(e)과 자국 통화 단위로 표시된 두 국가의 상품가격에 의해 결정된다.

그런데 일반적으로 실질환율은 개별상품이 아니라 전체 상품에 대한 실질환율을 구해 이용한다. 이 경우 실질환율을 계산할 때 전반적인 물가수준에 초점을 두기 때문에 소비자물가지수와 같은 물가지수를 이용한다. 구체적으로 **전체 상품에 대한 실질환율**은 다음과 같은 공식에 의해 계산할 수 있다.

$$\text{실질환율}(\varepsilon) = \text{명목환율} \times \frac{\text{외국 물가수준}}{\text{국내 물가수준}} = e \cdot \frac{P_F}{P} \quad (14.10)$$

여기서 명목환율(e)은 외국 화폐 1단위당 원화 가치이며, P_F는 교역재의 외국 물가수준(외화로 측정)이고, P는 교역재의 국내 물가수준(원화로 측정)이다.

(14.10)식의 실질환율 결정식에 의하면 실질환율(ε)은 명목환율(e)이 상승하거나 또는 국내

3) 우리나라 입장에서 실질환율은 교역조건의 역수와 같다.

물가(P)수준이 외국 물가(P_F)수준에 비해 상대적으로 하락하면 상승한다. 또는 명목환율이 변하지 않더라도 국내 물가수준과 비교하여 외국 물가수준이 상승하는 경우에도 실질환율은 상승한다는 것을 알 수 있다.

2) 실질환율과 순수출

(1) 실질환율과 순수출의 관계 : 순수출곡선의 도출

실질환율은 왜 중요하고 거시경제에 어떤 영향을 미칠까? (14.10)식에서 실질환율(ε)은 국내 상품과 외국 상품의 상대가격이므로 실질환율은 국내 상품과 외국 상품에 대한 수요에 영향을 미친다. 따라서 **실질환율은 한 국가의 수출과 수입(즉 순수출과 무역수지)을 결정**하는 중요한 요인이다.

실질환율(ε)이 하락하는 경우, 국내 상품이 외국 상품에 비해 상대적으로 비싸기 때문에 내국인들은 수입품을 더 많이 구입하여 수입은 증가하고, 외국인들은 국내 상품을 더 적게 구입하므로 수출은 감소하게 된다. 이로 인해 국내의 순수출(무역수지)은 감소한다. 즉 실질환율이 하락할수록 국내 상품의 상대가격이 상승하기 때문에 수출은 감소하고 수입은 증가하여 순수출(즉 무역수지)이 감소하게 된다.

반대로 **실질환율(ε)이 상승하는 경우**, 국내 상품이 외국 상품에 비해 상대적으로 저렴해

그림 14-5 실질환율과 순수출 : 순수출곡선(우리나라 기준)

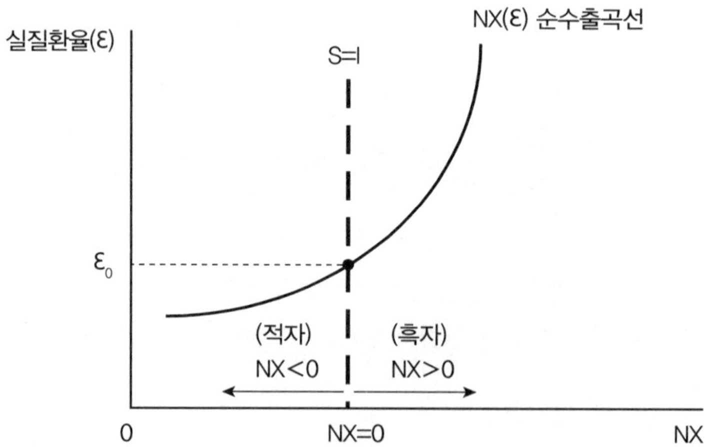

지기 때문에 국내 상품의 수출은 증가하고, 외국 상품의 수입은 감소한다. 이로 인해 국내의 순수출은 증가한다. 즉 실질환율이 높아질수록 국내 상품의 상대가격이 하락하기 때문에 순수출은 증가하게 된다. 이러한 실질환율(ε)과 순수출(NX)의 관계는 다음과 같은 **순수출함수**(net export function)로 나타낼 수 있다.

$$NX = NX(\varepsilon) \quad (+) \qquad (14.11)$$

순수출(NX)은 실질환율(ε)의 증가함수이다. 실질환율과 순수출은 정(+)의 관계(우리나라의 경우)이다. 〈그림 14-5〉는 실질환율과 순수출(NX)이 정(+)의 관계임(우리나라 기준)을 보여준다. 실질환율이 ε_0수준에서 순수출이 0이어서 무역수지가 균형을 이룬다. 그런데 수평축의 NX=0을 기준으로 왼쪽 부분은 실제 실질환율이 무역수지를 균형시키는 ε_0수준보다 낮아서 수입이 수출을 초과하여 순수출이 음(−)인 경우(NX<0)를 의미한다. 한편 수평축의 NX=0을 기준으로 오른쪽 부분은 실제 실질환율이 무역수지를 균형시키는 ε_0수준보다 높아서 수출이 수입을 초과하여 순수출이 양(+)인 경우를 의미한다.

(2) 실질환율 결정모형

이제 (14.11)식의 순수출과 실질환율의 관계인 순수출함수를 (14.4)식의 기본모형과 결합하면 다음과 같은 실질환율 결정모형으로 확장할 수 있다.

$$NX = (S - I) = NX(\varepsilon) \qquad (14.12)$$

(14.12)식의 실질환율 결정모형이 성립하기 위한 조건은 다음과 같다. 첫째, 순수출(NX)은 실질환율(ε)의 증가함수이다. 실질환율(ε)이 높아질수록 외국 상품에 비해 국내 상품의 가격이 상대적으로 저렴해져 순수출이 증가한다. 그래서 〈그림 14-6〉에서 순수출과 실질환율의 관계를 나타내는 **순수출곡선**인 NX(ε)은 우상향하는 형태를 갖는다.

둘째, 순수출은 저축에서 투자를 뺀 순자본유출(NCO)과 같다. 저축은 소비함수와 재정정책에 의해 결정되고, 투자는 투자함수와 세계이자율에 의해 결정된다. 따라서 저축이나 투자는 실질환율에 의존하지 않는다. 그렇기 때문에 순자본유출, 즉 (S−I)을 나타내는 선은 〈그림 14-6〉에서 **수직선**의 형태가 된다.

위의 두 가지 조건이 충족되는 경우, 균형실질환율(ε^*)은 순자본유출을 나타내는 수직선과

그림 14-6 실질환율과 순수출의 결정

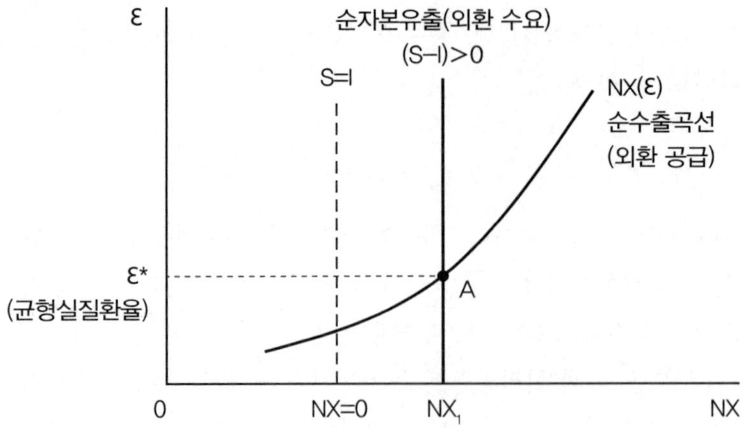

순수출을 나타내는 순수출곡선이 교차하는 점에 대응하는 수준에서 결정된다.

이를 외환에 대한 수요와 공급으로 설명해보자. 〈그림 14-6〉은 외환(예, 달러화나 유로화 등)에 대한 수요와 공급을 나타내는 그림이라 할 수 있다. 수직선인 (S-I)는 순자본유출(NCO)을 나타내는데, 이것은 내국인이 해외에 투자하기 위해 필요로 하는 외환에 대한 수요로 볼 수 있다. 한편 우상향하는 순수출곡선인 NX(ε)는 해외에서 외국인들이 국내 상품을 구입함으로써 국내에 공급해주는 외환의 순공급으로 볼 수 있다. 외환시장에서 외환에 대한 수요량과 공급량이 일치할 때 외환의 가격인 균형실질환율이 결정된다. 따라서 〈그림 14-6〉에서 균형실질환율은 순자본유출 (S-I)을 나타내는 수직선과 순수출곡선인 NX(ε)이 교차하는 A점에서 결정된다. 균형실질환율(ε^*)에서는 순자본유출에 사용할 수 있는 외환의 수요량과 순수출에 의해 공급되는 외환의 공급량이 일치한다.

그림 14-7 확장적 재정정책의 영향

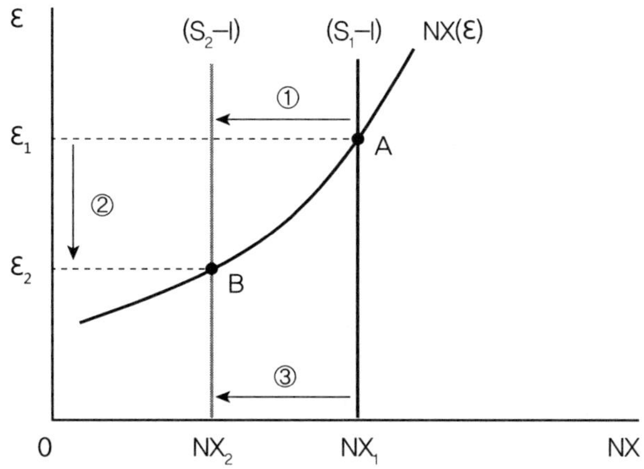

2 국내외 경제정책의 효과

1) 국내 경제정책의 영향

(1) 확장적 재정정책

거시경제정책은 실질환율과 순수출(즉 무역수지)에 어떤 영향을 미칠까? 확장적 재정정책을 시행하는 경우를 살펴보자. 정부가 확장적 재정정책(정부구입의 증가 또는 조세의 감면)을 시행할 경우 실질환율과 순수출에 어떤 변화가 일어날까? 〈그림 14-7〉은 확장적 재정정책이 실질환율과 순수출에 미치는 영향을 보여준다. 정부가 확장적 재정정책(정부구입의 증가 또는 조세 감면)을 실시하게 되면 정부저축의 감소로 인해 총저축(S)이 감소하게 된다. 〈그림 14-7〉에서 보면 확장적 재정정책의 시행으로 총저축이 S_1에서 S_2로 감소한다. 총저축의 감소로 인해 순자본유출을 나타내는 (S_1-I)도 왼쪽으로 이동하게 되어 (S_2-I)로 감소한다. 그 결과 균형점이 A점에서 B점으로 이동하고 균형실질환율이 ε_1에서 ε_2로 하락하게 되어 외국상품에 비해 국내 상품의 상대가격이 상승하게 된다. 결국 확장적 재정정책은 균형실질환율을 하락시키기 때문에 이로 인해 수출이 감소하고 수입이 증대하여 순수출도 NX_1에서 NX_2로 감소시키게 된다.

그림 14-8 투자수요 증대의 영향

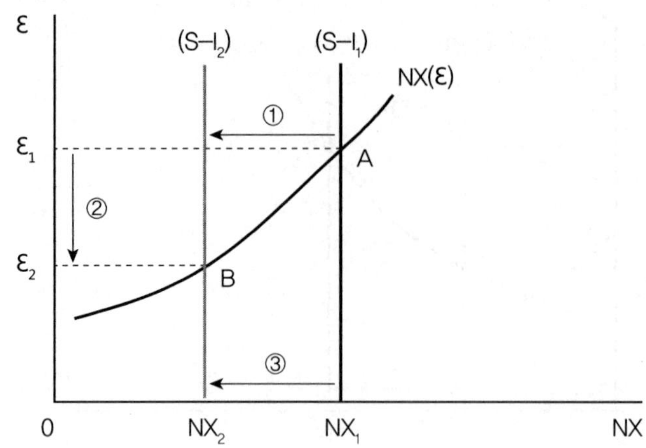

(2) 투자수요의 증대

정부의 투자촉진정책에 의해 국내의 투자수요가 증가할 경우 실질환율과 순수출에 어떤 영향을 미칠까? 주어진 세계이자율 수준에서 투자수요가 증가하면 투자(I)가 증가한다. 국내 투자(I)가 증가할 경우 순자본유출(S−I)과 순수출(NX)은 감소하게 된다. 즉 투자수요의 증가는 무역적자로 이어진다.

〈그림 14-8〉에서 투자수요가 I_1에서 I_2로 증가함에 따라 순자본유출을 나타내는 수직선이 $(S-I_1)$에서 $(S-I_2)$로 왼쪽으로 이동하게 된다. 그 결과 균형실질환율이 ε_1에서 ε_2로 하락하게 되어 외국 상품에 비해 국내 상품의 상대가격이 상승하게 된다. 결국 투자수요의 증가도 확장적 재정정책의 효과와 마찬가지로 균형실질환율을 하락시키기 때문에 이로 인해 수출이 감소하고 수입이 증대하여 순수출(무역수지)을 NX_1에서 NX_2로 감소시키게 된다.

2) 해외 재정정책의 영향

해외에서 외국 정부가 정부구입을 증대시키거나 조세를 감면하는 확장적 재정정책을 시행할 경우, 실질환율과 순수출에 어떤 변화가 일어날까? 해외에서 확장적 재정정책은 세계소비를 증대시키는 반면에 세계 저축(S)은 감소시키기 때문에 세계이자율(r^*)을 상승시킨다. 세계이자율이 상승(즉, r_1^*에서 r_2^*로 상승)함에 따라 국내 투자가 감소하여 순자본유출(S−I)이

그림 14-9 해외 확장적 재정정책의 영향

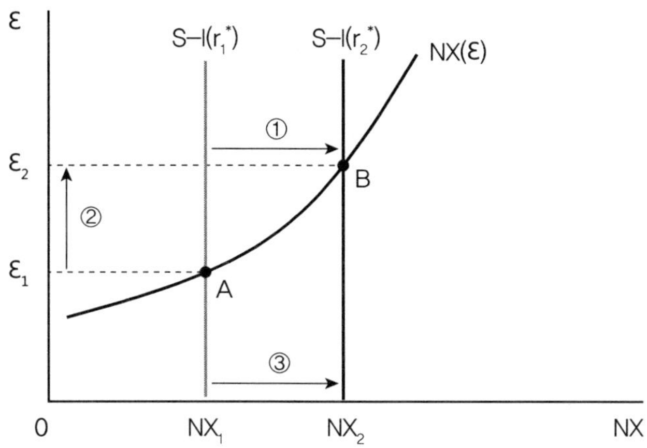

증가한다. 그래서 균형실질환율은 상승하고, 이로 인해 순수출(NX)도 증가한다.

〈그림 14-9〉에서 보면 해외의 확장적 재정정책(정부구입의 증가, 조세 감면)은 세계 전체의 저축을 감소시키기 때문에 세계이자율을 r_1^*에서 r_2^*로 상승시킨다. 이로 인해 국내 투자가 $I(r_1^*)$에서 $I(r_2^*)$로 감소하여 순자본유출을 $S-I(r_1^*)$에서 $S-I(r_2^*)$로 오른쪽으로 증가시킨다. 그 결과 균형실질환율이 $ε_1$에서 $ε_2$로 상승하게 되어 외국상품에 비해 국내 상품의 상대가격이 하락하게 된다. 이처럼 해외의 확장적 재정정책은 균형실질환율을 상승시키기 때문에 수출이 증대하고 수입이 감소하여 순수출은 NX_1에서 NX_2로 증대하게 된다.

3) 보호무역정책의 영향

무역정책의 변화가 거시경제에 미치는 영향을 살펴보자. 넓은 의미의 무역정책은 수출이나 수입되는 생산물에 직접적으로 영향을 주도록 입안된 정책을 의미한다. 그런데 대부분의 무역정책은 외국상품에 관세를 부과하거나 수입품의 규모를 제한하여 국내 산업을 외국과의 경쟁으로부터 보호하는 형태를 취한다.

만약 한 국가가 **관세**(tariff)를 인상하는 보호무역정책을 시행하면 순수출과 실질환율은 어떤 영향을 받을까? 〈그림 14-10〉은 보호무역정책이 실질환율과 순수출에 미치는 영향을 나타낸 것이다. 보호무역정책을 시행하면 주어진 실질환율수준에서 수입이 감소하므로 순

그림 14-10 보호무역정책(관세 인상)의 영향

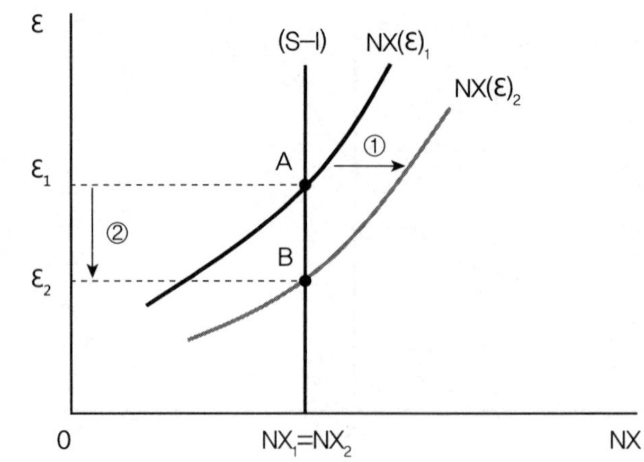

수출(NX)은 증가하게 된다. 관세 인상과 같은 보호무역정책은 순수출곡선을 오른쪽으로 $NX(\varepsilon)_1$에서 $NX(\varepsilon)_2$로 이동시킨다.

관세 인상과 같은 보호주의 무역정책의 효과를 알아보기 위해 원래의 균형점인 A점과 새로운 균형점인 B점을 비교해보자. 보호무역정책의 시행으로 인해 실질환율은 ε_1에서 ε_2로 하락하지만, 순수출(NX)의 균형수준은 변하지 않는다. 그 이유는 다음과 같다. 순수출곡선이 오른쪽으로 이동하더라도 국내저축과 국내투자는 보호무역정책의 영향을 받지 않으므로 국내저축과 국내투자가 변화하지 않기 때문에 순수출(NX)수준은 변화하지 않는다.

이처럼 관세 인상과 같은 보호무역정책은 순수출에는 영향을 주지 않고 오히려 실질환율만 하락시키기 때문에 국내 상품의 상대가격이 상승되어 수출량이 감소하고, 수입량은 증대할 수 있다. 그러나 다른 한편으로 실질환율의 하락으로 인한 수입량의 증대는 보호무역정책으로 억제된 수입량의 감소에 의해 상쇄되어 버린다. 그래서 순수출은 원래 수준에서 유지되게 된다. 결과적으로 보호무역정책은 순수출(즉 무역수지)에는 영향을 미치지 않지만 수출량과 수입량을 모두 감소시켜 전체 교역량은 오히려 감소한다. 따라서 보호주의 무역정책은 두 국가가 교역을 통해 얻는 이익을 축소시키기 때문에 경제학자들은 언제나 보호주의 무역정책을 반대한다.

14장 주요 개념

소국 개방경제, 자본의 완전이동, 순수출, 무역수지, 무역 흑자, 무역 적자, 순자본유출, 자본수지, 세계이자율, 명목환율, 실질환율

14장 복습 문제

01 개방경제에서 저축과 투자는 순수출이나 순자본유출과 어떤 관계를 갖는가?

02 정부가 정부구입(G)을 통해 지출을 증가시킬 경우, 소국 개방경제에 어떤 영향을 미치는가?

03 기업의 투자가 증가하는 경우 소국 개방경제에 어떤 영향을 미치는가?

04 실질환율의 변화가 거시경제에 어떤 영향을 미치는가?

05 정부가 확장적 재정정책을 시행할 경우 실질환율과 순수출에 어떤 변화가 일어나는가?

06 정부의 투자촉진정책에 의해 국내의 투자수요가 증가할 경우 실질환율과 순수출에 어떤 영향을 미치는가?

07 해외에서 외국 정부가 정부구입을 증대시키거나 조세를 감면하는 확장적 재정정책을 시행할 경우, 실질환율과 순수출에 어떤 변화가 일어나는가?

08 한 국가가 관세를 인상하는 보호무역정책을 시행하면 순수출과 실질환율은 어떤 영향을 받는가?

CHAPTER

15 개방경제의 단기모형

제15장에서는 단기에 물가수준이 고정되어 있다는 가정 하에서 IS–LM 모형을 소국 개방경제에 적용한 이론인 먼델–플레밍Mundell–Fleming) 모형을 도출하고, 그리고 M–F 모형을 이용하여 소국 개방경제에서 재정정책과 통화정책, 보호무역정책의 효과를 환율제도별로 구분하여 살펴본다.

제 1 절 먼델-플레밍 모형

1 개방경제의 IS곡선

1) 먼델-플레밍 모형의 의의

제14장에서는 총생산량(Y)이 완전고용 수준에서 고정되어 있고, 물가(P)는 완전신축적인 장기(long-run)의 개방경제 모형을 살펴보았다. 그러나 단기(short-run)에는 생산량이 완전고용 수준을 유지하지 못할 수도 있고, 물가도 경직적일 수 있다. 먼델-플레밍 모형(Mundell-Fleming model)은 단기에 물가수준이 고정되어 있다는 가정 하에서 제11장의 IS-LM 모형을 확대 발전시켜 개방경제를 분석하는 이론이다.

그래서 먼델-플레밍 모형과 IS-LM 모형은 두 가지 **공통점**을 갖는다. 첫째, 두 모형은 생산물시장과 화폐시장의 상호작용을 강조한다. 둘째, 두 모형은 물가(가격)가 고정되어 있다고 가정하고, 단기적으로 어떠한 요인들이 총소득의 변동(즉 총수요곡선의 이동)을 일으키는지 설명해준다.

한편 두 모형의 차이점은 분석대상에 있다. 즉 IS-LM 모형은 폐쇄경제(closed economy)를 분석대상으로 하지만, 먼델-플레밍 모형(이하 M-F 모형)은 개방경제를 분석대상으로 한다. 즉 M-F 모형은 IS-LM 모형에 국제무역과 국제금융의 영향을 포함시켜 개방경제 모형으로 확장한 것이다.

M-F 모형에서는 **완전한 자본이동이 가능한 소국 개방경제**를 가정한다. 첫째, 한 국가경제는 개방경제이어서 **자본의 완전이동**(perfect mobility of capital)이 가능하다고 가정한다. 둘째, 한 국가경제가 세계시장에서 차지하는 비중이 매우 작은 **소국 개방경제**(small open economy)이라고 가정한다. 따라서 M-F 모형에서 분석되는 국가경제는 자본의 완전이동이 가능한 소국 개방경제이기 때문에 국내이자율은 세계이자율에 의해 결정된다. 즉 국내이자율을 r, 세계이자율을 r^w이라 하면 다음과 같이 나타낼 수 있다.

$$r = r^w$$

결국 자본의 국제적 이동이 신속하게 이루어지기 때문에 소국 개방경제의 국내이자율은 세계금융시장에서 결정된 세계이자율 수준으로 유지된다. 그래서 소국 개방경제의 입장에서 세계이자율은 외생적으로 주어진다고 본다. 왜냐하면 소국 개방경제는 세계경제에 비해 아주 작기 때문에 세계이자율에 영향을 주지 않고도 세계금융시장에서 원하는 만큼 차용하거나 대부해 줄 수 있기 때문이다.

2) 개방경제의 IS곡선

(1) 개방경제 생산물시장의 균형조건

제10장에서 폐쇄경제의 IS-LM 모형에 대해서 살펴본 바 있다. M-F 모형은 개방경제를 가정하므로 생산물시장의 균형을 나타내는 (10.3)식의 IS방정식에 순수출(NX)을 추가적으로 포함해야 한다. 따라서 개방경제의 국민소득계정 항등식에 의해 생산물시장의 균형조건은 다음과 같이 나타낼 수 있다.

$$Y \equiv C(Y-T) + I(r) + G + NX(e) \qquad (15.1)$$

개방경제 국민소득계정 항등식에 따르면 총생산(총소득)인 Y는 계획된 지출인 총수요(즉 소비 C, 투자 I, 정부구입 G, 순수출 NX의 합계)와 항상 일치한다. 여기서 가계소비(C)는 가처분소득인 (Y-T)와 정(+)의 관계이고, 투자(I)는 이자율(r)과 부(-)의 관계이다. 그리고 순수출(NX)은 명목환율(e)과 정(+)의 관계에 있다. 제14장에서는 순수출(NX)을 명목환율(e)이 아닌 실질환율(ε, 국내 상품과 외국 상품의 상대가격)과 관련시켰다.[1] 그리고 실질환율(ε)은 두 나라의 물가수준에 의해 영향을 받았다.[2] 그러나 M-F 모형은 물가수준이 고정되어 있는 단기모형이므로 '국내 및 외국 물가수준이 고정되어 있어 실질환율(ε)은 명목환율(e)에 비례한다. 그렇기 때문에 M-F 모형에서 순수출(NX)은 명목환율(e)에 비례한다고 본다. 즉 원화 표시 명목환율이 상승하는 경우, 외국 상품(수입품)은 국내 상품(수출품)에 비해 상대적으로 비싸지므로 수출이 증가하고 수입은 감소하기 때문에 순수출, 즉 NX(e)가 증가한다.

---

1) $NX = NX(\varepsilon)\ (+) \qquad (14.11)$

2) $\text{실질환율}(\varepsilon) = \text{명목환율} \times \dfrac{\text{외국 물가수준}}{\text{국내 물가수준}} = e \cdot \dfrac{P_F}{P} \qquad (14.10)$

(2) 개방경제의 IS^w곡선 도출

(15.1)식의 개방경제 생산물시장 균형조건은 생산물에 대한 지출에 영향을 주는 두 가지 금융변수(즉 이자율과 환율)를 포함하고 있다. 그렇지만 분석을 단순화하기 위해 도입한 완전자본이동 가정에 의해 국내이자율(r)은 세계이자율(r^w)과 같게 된다. 즉 국내이자율은 $r=r^w$수준에서 고정되어 있다. 그러므로 **개방경제 생산물시장의 균형조건**은 다음과 같은 식으로 변형된다.

$$Y = C(Y-T) + I(r^w) + G + NX(e) \qquad (15.2)$$

(15.2)식을 소국 개방경제의 **IS^w방정식**이라 한다. 왜냐하면 투자가 세계이자율의 영향을 받아 $I(r^w)$가 되고, 그리고 명목환율의 영향을 받는 순수출이 포함되어 있기 때문이다.

〈그림 15-1〉은 순수출(NX)곡선과 균형국민소득 결정모형(케인즈 기본모형)을 이용하여 소국 개방경제의 IS^w곡선을 도출하는 과정을 보여준다. 그림 (a)는 환율과 순수출의 정(+)의 관계를 보여주는 순수출곡선이다. 환율이 e_1에서 e_2로 상승함에 따라 순수출이 $NX(e_1)$에서 $NX(e_2)$로 증가하는 것을 보여준다. 그림 (b)는 균형국민소득 결정모형을 보여주는 그림이다. 순수출이 $NX(e_1)$에서 $NX(e_2)$로 증가함에 따라 계획된 지출인 총수요(AD)가 위쪽으로 $AD(e_1)$에서 $AD(e_2)$로 이동하여 총소득이 Y_1에서 Y_2로 증가하는 것을 보여준다. 그림 (c)는 환율(e)과 총소득(Y) 사이의 정(+)의 관계를 e−Y 평면에 그려 도출한 개방경제의 **IS^w곡선**이다. 즉 **IS^w곡선**은 수평축에 총소득(Y)을 나타내고, 수직축은 명목환율(e)을 나타내는 평면 좌표상에 명목환율과 총소득의 관계를 나타낸 것이다. 명목환율이 상승하면 순수출이 증가하고 이에 따라 총소득이 증가하므로 IS^w곡선은 우상향하는 형태가 된다.

2 개방경제의 LM곡선

1) 개방경제 화폐시장의 균형조건

M−F 모형에서는 IS−LM 모형의 폐쇄경제 화폐시장 균형조건과 소국 개방경제 가정(즉 국내이자율이 세계이자율과 같다는 가정)을 이용하여 개방경제의 화폐시장 균형조건을 도출한다. 제10장에서 설명한 IS−LM 모형에서 폐쇄경제 화폐시장의 균형조건식은 다음과 같다.

그림 15-1 개방경제 IS^w곡선의 도출

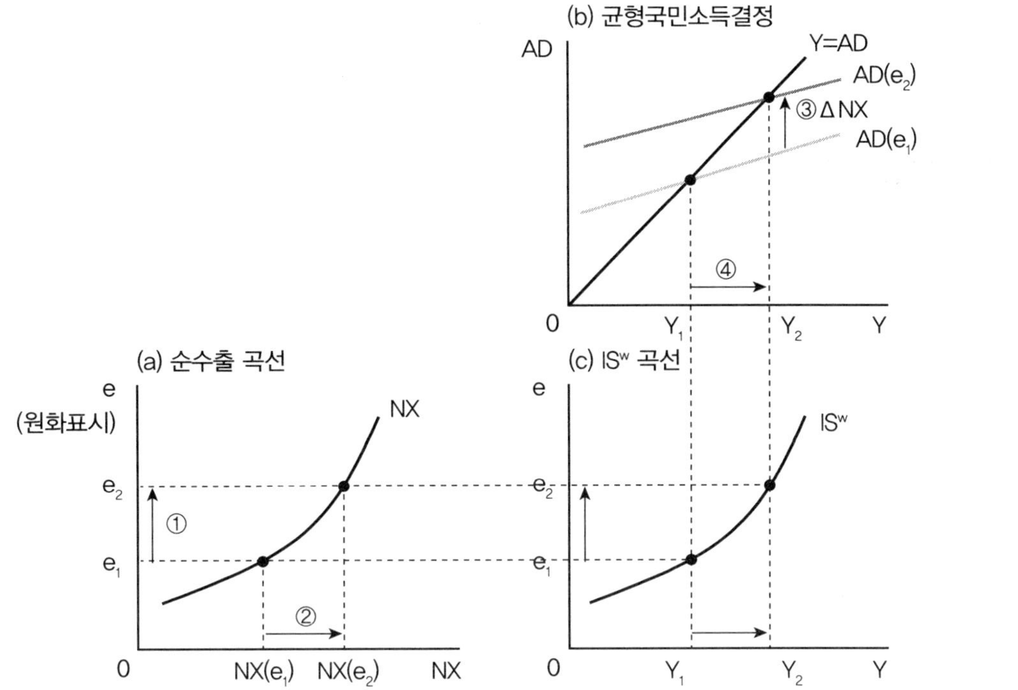

$$M/P = L(r, Y) \qquad (15.3)$$

여기서 M은 화폐공급량이고, P는 물가수준, r은 이자율, Y는 소득이다. 이 식에 의하면 실질화폐의 공급인 (M/P)은 실질화폐에 대한 수요인 L(r, Y)와 같다. 그런데 실질화폐에 대한 수요는 이자율(r)과는 부(−)의 관계이고, 소득(Y)과는 정(+)의 관계이다. 한편 화폐공급량(M)은 중앙은행에 의해 통제되는 외생변수이다. 화폐공급은 이자율에 영향을 받지 않고 중앙은행에 의해 외생적으로 주어진다.

M−F 모형은 단기적인 변동을 분석하는 단기모형이므로 물가수준(P)이 고정되어 있다고 가정한다. 그리고 소국 개방경제 가정에 의해 국내이자율은 세계이자율과 같다($r=r^w$)는 가정을 추가하면 **소국 개방경제 화폐시장의 균형조건식(즉, LM^w방정식)**은 다음과 같아진다.

$$M/P = L(r^w, Y) \qquad (15.4)$$

위 식을 개방경제의 **LM^w방정식**이라 한다. 이 식을 (e−Y) 평면 좌표에 나타내면 〈그림 15−2〉 (b)에서와 같이 수직선이 된다.

2) 개방경제의 LM^w곡선 도출

(15.4)식의 LM^w방정식에 명목환율(e)이 포함되어 있지 않기 때문에 명목환율은 화폐시장의 균형조건에 영향을 미치지 않는다. 그래서 세계이자율이 일정수준으로 주어진 경우, LM^w방정식은 명목환율에 관계없이 화폐시장의 균형을 이루는 소득을 결정한다.

〈그림 15−2〉는 (r−Y) 평면에서 이자율과 총소득(Y)의 관계를 보여주는 폐쇄경제의 LM곡

그림 15−2 개방경제 LM^w곡선의 도출

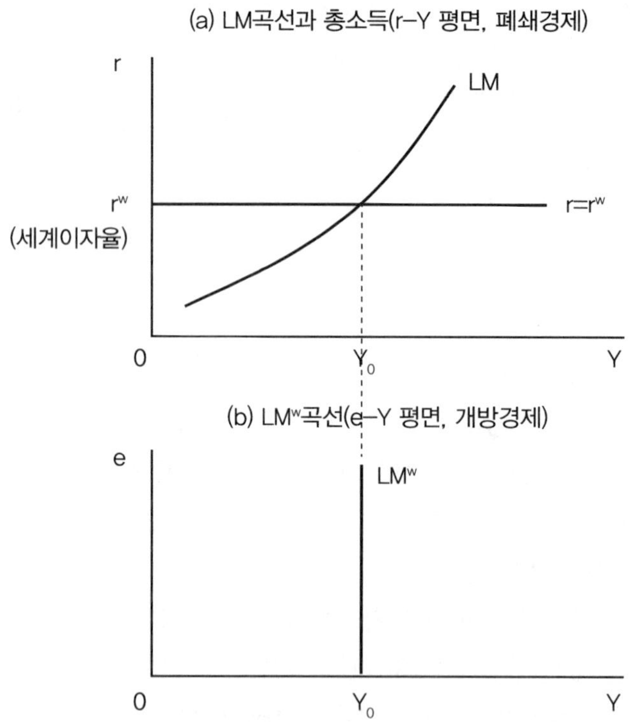

선으로부터 개방경제의 **LM^w곡선**이 도출되는 과정을 보여준다. 그림 (a)는 세계이자율(r^w)을 나타내는 수평선과 LM곡선의 교차점에서 환율(e)에 관계없이 균형총소득(Y)이 결정되는 것을 보여준다. 즉 세계이자율이 주어진 상태에서 LM곡선은 환율과 관계없이 화폐시장이 균형을 이루는 수준에서 균형총소득(Y_0)을 결정한다. 따라서 그림 (b)처럼 (e−Y) 평면에 나타낸 개방경제의 LM^w곡선은 화폐시장에서 정해진 균형총소득인 (Y_0)수준에서 수직이 된다.

3 개방경제의 단기균형

1) 먼델-플레밍 모형

완전한 자본이동이 가능한 소국 개방경제를 가정하고 있는 **M−F 모형**은 다음과 같이 (15.2)식의 IS^w방정식과 (15.4)식의 LM^w방정식으로 나타낼 수 있다.

$$(IS^w) \qquad Y = C(Y-T) + I(r^w) + G + NX(e)$$
$$(LM^w) \qquad M/P = L(r^w, Y)$$

IS^w방정식은 소국 개방경제 생산물시장의 균형조건을 나타내며, LM^w방정식은 소국 개방경제 화폐시장의 균형조건을 나타낸다. 두 식에서 외생변수는 재정정책 수단인 정부구입(G)과 조세(T), 통화정책 수단인 통화공급(M), 그리고 물가수준(P), 세계이자율(r^w)이고, 내생변수는 총소득(Y)과 명목환율(e)이다.

2) 소국 개방경제의 단기균형

이제 M−F 모형을 이용하여 소국 개방경제에서 단기적으로 균형환율과 균형총소득이 어떻게 결정되는지 알아보자. 소국 개방경제의 **단기균형**은 생산물시장과 화폐시장에서 동시에 균형이 달성될 때 이루어진다. 그러므로 개방경제의 단기균형도 역시 생산물시장의 균형조건과 화폐시장의 균형조건이 동시에 충족될 때 이루어진다.

〈그림 15−3〉은 M−F 모형에서 생산물시장과 화폐시장이 동시에 균형을 이루는 개방경제의 단기균형을 나타낸 것이다. 소국 개방경제의 단기균형은 IS^w곡선과 LM^w곡선이 교차하는 점에서 달성된다는 것을 보여준다. 이 교차점(즉 E점)에서 생산물시장과 화폐시장을 동시에

그림 15-3 소국 개방경제의 단기균형 : 먼델-플레밍 모형

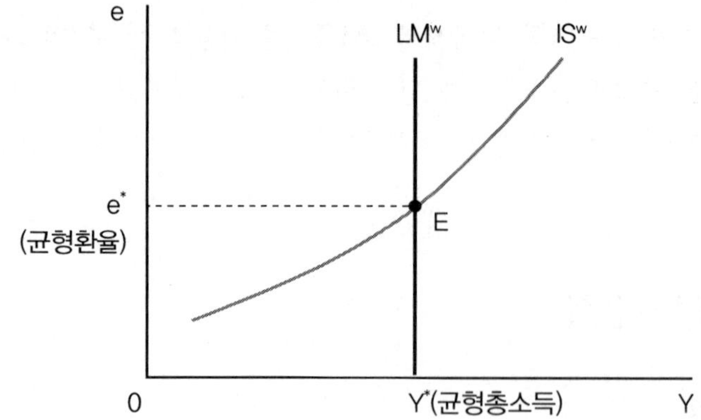

균형시키는 조건이 충족된다, 그러므로 이 교차점에 대응하는 환율과 소득수준에서 균형환율(e^*)과 균형총소득(Y^*)수준이 결정된다.

제2절 변동환율제와 소국 개방경제

개방경제에서 경제정책의 영향은 한 나라가 채택하고 있는 환율제도에 따라 달라진다. **변동환율제**(floating exchange rate system)는 원칙적으로 외환시장에서의 수요와 공급을 일치시키는 수준에서 환율이 자유롭게 결정되도록 하는 제도이다. 이 경우 명목환율(e)은 생산물시장과 화폐시장에서 동시에 균형이 성립하도록 조절된다. 변동환율제 하에서는 어떠한 경제정책에 의해 경제의 균형상태가 변화하게 되면 명목환율이 새로운 균형수준으로 변동하게 된다.

이제 M-F 모형을 이용하여 경제정책(즉 재정정책, 통화정책, 무역정책)의 변화가 경제의 단

기균형에 미치는 영향에 대해 살펴보자. 아래에서는 〈그림 15-3〉과 함께 M-F 모형을 이용하여 소득(Y)과 환율(e)이 경제정책의 변화에 의해 어떻게 영향을 받는지를 살펴보고자 한다.

1 재정정책의 효과

먼저 정부가 정부구입을 증가시키거나 조세를 감면하여 국내 정부지출을 증가시키는 확장적 재정정책을 시행하는 경우 개방경제의 단기균형에 미치는 영향에 대해 살펴보자. 확장적 재정정책은 계획된 지출인 총수요(AD)를 증대시키므로 〈그림 15-4〉에서 보는 것처럼 IS^w곡선을 오른쪽으로 이동시킨다. 그 결과 개방경제의 새로운 균형은 B점에서 이루어진다. 이 경우 **환율은 하락하지만 반면에 총소득수준은 변하지 않는다.** 즉 환율은 e_1에서 e_2로 하락하지만, 총소득은 Y_1수준에서 변하지 않는다. 이러한 결과는 폐쇄경제의 확장적 재정정책의 효과와는 매우 다르다. 폐쇄경제하의 IS-LM 모형에서는 확장적 재정정책이 시행되면 총소득이 증가한다. 반면에 변동환율제 하의 소국 개방경제 M-F 모형에서는 확장적 재정정책을 시행하더라도 총소득이 변하지 않는다.

왜 폐쇄경제에서와 달리 개방경제에서는 확장적 재정정책을 시행하더라도 총소득이 증가

그림 15-4 변동환율제에서의 확장적 재정정책

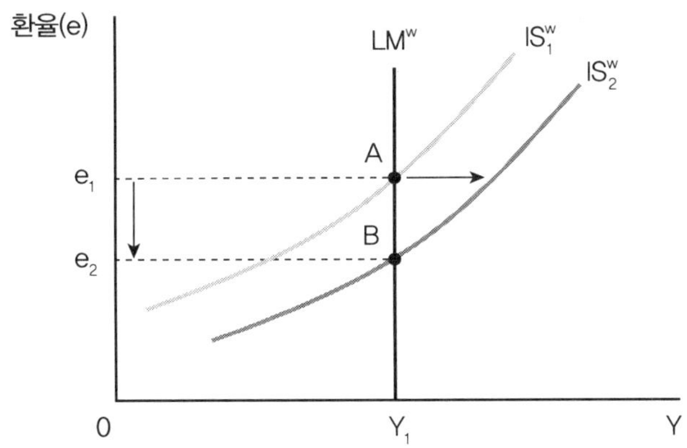

하지 않을까? 이런 차이가 발생하는 이유는 두 가지 방법으로 설명할 수 있다. 하나는 폐쇄경제의 LM곡선과 개방경제의 LM^w곡선이 기울기에 차이가 있기 때문이다. 즉 폐쇄경제 IS-LM 모형에서는 LM곡선이 우상향하는 반면에 M-F 모형에서는 LM^w곡선이 수직이기 때문이다. 하지만 이런 설명만으로는 충분하지가 않다.

그렇다면 이러한 차이가 나도록 작용한 경제적 요인은 무엇일까? 다른 하나는 화폐시장의 균형과 관련하여 개방경제에서는 재정정책의 변화로 **자본의 국제적 이동**에 변화가 발생하기 때문이다. **폐쇄경제**하에서는 소득이 증가하면 소득증대로 화폐수요가 증가하므로 국내이자율이 상승된다. 하지만, 소국 **개방경제**에서는 그렇지 않다. 왜냐하면 국내이자율이 상승하여 세계이자율(r^w) 수준보다 높아질 경우, 보다 높은 수익을 얻기 위해 자본이 해외로부터 신속하게 유입되기 때문이다. 국내이자율이 세계이자율 수준으로 하락할 때까지 계속 자본의 유입이 발생한다. 이처럼 개방경제에서는 확장적 재정정책의 시행으로 국내이자율이 상승하면 해외자본이 유입되기 때문에 국내 외환시장에서 국내화폐에 대한 수요가 증가하게 된다. 그 결과 국내화폐의 가치가 상승하여 명목환율(e)이 하락한다. 환율이 하락하게 되면 외국 상품에 비해 국내 상품의 가격이 상대적으로 비싸지므로 순수출(NX)이 감소하게 된다. 결국 이러한 순수출의 감소가 확장적 재정정책에 의한 소득의 증가부분을 모두 상쇄시키게 된다.

이와 같이 변동환율제하에서의 소국 개방경제에서는 확장적 재정정책을 시행하더라도 환율(e)의 하락에 의해 그 효과가 모두 상쇄되기 때문에 총소득(Y)에는 영향을 줄 수 없는 것이다. 다시 말하면 확장적 재정정책을 시행할 경우, 일단 소득의 증가로 인해 화폐수요가 증가되어 이자율이 상승하게 되고, 이자율의 상승은 해외자본의 유입을 초래하여 환율을 하락시킨다. 환율의 하락은 순수출을 감소시켜서 확장적 재정정책으로 인한 소득증가 효과를 완전히 상쇄한다. 따라서 변동환율제 하에서는 확장적 재정정책을 시행하더라도 총소득에는 영향을 줄 수 없다.

2 통화정책의 효과

이번에는 중앙은행이 통화공급(M)을 증가시키는 경우 변동환율제를 채택하는 소국 개방경제의 단기균형에 미치는 영향에 대해 살펴보자. M-F 모형에서는 물가(P) 수준이 고정($\bar{P}$)

그림 15-5 변동환율제에서의 확장적 통화정책

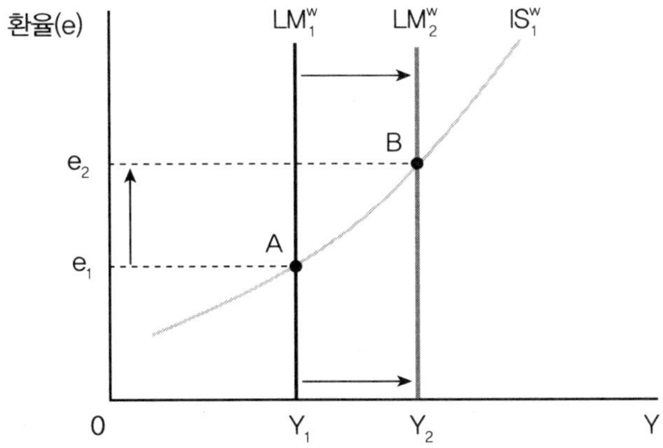

되어 있다고 가정하므로 통화공급(M)의 증가는 곧 실질화폐잔고(M/$\bar{P}$)의 증가를 의미한다. 〈그림 15-5〉에서 실질화폐잔고가 증가할 경우, LM^w곡선은 오른쪽으로 이동하고, 그 결과 균형점도 A점에서 B점으로 이동한다. 따라서 중앙은행이 통화공급(M)을 증가시킬 경우 소국 개방경제의 환율은 상승하고, 총소득도 증가한다.

이처럼 확장적 통화정책은 폐쇄경제에서와 같이 개방경제에서도 총소득(Y)에 영향을 미치지만 통화정책의 전달경로는 다르다. 폐쇄경제에서는 통화공급이 증가하면 이자율이 하락하여 계획된 투자지출을 증가시키기 때문에 총수요를 증가시키게 된다. 하지만 소국 개방경제에서 국내이자율은 세계이자율 수준으로 고정되어 있기 때문에 이자율이 하락할 수 없다. 그렇다면 **변동환율제를 채택하는 소국 개방경제에서 통화정책은 어떤 경로를 통해 총수요에 영향을 미칠 수 있을까?** 이 물음에 답하기 위해서는 자본의 국제적 이동과 이것이 국내경제에 대해 갖는 의미를 알아야 한다. 소국 개방경제에서는 통화공급이 증가하여 국내이자율이 세계이자율수준보다 낮아지면 자본이 해외로 유출된다. 이처럼 개방경제에서는 국내자본이 해외로 유출되기 때문에 국내이자율이 세계이자율 수준보다 아래로 하락하는 것이 방지된다.

한편 자본을 해외로 유출(해외투자)하려면 외환이 필요하므로 자본유출이 발생하는 경우 외환시장에서 외환에 대한 수요가 증가하게 된다. 이로 인해 외환시장에서 환율이 상승하게 된다. 환율이 상승하게 되면 외국 상품에 비해 국내 상품이 저렴해지므로 순수출이 증가되고, 순수출의 증가는 총수요를 증가시키고 개방경제 국민소득계정 항등식에 따르면 총소득(Y)을 증가시킨다. 즉 확장적 통화정책을 시행하면 환율이 상승하여 순수출이 증가하고, 순수출의 증가가 총수요를 증가시키기 때문에 총소득이 증가한다. 소국 개방경제에서 통화정책은 국내이자율보다 명목환율을 변화시켜 총소득(Y)에 영향을 미친다는 것을 알 수 있다.

3 보호무역정책의 효과

이제 정부가 수입 할당이나 관세를 부과하여 수입품에 대한 수요를 억제하는 보호무역정책을 시행하는 경우에 경제에 미치는 영향을 살펴보자. 즉 **변동환율제를 채택하는 소국 개방경제에서 보호무역정책을 시행하면 총소득과 환율에는 어떤 변화가 일어날까?**

한 국가경제가 보호무역정책을 시행할 경우, 주어진 환율수준에서 수입이 감소하므로 순수출(NX)은 증가한다. 왜냐하면 순수출은 수출에서 수입을 뺀 것이므로 수출이 변하지 않는 한 수입의 감소는 순수출의 증대를 의미하기 때문이다. 이처럼 수입을 제한하는 보호무역정책의 시행으로 수입이 감소하여 순수출이 증대하는 경우, 순수출곡선은 오른쪽으로 이동한다. 그리고 순수출의 증가는 총수요를 증가시키기 때문에 IS^w곡선을 오른쪽으로 이동시

그림 15–6 변동환율제에서의 보호무역정책

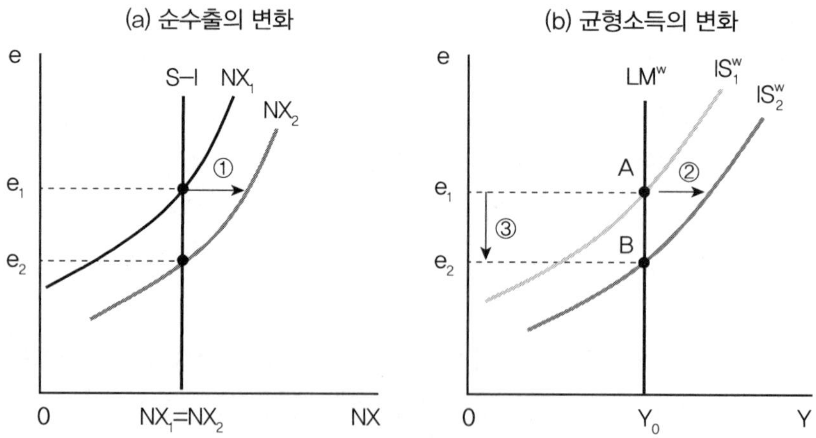

킨다.

〈그림 15-6〉은 변동환율제를 채택하는 소국 개방경제에서 보모무역정책을 시행할 경우 그 영향을 나타낸 것이다. 그림 (a)는 보호무역정책을 시행한 결과로 순수출이 증가하여 순수출곡선이 오른쪽으로 이동한 것을 나타낸다. 순수출곡선이 오른쪽으로 이동한 결과 환율이 e_1에서 e_2로 하락한 것을 보여준다.

그림 (b)는 순수출의 증가에 의한 총수요의 증가로 IS^w곡선이 오른쪽으로 이동한 것을 나타낸 것이다. 그림 (b)에서 순수출이 증가하여 IS^w곡선이 오른쪽으로 이동하였음에도 불구하고 총소득에는 변화가 없음을 알 수 있다. 즉 변동환율제를 시행하는 소국 개방경제의 LM^w곡선이 수직이기 때문에 보호무역정책은 환율만 하락시키고, 총소득에는 영향을 미치지 못한다.

왜 변동환율제 하에서 보호무역정책은 총소득에 영향을 주지 못할까? 그 이유는 다음과 같이 설명할 수 있다. 개방경제에서 순수출은 총수요의 구성요소이므로 다른 것들이 동일하다면 순수출의 증가로 IS곡선이 오른쪽으로 이동할 경우 소득(Y)이 증대된다. 그런데 소득(Y)이 증가하면 다시 화폐수요가 증가하여 이자율(r)이 세계이자율수준보다 상승하게 된다. 이 경우 해외자본이 신속하게 국내경제로 유입되어 이자율은 세계이자율수준으로 회복되고, 환율은 하락하게 된다. 환율이 하락하게 되면 외국 상품에 비해 국내 상품이 비싸지므로 순수출이 감소한다. 결과적으로 환율의 하락으로 인한 순수출의 감소로 총소득이 감소하게 되어 보호무역정책의 시행으로 인한 순수출의 증가에 의한 소득 증가를 상쇄하게 된다.

이처럼 수입할당이나 관세 부과와 같은 수입제한정책은 소득, 소비, 투자, 정부구입에 영향을 미치지 않는다. 또한 보호무역정책이 수입을 감소시켜 순수출(NX)을 증가시키더라도 환율이 하락하여 동일한 양만큼 수출을 감소시키기 때문에 순수출(NX)의 크기는 변화하지 않는다. 그렇기 때문에 보호무역정책은 단순히 무역의 규모만 축소시키게 된다. 국내경제는 수입제한정책을 시행하기 전보다 수입을 적게 하지만, 환율의 하락에 의해 수출도 역시 더 적게 이루어지기 때문에 순수출은 변화하지 않는다. 그렇지만 수입의 감소와 수출의 감소로 인해 전체적인 무역의 규모는 축소되는 것이다.

제3절 고정환율제와 소국 개방경제

제3절에서는 고정환율제를 채택한 국가경제에서 국내외 경제정책이 환율과 총소득에 미치는 영향을 살펴본다. **고정환율제**(fixed exchange rate system)는 중앙은행이 외환시장에 개입하여 명목환율을 일정한 수준에서 고정시키는 제도이다. 고정환율제 하에서 중앙은행은 미리 정책적으로 정해진 환율을 유지하기 위해 외환시장에 개입하여 외환을 매입하거나 매도한다. 또한 환율을 고정시킨다는 것은 미리 결정된 수준으로 환율을 유지시키는 목표를 달성하기 위해 통화정책을 전적으로 운용한다는 것을 의미한다. 즉 고정환율제의 핵심은 외환시장에서의 시장환율이 미리 정해진 환율과 같아지는 수준까지 중앙은행이 통화공급을 조절하는 것이다.

1 재정정책의 효과

고정환율제를 채택하고 있는 한 국가가 확장적 재정정책을 시행하는 경우 개방경제의 단기균형에 미치는 영향에 대해 살펴보자. 즉 **고정환율제 하에서 정부구입을 증가시키거나 조세를 감면하여 총수요를 증가시키는 경우에 개방경제의 총소득과 환율에는 어떤 변화가 일어날까?**

〈그림 15-7〉은 고정환율제 하에서의 확장적 재정정책의 영향을 나타낸 것이다. 현재 한 국가가 명목환율을 e_1수준으로 유지하는 고정환율제를 채택하고 있다고 가정한다. 정부가 확장적 재정정책을 사용하면 총수요가 증가하여 IS^w곡선은 오른쪽으로 IS^w_1에서 IS^w_2로 이동하게 되고, 시장균형환율을 하락시키는 압력으로 작용한다. 이때 중앙은행은 고정환율을 일정수준(e_1)에서 유지하기 위해 외환시장에 개입하여 외화를 매입하게 된다. 외화를 매입하게 되면 국내통화의 공급이 증가하게 되어 LM^w곡선이 오른쪽으로 LM^w_1에서 LM^w_2로 이동하게 된다. 결국 중앙은행의 외화 매입으로 통화공급이 증가함에 따라 개방경제의 단기균형은 C점에서 성립하게 되어 총소득이 Y_1에서 Y_2로 증가하게 된다. 결과적으로 고정환율제 하에서 확장적 재정정책을 시행하면 총소득을 증가시킬 수 있다는 것을 알 수 있다.

그림 15-7 고정환율제에서의 확장적 재정정책

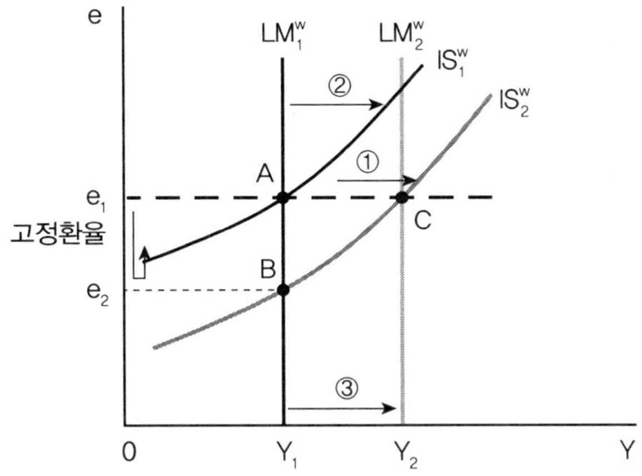

2 통화정책의 효과

이제 고정환율제 하에서 중앙은행이 직접적으로 통화공급을 증가시키는 확장적 통화정책을 시행하는 경우 개방경제의 단기균형에 미치는 영향에 대해 살펴보자.

〈그림 15-8〉에서 중앙은행이 통화공급을 증가시키면 초기에는 LM^w곡선이 오른쪽으로 LM_1^w에서 LM_2^w로 이동하게 되고, 단기균형이 A점에서 B점으로 이동하여 환율은 e_1에서 e_2로 일시적으로 상승하게 된다. 그래서 시장균형환율과 고정환율에 격차가 발생하게 된다. 이 경우 중앙은행은 고정환율을 e_1수준으로 유지하기 위해 외환시장에 개입하여 외화를 매도하여 시장환율을 하락시키려 한다. 중앙은행이 외화를 매도하는 경우 그만큼 국내통화의 공급은 감소하게 된다. 중앙은행의 외화 매도로 인해 통화공급이 감소하면 LM^w곡선은 왼쪽으로 이동하여 원래의 위치인 LM_1^w으로 다시 돌아가게 된다. 그 결과 환율은 다시 고정환율수준인 e_1으로 복귀하게 되고, 총소득도 역시 원래의 수준인 Y_1에서 변화하지 않는다. 따라서 고정환율제 하의 확장적 통화정책은 총소득(Y)에 아무런 효과를 주지 않는다. 결국 고정환율제 하에서의 통화정책은 오직 환율을 일정수준으로 유지하는 목적으로만 사용될 뿐임을 알 수 있다.

그림 15-8 고정환율제에서의 확장적 통화정책

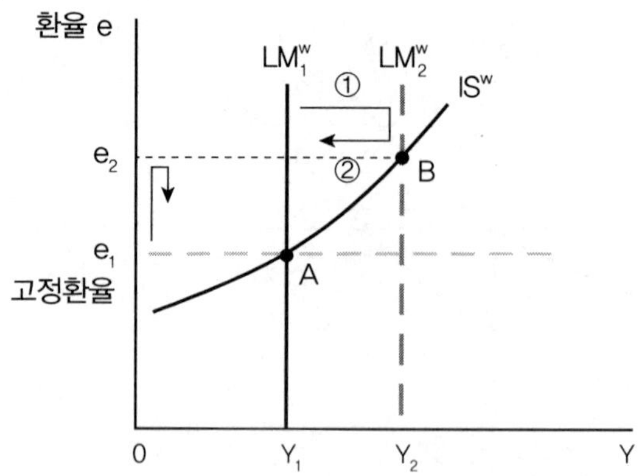

3 보호무역정책의 효과

이번에는 고정환율제를 채택하고 있는 정부가 수입할당이나 관세를 부과하여 수입을 감소시키는 보호무역정책을 시행하는 경우 개방경제의 단기균형에 미치는 영향에 대해 살펴보자.

〈그림 15-9〉에서 수입을 제한하는 보호무역정책을 시행할 경우, 수입이 감소하여 순수출이 증가하게 된다. 다른 한편으로는 순수출의 증가로 인해 총수요가 증가하기 때문에 개방경제의 IS^w곡선도 오른쪽으로 IS_1^w에서 IS_2^w로 이동하여 개방경제의 단기균형이 B점에서 이루어지게 된다. 이로 인해 시장균형환율이 고정환율(e_1)보다 아래인 e_2로 하락한다. 이 경우 정부가 환율을 고정된 수준인 e_1에 유지하기 위해서는 외환시장에 개입하여 외화를 매입해야 한다. 그 결과 국내통화가 증가하게 되어 LM^w곡선은 오른쪽으로 LM_2^w로 이동하게 되고, 개방경제의 단기균형은 C점에서 성립하고 총소득은 증가하게 된다.

이처럼 고정환율제 하에서는 보호무역정책이 총소득을 증가시키는 효과를 갖게 된다. 이 결과는 변동환율제 하에서 보호무역정책의 결과와 매우 다르다. 두 경우 모두 수입제한으로 순수출이 증가하지만 변동환율제 하에서는 환율의 하락으로 총소득의 증가가 상쇄되어 총소득이 변하지 않는다. 그러나 고정환율제 하에서는 순수출(NX)과 총소득(Y)이 모두 증가한다는 것을 알 수 있다.

그림 15-9 고정환율제에서의 보호무역정책

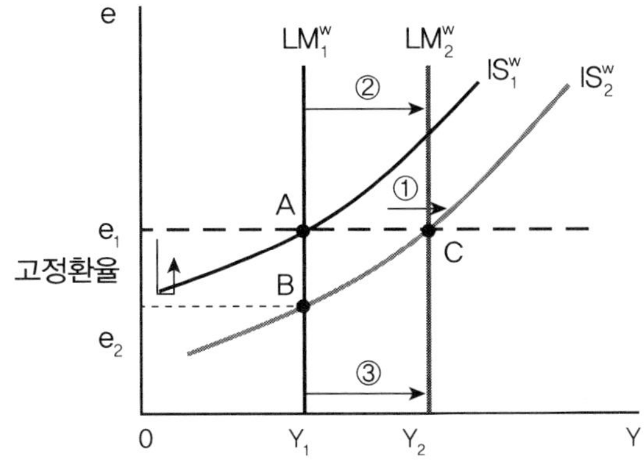

〈표 15-1〉은 환율제도별 경제정책(확장적 재정정책과 통화정책 및 보호무역정책)이 총소득, 환율, 무역수지에 미치는 영향을 분석한 결과를 정리한 것이다.

소국 개방경제에 대한 경제정책의 영향은 변동환율제인가 또는 고정환율제인가에 따라 다르다. 예를 들어 총소득에 대한 경제정책의 효과를 정리해보자. 변동환율제 하에서는 단지 통화정책만이 소득에 영향을 미칠 수 있으며, 확장적 재정정책의 효과는 환율 하락과 순수출의 감소로 상쇄되어 총소득에 영향을 미치지 않는다. 반대로 고정환율제 하에서는 재정정책과 보호무역정책은 소득에 영향을 미칠 수 있으며, 통화정책은 총소득에 영향을 미치지 않는다.

이러한 환율제도에 따른 재정정책과 통화정책의 영향을 고려하면 재정정책과 통화정책의 유효성을 판단할 수 있다. 즉 고정환율제 하에서 재정정책은 유효한 정책수단이 되는 반면

표 15-1 환율제도별 경제정책의 효과

정책	변동환율제			고정환율제		
	소득(Y)	환율(e)	순수출(NX)	소득(Y)	환율(e)	순수출(NX)
확장적 재정정책	불변	하락	감소	증가	불변	불변
확장적 통화정책	증가	상승	증가	불변	불변	불변
보호무역(수입제한)	불변	하락	불변	증가	불변	증가

에 통화정책은 유효한 정책수단이 되지 못한다. 한편 변동환율제 하에서는 통화정책이 유효한 정책수단이 되지만, 재정정책은 유효한 정책수단이 되지 못한다는 것을 알 수 있다.

고정환율제의 운용방법

고정환율제 하에서 중앙은행은 미리 정책적으로 정해진 환율을 유지하기 위해 외환시장에 개입하여 외환을 매입하거나 매도한다. 환율을 고정시킨다는 것은 미리 결정된 수준으로 환율을 유지시키는 목표를 달성하기 위해 통화정책을 운용한다는 것이다. 고정환율제의 핵심은 외환시장의 시장환율이 미리 정해진 환율과 같아지는 수준까지 통화공급을 조절하는 것이다. 명목환율을 일정수준으로 고정시키려는 경우 중앙은행이 어떻게 통화공급을 조절하는지를 알아보자.

1. 시장환율이 고정환율보다 낮은 경우 : 〈그림 15A-1〉

시장환율이 고정환율보다 낮은 경우, 중앙은행은 외환시장에서 외환을 매입함으로써 시장환율을 끌어 올리게 된다. 중앙은행이 외환을 매입하는 경우 외환시장에서 국내통화로 외환을 매입하기 때문에 그 액수만큼 자동적으로 국내 통화공급이 증가하게 된다. 이처럼 중앙은행의 외환 매입에 의해 통화공급이 증가하면 이로 인해 LM^W곡선이 오른쪽으로 이동하게 되어 환율은 상승하게 된다. 이러한 과정은 시장환율과 고정환율이 일치될 때까지 계속 된다. 그렇기 때문에 중앙은행의 외환매입에 의한 통화공급은 시장환율이 정해진 고정환율수준으로 상승할 때까지 계속 증가한다.

2. 시장환율이 고정환율보다 높은 경우 : 〈그림 15A-2〉

외환시장의 시장균형환율이 고정환율보다 높은 경우, 중앙은행은 외환시장에서 외환을 매도함으로써 시장환율을 끌어 내리게 된다. 중앙은행이 외환을 매도하는 경우 외환을 파는 대신에 국내통화를 받아들이게 되기 때문에 자동적으로 통화공급은 감소한다. 이처럼 중앙은행의 외환 매도에 의해 통화공급이 감소하게 되면 이로 인해 LM^W곡선은 왼쪽으로 이동하게 되고 환율은 하락하게 된다. 이러한 과정은 시장환율과 고정환율이 일치될 때까지 계속 된다. 그렇기 때문에 중앙은행의 외환 매도에 의한 통화공급은 시장환율이 정해진 고정환율수준으로 하락할 때까지 계속 감소한다.

그림 15A-1 고정환율이 낮게 평가된 경우

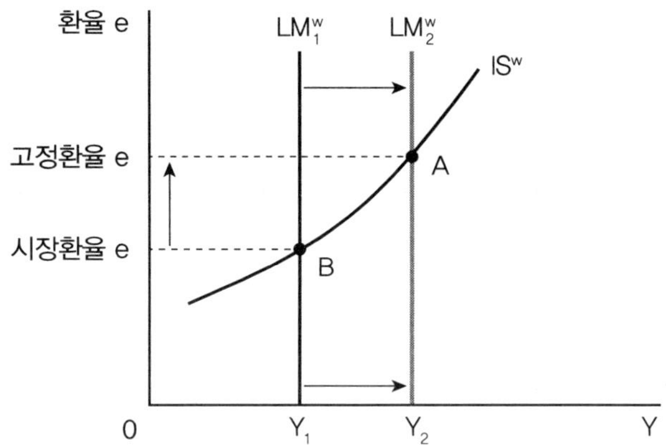

그림 15A-2 고정환율이 높게 평가된 경우

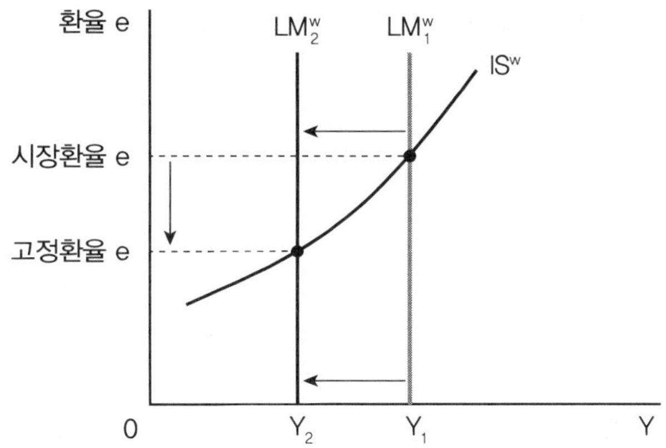

15장 주요 개념

소국 개방경제, 세계이자율, 먼델-플레밍 모형, IS^w곡선, LM^w곡선, 변동환율제, 고정환율제, 보호무역정책

15장 복습 문제

01 M-F 모형에 의하면 소국 개방경제에서 단기적으로 균형환율과 균형총소득은 어떻게 결정되는가?

02 변동환율제를 채택하는 소국 개방경제에서 확장적 재정정책을 시행할 경우 경제의 균형에 어떤 영향을 미치는가?

03 중앙은행이 통화공급(M)을 증가시키는 경우 변동환율제를 채택하는 소국 개방경제의 단기균형에 어떤 영향을 미치는가?

04 변동환율제를 채택하는 소국 개방경제에서 보호무역정책을 시행하면 총소득과 환율에는 어떤 변화가 일어나는가?

05 왜 변동환율제 하에서 보호무역정책은 총소득에 영향을 주지 못하는가?

06 고정환율제 하에서 확장적 재정정책이나 확장적 통화정책을 시행하는 경우에 개방경제의 총소득과 환율에는 어떤 변화가 일어나는가?

07 고정환율제 하에서 보호무역정책을 시행하는 경우 개방경제의 단기균형에 어떤 영향을 미치는가?

남상섭(Nam Sang-Seob)

경북대학교 사범대학과 대학원 경제학과를 졸업하여 경제학 석사와 박사 학위를 받고 중부대학교 글로벌 비즈니스학부 국제통상학과 교수로 재직 중이다. 저서는 「디지털경제시대의 재태크 실무론(2004)」, 「시장경제의 원리와 실제(2008)」, 「시장경제의 이해(2016)」, 「미시경제학(2016)」 등이 있다.

거시경제학

2018년 11월 25일 초판 인쇄
2018년 11월 30일 초판 발행

저　　자 남상섭
발 행 인 배영환
발 행 처 도서출판 현우사
등록번호 제10-929호
주　　소 서울시 영등포구 영중로 138-1(영등포동 8가 80-2) 드림프라자 B 901호
Tel 02) 2637-4806, 4863　Fax 02) 2637-4807
홈페이지 www.hyunwoosa.co.kr
E-mail okpress1208@naver.com
정　　가 19,000원
ISBN 978-89-8081-526-5 93320
※ 이 저서는 2018년도 중부대학교 학술연구비 지원에 의하여 이루어진 것임.